中道

理性与善

中大哲学评论 第二辑

主编 张 伟
本辑执行主编 谢裕伟

商务印书馆
The Commercial Press

目 录

专题研讨　理性与善

栏目按语　/谢裕伟 3
康德的"德行"概念　/李明辉 5
启蒙、反启蒙与非启蒙　/谢地坤 39
礼治的伦理生活建构
　　——从黑格尔法哲学论儒家政治哲学的自由理念　/林远泽 69
康德哲学中的"至善"与"义务"
　　——一次圆桌论坛纪要　/
　　　　江璐　刘凤娟　刘作　周小龙　李日容　谢裕伟 101

文献精汇　马克思的早期传记

栏目按语　/凌菲霞 131
马克思直面原始共产主义　/
　　〔俄〕尼古拉耶夫斯基　〔奥〕马恩琴-赫尔芬 著　杨振烜 译 133
马克思与共产主义者同盟　/
　　〔俄〕尼古拉耶夫斯基　〔奥〕马恩琴-赫尔芬 著　周凯 译 148
共产主义者同盟史与作为组织者的马克思　/
　　〔俄〕达·波·梁赞诺夫 著　李霞 译 163

古典新刊 《中庸》解义

欄目按語 /賴區平 ·· 181
四書朱子文集纂·中庸 /
　　［宋］朱熹 著　［清］陳鏦 編　賴區平 點校 ············ 183
王陽明《中庸》詮釋文獻輯要 /
　　［明］王陽明 著　郭亮　王文媛 輯校 ························ 232
中庸解 /［日］荻生徂徠 著　林雅琴 點校 ······················ 272

学术书评

本原的存在论化及其问题
　　——评柏若望的《费希特的存在学说》 /周小龙 ············ 317

征稿启事 ·· 333
参考文献格式规范 ·· 335

专题研讨　理性与善

栏目按语

谢裕伟（中山大学哲学系）

古希腊人说："在诸动物中，唯人有理性。"（亚里士多德《政治学》卷一）据此而言，理性是"人"之定义中的"种差"，是人之为人的根本。自近代以来，"理性"成为人类文化中的核心概念，是各门人文学科中的关键词。康德更是以"勇于使用你自己的理性"一语来标识启蒙的基本精神。（康德《答一问题：何为启蒙？》）

然而"理性"一词复杂多义：依领域而言，有理论理性和实践理性；依主体而言，有个体理性和社会理性；依形式而言，有工具理性和价值理性。而凡此种种，实际上也只不过是笼统的标签，细究之下，可见多种维度之间的复杂缠绕，难分彼此。

何种理性能成为人之为人的根本"种差"，成为"人之所以异于禽兽者"（《孟子·离娄下》）？在此问题上，东西方大哲有基本一致的见解：与道德上的善相关联的理性，方能真正刻画人之独特性和尊严。毕竟，不管理性带来何种精确的计算、何种精巧的思辨、何种精良的谋划，都不足以标识人之根本。而另一方面，"善"或"好"也是日常生活中最基础的语汇，福者可谓善，利者可谓善，适意者亦可谓善。使"善"与人之为人的根本相关者，唯有以道德理性为基础的善。于是，"理性"通过道德的"善"来凸显其意义，而"善"也因奠基于道德的理性而居于价值的中心。理性与善，二者是真正的相得而益彰。

本栏目所刊的四篇文章，皆在"理性与善"的主题下有所发明。李明辉教授在《康德的"德行"概念》一文中反思当前西方的"德行伦理学"对康德伦理学的批判，深入考察康德伦理学中一些长久被忽视的资源，借助康德晚年的著作《道德形而上学》来剖析康德"德行"概念的诸层面，并指出康德的"德行"概念在不同维度上包含"顿"和"渐"的要素，具有道德功夫论的特征。谢地坤教授撰写的《启蒙、反启蒙与非启蒙》一文，结合历史的和当代的理论语境,对"启蒙"、"反启蒙"与"非启蒙"三个概念的关系进行细致的梳理,与法兰克福学派、福柯、诺奇克、麦金泰尔等人的不同理论展开争论,提出以启蒙精神去反思启蒙的主张。林远泽教授的《礼治的伦理生活建构》一文通过对黑格尔的伦理性学说及其当代解释的阐发,反观对儒家政治哲学的诸多误解,揭示出在儒家的"礼治国"理念中关于伦理生活建构的思考,可以在更高层次上为克服现代性的困境提供启发。最后,由来自中山大学和华南师范大学的几位青年学者围绕康德哲学中的"至善与义务"这一主题展开的激烈争论,多角度地探讨至善概念本身的理性论证、至善在道德哲学中的位置、义务何以被具体地确立等在康德哲学乃至整个西方哲学中被反复讨论的难题。四篇文章涉及"理性与善"这一主题的不同方面,体现古今中西思想大家的诸多思考维度,共同彰显着东西哲学与文明交流互鉴的思想旨趣。

康德的"德行"概念

李明辉（台湾"中央"研究院中国文哲研究所）

一、前言

英国哲学家安斯康姆（G. E. M. Anscombe）于1958年发表论文《现代道德哲学》[①]，引发了西方当代伦理学中复兴"德行伦理学"（virtue ethics）的思潮。在这篇论文中，安斯康姆将以亚里士多德伦理学为代表的"古代道德哲学"与以康德伦理学与后果论（主要是功利主义）伦理学为代表的"现代道德哲学"强烈对立起来。此一思潮的当代代表往往借由与康德伦理学的对比来凸显"德行伦理学"的特点，例如说：康德伦理学以义务与道德原则为核心概念，德行伦理学则强调德行（virtue）[②]与性格。但他们往往忽略或不够注意康德的伦理学专著中，除了1785年出版的《道德底形上学之基础》

[①] G. E. M. Anscombe, "Modern Moral Philosophy", *Philosophy* 33, 1958, pp. 1-19; also in *The Collected Philosophical Papers of G. E. M. Anscombe*, Oxford: Blackwell, 1981, Vol. 3, "Ethics, Religion and Politics", pp. 26-42.

[②] 英文的virtue一词（德文是Tugend）源于希腊文的areté及拉丁文的virtus。在现代中文里，此词有"德行""德性""美德"等译法。本文一律采取"德行"的译法。"德行"一词是中国传统语汇，如《论语·先进》篇："德行：颜渊、闵子骞、冉伯牛、仲弓……"。"德行"是个复合词。《周礼·地官·师氏》郑玄注："德行，内外之称。在心为德，施之为行。"这完全符合亚里士多德与康德对此词的用法。详细的理由参阅陈继红：《从词源正义看儒家伦理形态论争——以德性、美德、德行三个概念为核心》，《南京大学学报》（哲学·人文科学·社会科学）2017年第3期，第147—156页。

及1788年出版的《实践理性批判》之外,还有1797年出版的《德行论之形上学根基》(以下简称《德行论》)。这第三部伦理学专著的主题便是"德行"(Tugend)。近年来,这部著作在德国哲学界越来越受到重视,在相当的程度内扭转了"德行伦理学"论述对康德伦理学的歪曲。笔者也花了数年的工夫将此书译成中文。①

最近德国学者特朗姆波塔(Andreas Trampota)出版了《康德对德行的构思——作为自由底习性》一书②,对康德的"德行"概念作全面的探讨。特朗姆波塔便慨叹德行伦理学的当代代表往往只是极片断地接收康德的道德哲学,而忽略了其道德哲学的拱顶石,即其有系统的法权论及德行论,而康德的整体思想正是以此为依归③。他也慨叹古代伦理学(如亚里士多德的伦理学)与现代道德哲学(如康德的道德哲学)被过分对立起来,因为他指出:这两者对德行的构思之间固然存在一种紧张关系,但是这种紧张性对于一种伦理学的问题意识可能是极有帮助的,因而不宜轻率地消解④。

近年来英语世界出现了一股借西方的"德行伦理学"来诠释儒家伦理学的风潮。这股风潮传到中文学界之后,也有不少追随者。但这些西方学者及其在中文世界的追随者基本上沿袭了西方的"德行伦理学"论述对康德伦理学的误解与曲解。他们或许知道康德有《德行论》一书,但是对于康德的

---

① 见康德:《道德底形上学》,李明辉译注,台北:联经出版公司,2015年。《德行论》是此书的第二部分。
② Andreas Trampota, *Kants Konzeption der Tugend als Habitus der Freiheit*, Baden-Baden: Nomos, 2021. 在这方面还有几种重要的著作:Andrea Marlen Esser, *Eine Ethik für Endliche: Kants Tugendlehre in der Gegenwart*, Stuttgart: Frommann-Holzboog, 2004; Nafsika Athanassoulis, "Kant on Virtue", in idem, *Morality, Moral Luck and Responsibility: Fortue's Web*, Houndmills: Palgrave, 2005, pp. 114-134, 186-188; Lara Denis, "Kant's Conception of Virtue", in *The Cambridge Companion to Kant and Modern Philosophy*, Paul Guyer ed., Cambridge: Cambridge University Press, 2006, pp. 505-537; Monika Betzler ed., *Kant's Ethics of Virtue*, Berlin: Walter de Gruyter, 2008; Andreas Trampota, Oliver Sensen & Jens Timmermann hg., *Kant's "Tugendlehre": A Comprehensive Commentary*, Berlin: Walter de Gruyter, 2013; Otfried Höffe hg., *Immanuel Kant: Metaphysische Anfangsgründe der Tugendlehre*, Berlin: Walter de Gruyter, 2019.
③ Andreas Trampota, *Kants Konzeption der Tugend als Habitus der Freiheit*, S. 17.
④ 同上。

"德行"概念并无深入的研究,故只能人云亦云,随着前人的脚跟转。为了帮助厘清问题的脉络,本文将参考特朗姆波塔的著作,以自己的方式阐明康德的"德行"概念。

二、德行是一种克制自然爱好的力量

在康德的第一部伦理学著作《道德底形上学之基础》(1785 年出版)中,"德行"(Tugend)这个概念尚未被当作一个特殊概念来讨论。但这不表示康德尚未开始思考这个概念。在此之前,康德在其伦理学讲义中已提到这个概念。在门泽(Paul Menzer)所编辑的《康德论伦理学的讲义》中出现了以下两段文字:

(1)伦理学也被称为德行论(Tugendlehre),因为德行在于出自内在原则的行为之正确性(rectitudo actionum ex principiis internis)。履行强制性法则者仍非有德的。德行固然要求且预设敬畏与对人权的严格遵守,但是它涉及动机,涉及产生具有合法正确性(rectitudo juridica)的行为之存心。因此,**德行不在于合法的正确性,而是在于存心**。一个人可能是个良好的公民,在其行为中具有合法的正确性,但他可能仍非一个有德的人。因此,人们不可从具有合法正确性的外在行为去推断存心。例如,如果某人由于害怕惩罚,或由于害怕损失,或是为了其利益而信守承诺(因为在这种情况下,每个人在交易所都信任他,而他的承诺形同现金),则他固然信守了承诺,其行为本身在此是善的,但他是否履行这项法则,却是另一回事,因为他已这么做了,但却非道德的。如果我了解合法的行为之道德必然性,我就能依合法的与道德的意义去做它。在前一种情况下,行为合乎法则,但并非合乎存心,而且人们甚至说合法的法则欠缺道德性。

但是道德性仅被用于道德法则,因为即使合法的法则具有道德的必然性,但其动机却是强制,而非存心。①

(2)但是德行并非完全准确地表达道德之善(moralische Bonität)。**德行意谓关于道德存心的自我控制与自我超克之力量。**但在此我见到存心之最初来源。在此它是未被知觉之物,在结果中才呈显出来,因为伦理学仅以存心为题材。人们使用伦理(Sitten)与伦理性(Sittlichkeit)的字眼来表达道德性(Moralität),但伦理仅是文雅(Anständigkeit)之总合。但是德行需要某一程度的伦理之善(sittliche Bonität)、某种自我强制与自我控制。民众能有伦理,但无德行,例如法国人,而其他人能有德行,但无伦理。(品行是伦理之态度。)伦理之学问仍非德行论,而德行仍非道德性。但由于我们对于道德性并无其他的字眼,我们将伦理性当作道德性,因为我们不能用德行取代道德性。②

在引文(1)当中,康德预设了道德性(Moralität)与合法性(Legalität)之区别,根据他后来的说法,对应于"出于义务"(aus Pflicht)与"合乎义务"(pflichtmäßig)这项区别③。康德在此强调:"德行"的概念不仅涉及行为之合法性,也涉及其道德性,换言之,不仅涉及外在行为之正确性,也涉及行为者之存心,所以说"德行不在于合法的正确性,而是在于存心"。

---

① Paul Menzer hg., *Eine Vorlesung Kants über Ethik*, Berlin: Pan Verlag Rolf Heise, 1924, S. 90f. 粗体字为笔者所标示。门泽根据四份笔记编纂成这份讲义,并将其年代定于1775—1780年;参阅同上书,第324—326、334页。为了便于讨论,本文引用的康德文字均加上编号。
② 同上书,第91页。粗体字为笔者所标示。
③ Kant, *Grundlegung zur Metaphysik der Sitten*, in *Kants Gesammelte Schriften* (Akademieausgabe, Berlin: Walter de Gruyter, 1902-,以下简称*KGS*), Bd. 4, S. 397;康德:《道德底形上学之基础》,李明辉译,台北:联经出版公司,1990年,第14页。此译本在边页附有德文原版页码,读者可自行检索。

在引文（2）当中，康德进一步为"德行"的概念定位。熟悉黑格尔哲学的人都知道：黑格尔借区分 Moralität（道德／道德性）与 Sittlichkeit（伦理／伦理性）这两个概念来批评康德的实践哲学。在康德正式出版的著作中，这两个词通常被当作同义词来使用。这段引文却是罕见的例外。康德在此区别"道德性"与"伦理性"、"道德之善"与"伦理之善"。依此，"道德性"仅涉及存心之纯粹层面，"伦理性"则涉及具体行动之经验层面。"德行"的概念则介乎其间，它不仅表现"道德之善"，也"需要某一程度的伦理之善"，因为它是一种"自我控制与自我超克之力量"。在此意义之下，德行不等于道德性，但须预设道德性。所谓"自我控制与自我超克"涉及一种紧张性。康德在此并未明确说明这种紧张性。但从他日后的著作可知：这种紧张性存在于道德主体的要求与"自然爱好"（感性欲望）之间。

在《德行论》中康德说明：

（3）**德行**是人在遵循其义务时的格律之力量。一切力量仅借由它所能克服的障碍而被认识；但是在德行方面，这些障碍是可能与道德决心发生冲突的自然爱好，而且既然是人自己设置了这些障碍来阻挠其格律，则德行不仅是一种自我强制（因为在这种情况下，一项自然爱好可能试图压制另一项自然爱好），而且是依乎内在自由底一项法则，因而借由其义务底纯然表象，依乎义务底形式法则的一种强制。①

由此可知，这种紧张性源自道德主体在履行义务时自然爱好之牵制或阻碍。由于自然爱好属于感性主体，故道德主体对它的压制便是一种"自我强制"，

---

① Kant, *Metaphysik der Sitten*（以下简称 *MS*），*KGS*, Bd. 6, S. 394. 此书有笔者的中译本《道德底形上学》（台北：联经出版公司，2015 年）。此译本在边页附有德文原版页码，读者不难自行检索，故本文引用该书时不再附上中译本的页码。

德行即在于这种自我强制。但是康德又指出：这种自我强制并非感性主体之一种自然爱好对另一种自然爱好的强制，而是道德主体根据"内在自由底一项法则"（即道德法则）对自然爱好的强制。因此，这种自我强制存在于道德主体与感性主体之间，体现道德主体的内在自由。

在康德《德行论》的初稿中还有一段相关的文字：

（4）德行是控制其爱好（作为实践理性之障碍）的能力，因此是控制自己的能力。就此而言，在德行中无法有差别，而仅有程度。因此，作为障碍的诸爱好之区别其实造成**诸德行**之实质区别，并且就此而言，有许多德行。①

依此，德行是我们控制自然爱好的能力，它存在于我们的道德主体（实践理性）与爱好间的紧张关系中。再者，对应不同的自然爱好也有不同的德行，故德行是复数的。

此外，在Vigilantius记录的《道德底形上学讲义》中也有类似的说法：

（5）唯有人克制潜存于其心中之对立或背离的爱好，并且借道德法则克服它的情况下，他才可能适合或符应道德法则而行动。因此，爱好与道德法则之斗争，以及在遵循其义务时的坚定存心（intentio constans），构成人们称为德行之物。甚至virtus这个拉丁字原先所表示的也不外乎勇气、力量、坚定，而其象征也证明这点：穿着狮皮、带着棍棒的赫库勒斯（Hercules）——他借此击倒九头蛇，而九头蛇是一切罪恶之象征。因此，借由坚定地遵循其义务，人决无法达到其存有之神圣性。为了符应道德法则，他也不需要神圣性，

---

① Kant, *Vorarbeiten zur Tugendlehre*, KGS, Bd. 23, S. 388.

因为依其主观的特质,他必然为道德法则所强制,去履行其义务。①

这段文字很形象化地将德行描述成"爱好与道德法则之斗争",以及在这种斗争中所表现的"坚定存心"。对比于这种斗争之紧张关系,康德提出"神圣性"的概念,亦如他在另一处所言:

(6)德行是遵从其义务时格律之坚强。它始终包含恶的原则之诱惑去违反法则,且因此不同于神圣性。②

三、德行对比于神圣性

关于"神圣性",康德在《实践理性批判》中屡加说明。其中有一段文字如下:

(7)人(依我们的理解,也包括所有理性的受造物)所处的道德分位是对道德法则的敬畏(Achtung)。使他必须遵从这法则的存心是:出于义务,而非出于自愿的偏好,甚且或许出于非经命令而自愿从事的努力,去遵从法则。再者,他一向所处的道德状态是**德行**,亦即**在奋斗中**的道德存心,而非自以为**拥有意志底存心**之完全**纯粹性**的那种**神圣性**。这纯然是道德的狂热与自负底矜夸,而我们借由鼓励去做高尚、崇高且慷慨的行为使心灵倾向于此。③

在"德行"与"神圣性"之对比中,康德强调:人所处的道德状态是德行,而

---

① Kant, *Mtaphysik der Sitten Vigilantius*, KGS, Bd. 27, S. 492. 这份讲义出自 1793/1794 年。
② Kant, *Vorarbeiten zur Tugendlehre*, KGS, Bd. 23, S. 260.
③ Kant, *Kritik der praktischen Vernunft*, KGS, Bd. 5, S. 84.

非神圣性。因为人是受造物，是具有感性生命的有限的存有者，其意志与自然爱好之间具有紧张性。这种紧张性表现为对道德法则的敬畏，而非"自愿的偏好"。因此，道德法则对我们的意志而言，是一种命令，具有强制性。反之，"神圣性"则不具有这种紧张性。如果我们以为自己的意志具有这种神圣性，则是"道德的狂热与自负底矜夸"。这是一种僭越，不符合人之道德分位。

在《实践理性批判》的另一段文字中，康德继续说明"神圣性"的概念：

（8）在极度自足的智性体当中，意念被合理地设想为：它无法有任何格律不能同时在客观方面为法则，并且为此之故而属于它的**神圣性**之概念固然并不使它超乎一切实践法则，但却使它超乎一切在实践方面限制的法则，因而超乎责任与义务。意志之这种神圣性仍然是一个必然充作**原型**的实践理念，而无穷尽地接近这个原型是一切有限的有理性者唯一有权去做的事，而且纯粹道德法则（它本身因此称为神圣的）不断地且正确地将这个理念呈现于这些有理性者——确保其格律无穷尽地前进，而这些有理性者坚持不断地前进，亦即德行，是有限的实践理性所能成就的极致；而德行本身至少作为自然地取得的能力，又是决无法完成的，因为在这种情况下，可靠性决不会成为确然的确实性，而且作为说服是十分危险的。①

此处所谓"极度自足的智性体"其实便是指作为无限存有者的上帝。因为上帝并无感性生命，故其意志无须强制即必然符合道德法则，其间不存在紧张性，因而无所谓责任与义务。但人是有限的有理性者，其有限性在于它受到感性生命之限制。对于人而言，神圣性是一个只能不断接近，但永远无法企

---

① Kant, *Kritik der praktischen Vernunft*, *KGS*, Bd. 5, S. 32f.

及的理想（原型），德行则是这种坚持不断前进的能力。再者，这种努力也是无止境的，因为它只能终止于神圣性。

在《实践理性批判》的"纯粹实践理性之辩证论"中，康德由"德行"的概念进一步论证"灵魂不灭"之设准（Postulat）：

（9）道德法则是神圣的（不容宽贷的），并且要求道德之神圣性——尽管人所能达到的一切道德圆满性始终只是德行，亦即出于对法则的**敬畏**之合法则的存心，因而是对于违犯，至少对于不纯洁——亦即混杂许多不真实的（不道德的）动因，以遵从法则——之一种持续的性癖（Hang）底意识，因而是一种与谦卑相结合的自重，并且因此，就耶教的法则所要求的神圣性而言，留给受造物的不外是无穷尽的进步，但正因此故，也使受造物有理由期望其无止境的延续。①

这段引文呼应上一段引文所说，强调德行不同于神圣性之处在于：它始终带着对于违反道德法则或以不纯洁的动机服从道德法则之"一种持续的性癖底意识"，换言之，人始终无法消除这种性癖及其产生的紧张性，故德行仅能要求无穷尽的进步，以趋近于神圣性。在引文的最后，康德指出：这种无穷尽的进步使人"有理由期望其无止境的延续"。所谓"无止境的延续"其实便是指在来世"不灭的灵魂"，如同书另一段引文所示："这种无穷尽的进步唯有在一个**无穷尽地**延续的**存在**与同一个有理性者底人格性（人们称之为灵魂之不灭）之预设下才是可能的。"②

在《德行论》中，康德继续发挥此义：

（10）德行意谓意志底一种道德力量。但是这个概念还不仅于

---

① Kant, *Kritik der praktischen Vernunft*, KGS, Bd. 5, S. 128.
② 同上书，第122页。

此;因为这样一种力量也可能为一个**神圣的**(超乎人类的)存有者所有,而在这个存有者身上并无任何阻碍的冲动抵制其意志底法则;因此,他乐于根据法则做这一切。是故,德行是一个人在遵循其**义务**时意志底道德力量,而义务是来自他自己的立法的理性之道德**强迫**——就这种理性本身将自己建构为一种**履行**法则的强制力而言。德行本身,或是拥有德行,并非义务(因为如其不然,就必须使人对义务有一项义务);而是这种理性下命令,并且以一种道德的(依内在自由底法则而可能的)强制伴随其命令;但由于这种强制当是无可抗拒的,为此就需要有力量,而其程度我们只能借由人因其爱好而为自己造成的障碍之大小来衡量。罪恶,作为违反法则的存心之族裔,是人必须要制伏的怪物。因此,这种道德的力量,作为**勇气**(Tapferkeit/fortitudo moralis),也是人最大的且唯一的真正的战斗荣誉;它也被称为本然的,即实践的**智慧**,因为它使人在地球上的存在之**终极目的**(Endzweck)成为它自己的目的。唯有拥有这种力量,人才是自由的、健康的、富裕的、一个国王等,而且既不可能因机遇,亦不可能因命运而有损失,因为他拥有自己,而且有德者不可能失去其德行。①

这段引文基本上重述康德在《实践理性批判》中关于"德行"与"神圣性"的说法。此处所谓"神圣的存有者"主要是指上帝,但也包含天使。因为康德在柯林斯(Georg Ludwig Collins)记录的《道德哲学讲义》中说:"天上的天使能是神圣的,但人只能做到他是有德的。"② 此外,这段引文还包含几点新义。首先,康德在此强调:"德行本身,或是拥有德行,并非义务。"因为德行本身便包含义务底意识,而义务包含一种道德的强迫或命令。如果说:人有

---

① Kant, *MS*, *KGS*, Bd. 6, S. 405.
② Kant, *Moralphilosophie Collins*, *KGS*, Bd. 27, S. 465. 这份讲义出自 1784/1785 年。

拥有德行的义务，便等于说：人有拥有义务的义务，这是概念之自我指涉。其次，康德将德行之力量称为勇气，也将德行视为"实践的智慧"，并强调德行"使人在地球上的存在之**终极目的**成为它自己的目的"。"终极目的"这个概念出现在《判断力批判》中，用来指涉"被视为理体的人"、"作为一个道德存有者的人"或"作为道德底主体的人"①。这些说法表达的是同一个意思，是指人的道德主体②。因此，这个表述的意思是说：德行将人提升为道德主体，因而成为它自己的目的。最后，康德强调：由于德行之力量，"人才是自由的、健康的、富裕的、一个国王等"，这些状词都是就道德主体而言。再者，德行之这种力量是作为道德主体的人为自己取得的，而非由于机遇或命运，故不虞被剥夺。这类乎孟子说的"天爵"是我们借由道德实践（仁义忠信，乐善不倦）为自己创造的价值，而不同于"人爵"是"赵孟之所贵，赵孟能贱之"③。

四、德行是习得的熟练

康德认为：德行作为一种力量或勇气，必须借由后天的练习而取得。以中国传统的观念来说，这可说是一种道德功夫。康德在《德行论》中屡言此义。以下先引述其中的一段文字：

（11）人们甚至尽可以说：人对于德行（作为一种道德的力量）有责任。因为尽管由于人底自由，克服一切在感性方面进行抵制的冲动之能力（**Vermögen/facultas**）绝对可以且必须被**预设**，但是这种作为**力量**（**Stärke/robur**）的能力是某种必须借由以下的方式而取得

---

① Kant, *Kritik der Urteilskraft*, KGS, Bd. 5, §84, S. 435f.
② 参阅拙作:《康德哲学中的 Menschheit 及其文化哲学意涵》，《清华学报》（台湾）第 52 卷第 2 期（2022 年 6 月），第 240 页。
③ 《孟子·告子上》第 16 及 17 章。

的东西,此即:道德的**动机**(法则底表象)借由对我们心中的纯粹理性法则之尊严的**观想**(Betrachtung/contemplatio),但同时也借由**练习**(Übung/exercitio)而得以提升。①

在此,康德提到:人对于德行有责任。这似乎与他在引文(10)中所言:"德行本身,或是拥有德行,并非义务"相抵牾。但其实这两种说法之间并无矛盾。因为引文(10)的说法意谓:人处于德行而非神圣性之道德分位中必然预设义务底意识,故拥有德行并非义务。此即引文(11)中所言:"由于人底自由,克服一切在感性方面进行抵制的冲动之能力绝对可以且必须被**预设**。"至于引文(11)中"人对于德行有责任"的说法,并非意谓人有义务**拥**有德行,而是意谓人有义务**提升**其德行,而这种提升必须凭借练习。这种练习系"借由对我们心中的纯粹理性法则之尊严的观想"来提升道德的动机,亦即强化我们对于道德法则的表象。对于这种提升德行的练习,康德在《实践理性批判》的"纯粹实践理性之方法论"中有更详细的说明。但为免枝蔓,此处不再申论。

接着,让我们看康德的另一段文字:

(12)**熟练**(Fertigkeit/habitus)是行动之一种轻易性与**意念**之一种主观圆满性。但并非所有的这种**轻易性**均是一种**自由的**熟练(freie Fertigkeit/habitus libertatis);因为如果它是**习惯**(Angewohnheit/assuetudo),亦即由于经常重复的行为而已成为**必然性**之行为上的千篇一律,它便不是一种从自由产生的熟练,因而也不是一种道德上的熟练。因此,我们不能以在自由而合乎法则的行为中之熟练来**界定**德行,除非加上"在行动中以法则底表象来决定自己",而在这

---

① Kant, *MS*, *KGS*, Bd. 6, S. 397.

种情况下,这种熟练并非意念,而是**意志**——它是与它自己所采纳的规则同时制定普遍法则之一种欲求能力——之一项特性;唯有这样一种熟练才能被算作德行。①

在这段文字中,康德说德行是一种"熟练"(Fertigkeit),而非"习惯"(Angewohnheit)。康德以 habitus 作为"熟练"的拉丁文对应词,故也可以译为"习性"。"熟练"与"习惯"都是借由练习而取得的能力,但康德指出其间的根本区别:"习惯"是由于经常重复的行为而成为定势的千篇一律,"熟练"则是从意志之自由——"以法则底表象来决定自己"——产生的,故称为"自由的熟练"。康德说德行是"行动之一种轻易性",这意谓:我们的德行越是提升,来自自然爱好的阻碍越少,我们便越容易根据道德法则来行动。康德在此预设"意志"(Wille)与"意念"(Willkür)之区分。这项区分有点复杂,为本文的目的,笔者在此仅简单地说明:"意志"是立法能力,"意念"是抉择能力,两者分别属于"理体"(Noumenon)与"事相"(Phänomenon)②。康德说意志是"与它自己所采纳的规则同时制定普遍法则之一种欲求能力"。此处所谓的"规则"便是指意志所采纳的"格律"(Maxime)。康德的意思是说:由于意志是立法能力,其主观的格律同时就是客观的道德法则。在意念的层面,我们也可谈到"习惯",但德行作为"自由的熟练",必然是意志的特性。

在《德行论》中还有一段相关的文字:

(13)德行必须被取得(并非天生的),这点已存在于德行底概念之中,因此无须根据来自经验的人类学知识。因为如果人之道德

---

① Kant, *MS*, *KGS*, Bd. 6, S. 407.
② 参阅拙著:《儒家与康德(增订版)》,台北:联经出版公司,2018 年,第 116—119 页;简体字版,桂林:广西师范大学出版社,2021 年,第 109—112 页。

能力并非借由在与如此强大的对立的爱好之冲突中决心底**力量**而产生,它就不是德行。德行是出自纯粹实践理性的产物——就这种理性在意识到其(来自自由的)优越性时取得对这些爱好的优势而言。

由"德行并非天生的"已可推知:它能够且必须被**教导**;因此,德行论是一套**学理**(Doctrin)。但由于单单借由关于"为了符合德行概念,人们应如何行事"的学说,履行规则的力量仍未被取得,于是斯多亚学派仅认为:德行无法单单借由义务底表象、借由劝诫(以劝告的方式)来**教导**,而是它必须借由试图与人心中的内在敌人斗争(以修行的方式)来陶冶、**练习**。因为如果人们未曾先尝试与练习其力量,他就不能立即做到他**想要**的一切——但是当然,他必须一下子完全下**决断**这么做,因为不然的话,当存心(Gesinnung/animus)为了逐渐地脱离罪恶而向它屈服时,其本身就可能是不纯洁的、甚且罪恶的,因而也无法产生任何德行(它以一项唯一的原则为依据)。①

康德在此强调:德行并非天生的,而是习得的。这就意谓:它能被教导。就此而言,康德的"德行"概念与亚里士多德及斯多亚学派并无不同。②康德又指出:德行之教导并非理论认知之事,而是需要练习。但是在德行之练习中,我们所依靠的并非习惯,而是当下的自由决断(Entschließung)。因为"德行是出自纯粹实践理性的产物",故我们在德行之陶冶中并非逐渐地离开罪恶,而是在刹那间完全脱离罪恶。用中国传统的说法,这是顿教,而非渐教的方式。而在每一次的自由决断中,我们就意识到纯粹实践理性之力量,提升了对治自然爱好的力量。这个看法与康德之强调"我们在德行之陶冶中逐渐趋近于神圣性"并不冲突。

对于在德行之陶冶中的自由决断,康德有进一步的说明:

---

① Kant, *MS*, *KGS*, Bd. 6, S. 477.
② 因此,笔者不用中国传统的"德性"一词来翻译 virtue,以免使人误解德行是天生的。

（14）德行始终在**进步**之中，但也始终从头开始。它之所以始终在进步之中，系由于：从**客观**方面来看，它是一个理想，而且无法达成，但是不断地趋近于它却是义务。在**主观**方面，德行之所以始终从头开始，系由于人受到爱好所触动的本性，而在这种本性之影响下，德行决无法凭其一劳永逸地被采纳的格律而使自己归于平静与安宁，而是当它不上升时，就无可避免地下坠；这是由于道德的格律不像技术的格律那样，能建立于习惯之上（因为这属于其意志决定之自然特性），而是即使德行之践履成为习惯时，主体并不因此就会丧失采纳其格律的自由，而这种自由却是一个出于义务的行为之特质。①

在上一节的讨论中，我们看到，康德将"神圣性"视为我们不断追求的理想或原型，而德行是人类所处的道德分位，如今他又说"德行"是我们无法达成的理想，似乎并不一致。但只要我们不以辞害意，这种不一致显然是表面的。因为说德行是人类所处的道德分位，与说德行始终在进步之中，两者并不矛盾。在德行之进步中，其完成即是神圣性。康德说德行是理想，系就神圣性是其极致而言。更重要的是，康德在此强调：在德行之进步中，每一次的自由决断都是新的决断，不进则退，故德行之进步不能依靠成为定势的习惯，而是要靠念念之自觉。德行之进步即在于这种自觉能力（义务底意识）之提升。

在《实用方面的人类学》中康德还有一段相关的讨论：

（15）做某件事的**轻易性**（Leichtigkeit/promptitudo）不可与在这些行为中的**熟练**（Fertigkeit/habitus）相混淆。前者意谓某一程度的

---

① Kant, *MS*, *KGS*, Bd. 6, S. 409.

机械式能力："若我愿意，我就能够"，而且表示**主观的可能性**；后者则表示主观上实践的**必然性**，亦即**习惯**，因而表示借由经常重复使用其能力而获致之某一程度的意志："由于义务命令它，我愿意。"因此，人们不可如此解释**德行**，说它是在自由的合法行为中的**熟练**，因为在这种情况下，它只是力量使用之机械作用而已；相反，德行是遵从其义务时的**道德力量**，这种力量决不会成为习惯，而是应当始终全新且源始地从思考方式（Denkungsart）产生。①

康德在这段文字中的说法与他在《德行论》中所说略有出入。在引文（12）中，他将"熟练"对比于"习惯"，而将德行视为"自由的熟练"。但在引文（15）中，他将"熟练"也视为一种"习惯"，且不无突兀地说："人们不可如此解释**德行**，说它是在自由的合法行为中的**熟练**。"他的意思应是如他在引文（12）中所说："我们不能以在自由而合乎法则的行为中之熟练来**界定**德行，除非加上'在行动中以法则底表象来决定自己'。"加上"在行动中以法则底表象来决定自己"这项前提之后，这两种说法之间便无矛盾。在引文（15）的最后，康德说德行"决不会成为习惯，而是应当始终全新且源始地从思考方式产生"。这正好呼应了康德在引文（13）中所说：德行之陶冶并非依靠习惯，而是依靠当下的自由决断，亦呼应了引文（14）中所说：德行始终从头开始。

五、德行是"自由底习性"

上文提过：特朗姆波塔将康德的"德行"概念界定为"自由底习性"（Habitus der Freiheit）。这是对应于引文（12）中康德所附的拉丁文 habitus

---

① Kant, *Anthropologie in pragmatischer Hinsicht*（以下简称 *Anthr.*），*KGS*, Bd. 7, S. 147, §12.

libertatis。康德在那里将德行理解为"从自由产生的熟练"。因此,"从自由产生"构成德行有别于通常的习惯之特性。由于这种特性,德行一方面包含一种自我强制(如引文(3)所言),另一方面又包含一种自由与自我解脱。对于这种自由,康德在《德行论》中加以说明,如以下的一段文字:

(16)就德行基于内在自由而言,它对人而言,也包含一项肯定的命令,亦即将其所有能力与爱好均置于其(理性底)掌控之下,因而是自我控制之命令,而这项命令系附加于禁令之上,此即"让自己不受其情感与爱好之支配"的禁令(**不动心**[Apathie]之义务);因为若非理性掌控统御之缰绳,情感与爱好就扮演人底师长。①

康德在此借用斯多亚学派特别强调的"不动心"来说明德行基于内在自由而达到的心灵状态。在《德行论》中有一节即题为"德行必然预设**不动心**(被视为力量)"②。在斯多亚学派,德行意谓免于激情或情绪之羁绊。但康德所谓的"不动心"并非完全冷漠、无情感的状态,因为"来自感性印象的情感之所以失去其对道德情感的影响,仅由于对法则的敬畏变得比所有前一种情感都更为有力"③。因此,他所谓的"不动心"只是免于感性情感之羁绊,但其中还是有道德情感(对道德法则的敬畏)在起作用。康德特别称之为"道德上的不动心"④。简言之,"道德上的不动心"是我们的心灵在摆脱激情或情绪之羁绊后的自由状态。故康德说:

(17)德行之真正力量是**心灵在平静中**,经过思虑后坚定地决定将德行底法则付诸实现。这是道德生活中的**健全**状态;反之,情绪

---

① Kant, *MS*, *KGS*, Bd. 6, S. 408.
② 同上。
③ 同上。
④ 同上。

即使是由"**善**"底表象所引发,也是一种灵光乍闪的现象,留下的是倦怠。①

简言之,"道德上的不动心"是心灵在平静中的健全状态,而不是一种受到强制之后的灰暗状态。

在《德行论》中,康德继续说道:

(18)但是德行也不能仅被解释且评价为**熟练**与[……]一种借练习而获得、履行道德上的善行之长期**习惯**。因为如果这种习惯并非深思熟虑的、稳定的且日益纯化的原理之一项结果,它就像任何其他出自技术性实践理性的机械作用一样,既未对所有情况做好准备,也无法充分防范新的诱惑可能造成之变化。②

在此,像在引文(15)中一样,康德不再强调"熟练"与"习惯"之区别,而是强调:德行需要以"深思熟虑的、稳定的且日益纯化的原理"(亦即,对道德法则的意识)为依据;换言之,德行不仅是一种"熟练",而是一种"自由的熟练"。反之,欠缺这种依据的习惯有如"出自技术性实践理性的机械作用",而不免令人想起《庄子·田子方篇》中温伯雪子所言:"中国之民,明乎礼义而陋乎知人心。昔之见我者,进退一成规、一成矩,从容一若龙、一若虎。"

这种"自由的熟练"所产生的结果并非仅是苦涩的心情。康德继续说道:

(19)在德行中的练习(exercitiorum virtutis[德行之练习])之规则系以两种心情为目标,即在遵循德行底义务时拥有**活泼**的与

---

① Kant, *MS*, *KGS*, Bd. 6, S. 409.
② 同上书,第383—384页。

快活的心灵(animus strenuus et hilaris)。因为德行必须与障碍斗争（为了克服这些障碍，德行必须集中其力量），且同时牺牲若干生活乐趣（这种乐趣之丧失偶尔可能使心灵灰暗且郁闷）；但是人们并非愉快地，而是仅当作劳役来做的事，对于在此遵从其义务的人来说，不具有任何内在价值，并且不被喜爱，而是人们尽可能逃避履行义务的机会。[1]

在德行之练习中，心灵固然会因与自然爱好的斗争而丧失若干生活乐趣，但德行之陶冶基本上是要拥有"活泼的与快活的心灵"，而非勉强地将它当作劳役来做。因此，康德反对"僧侣底修行法——它出于迷信的恐惧或伪装的自我憎恶，而以自我折磨与肉身上十字架为务"[2]。但是在另一方面，

（20）伦理学的操练仅在于克制自然冲动，这种克制达到一个程度，即在这些冲动威胁到道德的情况出现时，能主宰它们；因此，这种克制使人活泼，而且使人在意识到自己重获的自由时喜悦。[3]

由此可见，这种喜悦来自自由底意识，故德行有别于单纯因重复而形成的习惯。康德在一份《形上学讲义》中写道：

（21）人能被感性所强制，违反智性而行动；但人也能被智性所强制，违反感性而行动。人凭借高级的意念，越有力量克制低级的意念，他就越自由。但他越是无法藉智性强制感性，他就越少自由。如果人们根据道德底规则强制自己，并且藉高级的意念克制低级的

---

[1] Kant, *MS*, *KGS*, Bd. 6, S. 484.
[2] 同上书，第485页。
[3] 同上。

意念，这便是德行。[①]

综合引文（20）及（21），康德的意思是说：在德行当中，当感性受到智性（及实践理性）之强制时，即开启了自由底意识，而使心灵因超脱于感性欲望之束缚而感到喜悦。

康德在其《单在理性界限内的宗教》一书中也表达了同样的意思。诗人席勒（Friedrich Schiller, 1759—1805）曾在《论魅力与尊严》（"Über Anmut und Würde", 1793）一文中批评康德将"义务"的概念与"爱好"对立起来。康德在此书的第二版（1794年）中特地加上一个注解，来回应席勒的批评。其中有如下的一段文字：

（22）现在如果我们问：**德行底感性**特质（仿佛是**气质**）为何？是勇敢的，因而**愉快**的呢？还是为恐惧所苦而沮丧的呢？则我们几乎不需要回答。若对法则没有隐含的**恨意**，便决不会有后一种奴性的心情。而且在**遵从**我们的义务时的愉快之心（而非在**承认**法则时的愉悦）是道德的存心底真实性之一项特征，甚至是存在于**虔敬**中。虔敬并非存在于懊悔的罪人底自我折磨（它是极暧昧的，而通常只是因为违犯明达底规则而生的内在责难）中，而是存在于精益求精的坚定决心中；这种由于良好进益而生的决心必然产生一种愉快的心情，否则我们决无法确定我们确已**有所爱于**"善"，亦即，已将"善"纳入我们的格律中。[②]

这段话所表达的正是引文（19）所言，我们"在遵循德行底义务时拥有活泼的与快活的心灵"。这种愉快之情正是自由底意识之表征。

[①] Kant, *Vorlesungen über die Metaphysik*, K. H. L. Pölitz hg., PM 185, in *Kant im Kontext III: Werke, Briefwechsel, Nachlaß und Vorlesungen* auf CD-ROM, Carsten Worm hg., 4. erw. Aufl., Berlin: InfoSoftWare, 2017.

[②] Kant, *Die Religion innerhalb der Grenzen der bloßen Vernunft*（以下简称 *Rel.*），*KGS*, Bd. 6, S. 23f. Anm.

六、德行与道德情感

上述基于自由底意识而产生的喜悦,康德在"道德情感"(moralisches Gefühl)的概念中有所阐述。因此,德行之陶冶与道德情感有关,甚至可以说:德行之陶冶就在于陶冶道德情感[1]。康德关于道德情感的讨论散见于不同的著作中,而且并不一致。对于德行与道德情感的关系,他并未特别讨论。在柯林斯记录的《道德哲学讲义》中有一节题为《论有德者与有罪者之义务》,为此问题提供了一条线索。原文颇长,以下笔者仅节录其中与德行概念直接相关的部分:

(23)德行是一个理念,而且无人能拥有真正的德行。[……]每个人努力接近德行,正如接近智慧;但是无人达到最高的程度。我们能在德行与罪恶之间设想一个中间之物,这就是失德(Untugend),而它仅在于欠缺。德行与罪恶是积极之物。德行是根据道德原则去克制向恶的爱好之一种熟练。因此,神圣的存有者并非有德的,因为他们无须克制向恶的爱好,而是其意志是符应法则的。[……]人们能拥有心之善良,而无德行,因为**德行是出于原则而非出于本能的良好品行**。德行需要更多的东西。心之善良可能是天生的。但无人能不练习而为有德的,因为向恶的爱好必须根据道德原则而被克制,而行为必须与道德法则相协调。[……]德行是人之道德圆满性。我们将力(Kraft)、力量(Stärke)及强制力(Gewalt)与德行相联结。这是一种对爱好的胜利。爱好本身是无规则的,而克制它是道德人之状态。天上的天使能是神圣的,但人只能做到他是有德

---

[1] 特朗姆波塔在他的书中虽然详细讨论康德的"德行"概念,但可惜他并未特别注意到德行与道德情感的关系。

的。由于德行并非基于本能，而是基于原则，则德行之练习只是原则之练习，提供原则一种驱动力，使原则占优势，让自己不被任何东西引开而偏离原则。因此，人们必须拥有一个性格，**这种力量是德行之力量，甚至是德行本身**。这种德行与障碍相对抗，但人们必须将这种德行与宗教及明哲（Klugheit）底规则相结合——心情之满足、心灵免于一切指摘的平静、真正的荣誉、对自己及他人的尊重、冷淡或者不如说冷静，以及对一切灾祸（人们对此无责任）的坚强，都需要这种结合。但这并非德行之来源，而只是**辅助**手段。这些是关于有德者的义务。在另一方面，与有罪者谈到义务似乎是徒劳的，然而每个有罪者自身仍具有德行之根芽；他有了解"恶"的知性；他仍有一种道德情感，因为他仍不是一个至少不会期望自己是好人的恶棍。**德行之系统系建立在这种道德情感之上**。但是道德情感并非德行底判定之初始，而这个初始是道德之纯粹概念，而它必须与情感相结合。如果人有道德之一个纯粹概念，它就能将德行建立于其上，因为他首先能激化道德情感，并且造成一个开始，而成为道德的。①

这段文字包含一些特别的意涵，以下即分别说明。

首先，康德在此说："无人能拥有真正的德行。"这似乎与他在引文（7）中所说："人一向所处的道德状态是德行"不一致。但我们不可以辞害意，因为康德接着说："无人达到［德行之］最高的程度。"这才是他的真正意思。其次，康德指出：在德行与罪恶之间还有一个中间状态，即失德。他在《德行论》的另一处将"失德"界定为"道德上的软弱"，并且以德行 =+a，罪恶 =-a，失德 =0 来说明三者的关系。②

---

① Kant, *Moralphilosophie Collins*, *KGS*, Bd. 27, S. 463-465. 粗体字为笔者所标示。
② Kant, *MS*, *KGS*, Bd. 6, S. 384；参阅 S. 309。

再者，康德在此指出："人们能拥有心之善良，而无德行，因为德行是出于原则，而非出于本能的良好品行。"这句话需要特别解释。康德在《道德底形上学之基础》中举了一个有名的例子：

（24）在我们办得到的时候施惠于人，是项义务。此外，有些生性富同情心的人，即使没有虚荣或自利底其他动因，他们也因散布快乐于周遭而感到一种内在的愉快，并且会对别人底满足感到喜悦（只要这种满足由他们所引起）。但我认为：在这种情况下，无论这类行为是多么合乎义务、多么可喜，它们仍无真正的道德价值，而是与其他的爱好为伍。①

这种"生性富同情心的人"就是康德在引文（23）中提到的"拥有心之善良，而无德行"的人。为何康德认为这种人施惠于他人的行为没有真正的道德价值呢？他在其早期的论文《关于美与崇高底情感的考察》中对此有所说明。古希腊的医师加伦（Galen, 129—199）根据人的四种体液——血液、黏液、黑胆汁、黄胆汁——中何者占优势，将人的气质（Temperament）区分为乐观型（sanguinisch）、冷漠型（phlegmatisch）、忧郁型（melancholisch）和暴躁型（cholerisch）四类。②康德在这篇早期论文中将同情心关联于乐观型气质，将荣誉感关联于暴躁型气质。③他指出：真正的德行仅根植于原则之上，但同情心与荣誉感均是基于人的特殊气质，而非基于原则，故不是真正的德行，而只是类乎德行。④因此，他将同情心称为"收养的德行"（adoptierte Tugend）⑤，而将荣誉感称为"德行之微光"（Tugendschimmer）⑥。套用理学

---

① Kant, *GMS*, *KGS*, Bd. 4, S. 398.
② 康德在《实用方面的人类学》中详细讨论这四种气质，见其*Anthr*, *KGS*, Bd. 7, S. 287-292。
③ Kant, "Beobachtungen über das Gefühl des Schönen und Erhabenen", *KGS*, Bd. 2, S. 219.
④ 同上书，第 217—218 页。
⑤ 同上书，第 217 页。
⑥ 同上书，第 218 页。

家的说法，真正的德行必须是"义理承当"，同情心与荣誉感则只是"气魄承当"。所以康德说："德行是出于原则而非出于本能的良好品行。"这里所谓"出于本能"即是基于气质之意。顺着气质而做的行为并无德行所包含的紧张性，故非真正的德行。因此，康德说："德行之练习只是原则之练习，提供原则一种驱动力，使原则占优势，让自己不被任何东西引开而偏离原则。"康德又强调：这种练习是要培养出一种**性格**，而表现德行之力量。接着他又指出：当德行与障碍相对抗时，我们必须将它与"宗教及明哲底规则"相结合，但这种结合"并非德行之来源，而只是辅助手段"，或者说，是一种助缘。

在引文（23）中，最值得注意的是最后一段关于德行与道德情感的文字。康德提到：即使是有罪的人自身仍具有"德行之根芽"，因为一方面，他具有知性，能了解"恶"；另一方面，他仍有道德情感，因而具有道德意识，故尽管他犯罪，仍会希望自己是好人。在这个脉络中，康德说："德行之系统系建立在这种道德情感之上。"这与他稍前所说："德行之练习只是原则之练习"并无抵牾。因为德行始于道德之纯粹概念（或者说，道德原则），再由此引发道德情感。在此，道德原则与道德情感必须相结合。所以，我们也可以说：德行之练习在于陶冶道德情感。康德伦理学的诠释者往往忽略其"德行"概念的这个情感面向。

康德在《德行论》中有一节特别论及道德情感。他将道德情感、良心（Gewissen）、对邻人的爱与对自己的尊敬（自重）并列为"对于义务概念的感受性之主观条件"。他论道德情感时说：

> （25）这是对于纯然因意识到我们的行为符合或抵牾义务法则而生的愉快或不快之感受性。但是意念之一切决定均来**自**可能的行为底表象，借由愉快或不快之情感，对该行为或其结果产生一种兴趣，而**成**为行动；在这种情况下，这种**感性**状态（触动内感的状态）若非一种**感受的**（pathologisches）情感，就是一种**道德的**情感。前

者是先于法则底表象而有的情感，后者则是只能随着这种表象而来的情感。

如今，不可能存在任何"拥有一种道德情感"或者"取得这样一种情感"的义务；因为对于责任的一切意识均是以这种情感为依据，以便意识到存在于义务概念中的强迫；而是每个人（作为一个道德的存有者）在自身之中原初就拥有这种情感。但是责任只能在于**陶冶**它，并且甚至借由对其不可究诘的起源之惊叹而强化它——这种惊叹之发生系由于在此显示出道德情感如何脱离一切感受性的诱惑，并且在其纯粹性之中被纯然的理性表象最强烈地激发出来。

[……]没有人完全不具有道德情感；因为一个人若对这种感觉完全无动于衷，他在道德上便等于死了；而且如果（以医生底用语来说）道德的生命力不再能对这种情感产生刺激，则"人"（仿佛按照化学定律）将化为纯然的动物性，而与其他自然物底群类泯然无分了。但是我们对于（道德上的）"善"与"恶"并不具有一种特殊的**感觉**，正如我们对于**真理**并不具有这样一种感觉（尽管我们经常如此表达），而是我们具有自由意念对于"它自己为实践的纯粹理性（及其法则）所引动"的**感受性**，而这便是我们所谓的道德情感。①

康德论道德情感，不仅在这一处。由于他的讨论分散各处，并且有不一致之处，故笔者曾根据其后期著作，将"道德情感"一词的意涵加以归纳，分别指：(1) 一种自然禀赋，(2) 一种习性，以及 (3) 一种情感状态。② 而就第三项意义而言，"道德情感"包含两组意识内容：

A. 对道德法则或义务的敬畏（Achtung）；

---

① Kant, *MS*, *KGS*, Bd. 6, S. 399f.
② 参阅 Ming-huei Lee, *Das Problem des moralischen Gefühls in der Entwicklung der Kantischen Ethik*, Taipei: Institute of Chinese Literature and Philosophy, Academia Sinica, 1994, S. 212；拙著：《儒家与康德》，第113—114页；简体字版，第107页。

B. 与德行意识相联结的愉快或满足之情,以及与罪恶意识相联结的不快或痛苦之情。

Ⅰ. 因意志活动符合或抵牾道德法则而有的愉快或不快;

Ⅱ. 因实际服从或违背义务而有的愉快或不快。①

本文无法详细讨论康德的"道德情感"理论。②为本文的目的,我们只消特别指出两点:第一,敬畏(A类)是一种复合的情感,Ⅰ类的道德情感中的愉快是其积极面③。第二,A及Ⅰ类的道德情感先于道德行为,是引发道德行为的动机,Ⅱ类的道德情感并非行为之动机,而是我们服从或违背义务的行为所产生的结果④。

现在让我们回到引文(25)。在这段引文第一段提到的"对于纯然因意识到我们的行为符合或抵牾义务法则而生的愉快或不快之感受性"显然是指Ⅰ类的道德情感,因为这种愉快或不快之情感系由我们对**道德**法则(或义务)的表象而来,再成为引发道德行为的动机。它介于道德法则(或义务)底表象与道德行为之间。至于感受的情感,则是"先于法则底表象而有的情感",这里所说的"法则"系指"自然法则"。这种情感系借由自然法则底表象而引发实际的行为。

康德在第二段中说:每个人在自身之中原初就拥有道德情感,在第三段中又说:没有人完全不具有道德情感,因为一个人若是不具有这种情感,他

---

① 参阅 Ming-huei Lee, *Das Problem des moralischen Gefühls in der Entwicklung der Kantischen Ethik*, S. 213f;拙著:《儒家与康德》,第114页;简体字版,第107页。

② 关于康德的"道德情感"理论,除了笔者的 *Das Problem des moralischen Gefühls in der Entwicklung der Kantischen Ethik* 之外,还可参阅 Nora Kassan, *Reine praktische Vernunft fühlen. Kants Theorie der Achtung,* Berlin: Walter de Gruyter, 2019。

③ 康德在《道德底形上学之基础》中写道:"敬畏之为物,既不被视为爱好底对象,亦不被视为恐惧底对象(虽然它同时与这两者均有类似之处)。因此,敬畏底**对象**只有**法则**,并且是我们加诸**我们自己**,且其自身有必然性的法则。就其为法则而言,我们服从它,而不顾虑我爱;就我们将它加诸我们自己而言,它可是我们的意志底一个结果。它[按:当指敬畏]在第一方面类乎恐惧,在第二方面类乎爱好。"(*KGS*, Bd. 4, S. 401 Anm.)

④ 参阅 Ming-huei Lee, *Das Problem des moralischen Gefühls in der Entwicklung der Kantischen Ethik*, S. 213-215;拙著:《儒家与康德》,第115页。

在道德上便等于死了，或者说，化为纯然的动物性。他在这两处所说的"道德情感"显然是指一种**自然禀赋**（（1）类）。在第二段中康德说：我们有责任**陶冶**道德情感，并且借由对其不可究诘的起源之惊叹而**强化**它。在这个脉络中，道德情感显然是指一种经由练习而形成的**习性**（（2）类）。笔者曾对这第二段文字作如下的诠释：

> 这里同时牵涉到（1）类及（2）类的道德情感。因为无法取得的道德情感是一种自然禀赋，而可以陶冶的道德情感则是一种习性。前者是这种陶冶底根据，后者则是其结果；但一个人底道德圆满性只能反映于后者，而非前者。若我们经常依道德法则而行为，而由此感受到某种愉快或满足（Ⅱ类的道德情感），则这种经验将因累积而成为一种习性（（2）类的道德情感），且在道德实践中不断地强化之。其结果将提高我们的心灵对道德法则的感受性，换言之，使道德法则更容易在我们心中引起敬畏或愉快之情（A类或Ⅰ类的道德情感）。这样一来，以上各种不同意义的道德情感均可相互连贯起来。

在引文（23）中康德说："德行之练习只是原则之练习，提供原则一种驱动力，使原则占优势，让自己不被任何东西引开而偏离原则。"若配合他在引文（25）中所说，我们可以说：原则之练习同时即是道德情感之陶冶，以提升我们的心灵对道德法则的感受性；这种感受性越是增强，我们的德行即越是提高。由此可见，康德的"德行"概念包含一个本质的情感面向。

七、德行与性格

本文一开始就提到："德行伦理学"的当代提倡者往往借由与康德伦理学（作为义务论伦理学的代表）的对比来凸显"德行伦理学"的特点。但这种对比要有意义,就必须满足两项条件:第一,"德行伦理学"的概念必须有明确的定义,换言之,其提倡者必须清楚地说明"德行伦理学"的基本特性为何;第二,其提倡者必须对康德伦理学有完整而深入的理解。在笔者看来,这两项条件在相关的讨论中都不具足。关于"德行伦理学"在概念上的含混,笔者在《儒家、康德与德行伦理学》[1]一文中已有讨论。笔者在该文将关于这种对比的流行见解归纳为三点:(1)义务论伦理学强调"义务"(duty),德行伦理学强调"德行";(2)前者强调"原则"(principle)或"规则"(rule),后者强调"性格"(character);(3)前者强调"行为"(action),后者强调"行为者"(agent)。[2]

本文之作即是要反驳第一点,显示在康德伦理学中,"德行"概念的重要性。关于第二点,美国学者欧克立(Justin Oakley)曾试图为各种"德行伦理学"定性,而列出其六项基本特性,其中第一项就是"性格之优先性"(the primacy of character)。欧克立将它表述为:"如果且唯有如果一个行动是一个具有一种有德性格的行动者在这种情况中会做的事,它就是对的。"[3]

这项观点又关联到德行伦理学的提倡者对康德伦理学的另一项批评,此即,康德伦理学太过偏向理性,而无法正视情感在道德生活中的功能。例如,当代德行伦理学的重要代表赫斯特豪斯(Rosalind Hursthouse)就认为:亚里士多德对于人类的合理性提供了一项说明,这项说明容许情感参与理性,而在完整德行之界定中扮演其恰当的角色,故就情感的道德重要性而言,亚里士多德与亚里士多德主义者胜于康德与休谟。[4] 她引述引文(24)

---

[1] 此文最初刊登于《儒家、康德与德行伦理学》,《哲学研究》2012 年第 10 期,第 111—117 页。其后收入林维杰编:《近代中西思想交流中的西学东渐》(台北:"中央"研究院中国文哲研究所,2016 年),第 9—26 页;拙著:《李明辉新儒学论文精选集》,台北:台湾学生书局,2020 年,第 89—102 页;拙著:《康德与中国哲学》,广州:中山大学出版社,2020 年,第 123—136 页。
[2] 拙著:《康德与中国哲学》,第 130 页。
[3] Justin Oakley, "Varieties of Virtue Ethics", *Ratio* 9(2), 1996, p. 129.
[4] Rosalind Hursthouse, *On Virtue Ethics*, Oxford: Oxford University Press, 1999, p. 119.

中康德对那些"生性富同情心的人"所做的评价来证明康德对情感的轻忽。赫斯特豪斯的讨论很烦琐，我们在此不拟详细讨论，以免岔出主题。可怪的是，她又说："我现在开始相信：亚里士多德与康德比通常所以为的接近得多。"① 但无论如何，笔者认为她并未真正理解康德何以如此评价那些"生性富同情心的人"之理由。但是赫斯特豪斯也注意到康德的《德行论》一书，而且提到该书§34 关于"同情感"的讨论暗示康德"承认某些理性的情感"②。这显示她在这个问题上的犹疑态度。

关于欧克立归诸德行伦理学的"性格之优先性"，康德显然不会赞同。在《道德底形上学之基础》一书中，康德明白地反对根据道德榜样来界定道德，因为我们要判定谁配作为道德榜样，还是得根据道德原则来判定，如此便陷于循环论证。③ 但这决非意谓康德伦理学忽略性格的重要性。康德在《实用方面的人类学》中也说："（在道德中的）**模仿者**没有性格；因为性格正是在于思考方式之原创性中。"④ 我们不妨再看《单在理性界限内的宗教》中的一段文字：

（26）在奉行我们的义务时已臻熟练的坚定决心也称为**德行**，而依合法性作为其**经验的性格**（事相之德行［virtus phaenomenon］）。故德行具有**合乎法则的**行为之坚定格律，而不论人们从何处采纳意念为达到此目的所需要的动机。因此，在这个意义下，德行**逐渐**被取得，而且要求一些人养成一种长期的习惯（以遵从法则），以使人从趋向罪恶的性癖，借由其举止之逐渐改善及其格律之强化，而转变为一种相反的性癖。而为了做到这点，我们不太需要**改变心地**，而仅需要改变**伦理**。当人感觉到其遵循义务的格律已强化时——

---

① Rosalind Hursthouse, *On Virtue Ethics*, Oxford: Oxford University Press, 1999, p. 94.
② 同上书，第 119—120 页。
③ Kant, *GMS, KGS*, Bd. 4, S. 408f.
④ Kant, *Anthr., KGS*, Bd. 7, S. 293.

尽管不是出于一切格律之最高根据,亦即出于义务,而是譬如放佚的人为了健康而复归于节制,说谎的人为了名誉而复归于诚实,不义的人为了宁静或利益而复归于公民的诚实等等——,他觉得自己是有德的。一切均依乎被称颂的幸福原则。但若有人不仅要**在法律上**、而是**在道德上**成为善人(使上帝满意的人),亦即依智思的性格(理体之德行[virtus noumenon])成为有德者,而当他知道某事是义务时,除了义务本身底这个表象之外,他并不需要再有其他的动机,则这无法经由逐渐的**改革**而产生(只要格律底基础依然不纯粹),而须经由人底存心中的一项**革命**(转变为存心底神圣性之格律)而产生;而且他只能借由一种新生,仿佛借由一个新的创造(《约翰福音》Ⅲ.5;参阅《创世记》Ⅰ.2)和心地之改变,而成为一个新人。①

这段引文需要一些解释。"智思的性格"(intelligibler Charakter)与"经验的性格"(empirischer Charakter)是康德在《纯粹理性批判》中提出来的一组概念②,以说明我们的主体之两个层面,即"理体"(Noumenon)与"事相"(Phaenomenon)——或"物自身"(Ding an sich)与"现象"(Erscheinung)——之层面。"智思的性格"属于自由之领域(智思的世界),是我们的道德主体;"经验的性格"则属于自然因果性之领域(感性的世界),是我们的经验主体。对应于这两种性格,德行也分为"理体之德行"与"事相之德行"。这两种德行又分别对应于"道德性"(Moralität)与"合法性"(Legalität)这组概念。"事相之德行"系借由逐渐的改革使我们的行为合乎义务(pflichtmäßig),而达到合法性。这是一种渐教的工夫,借由改变我们的行为而培养一种长期的习惯。它仅使人成为法律意义的善人。若我

---

① Kant, *Rel.*, KGS, Bd. 6, S. 47.
② Kant, *Kritik der reinen Vernunft*, Raymund Schmidt hg., Hamburg: Felix Meiner, 1976, A539f. / B567f.(A=1781 年第一版, B=1787 年第二版)

们要进而成为道德意义的善人,我们的行为就不能只是合乎义务,而是要出于义务(aus Pflicht),换言之,不能仅凭借习惯,而是需要存心中的革命。在引文(15)中,康德说德行"决不会成为习惯,而是应当始终全新且源始地从思考方式产生",就是这个意思。这是一种顿教的工夫,借由每次存心之改变而成为新人。总而言之,无论是"理体之德行"还是"事相之德行",都是性格之陶冶。由此可见,性格在康德的德行论中占有多重要的地位！英国学者阿塔纳苏里斯(Nafsika Athanassoulis)也注意到康德伦理学中这种双重的"德行"概念,并指出:在亚里士多德思想中并不存在与"智思的世界"及其所有意涵相对应的概念。①

在《实用方面的人类学》中还有如下的一段文字:

(27)基于实用的考虑,普遍的、**自然的**(而非文明的)记号学(semiotica universalis)依双重意义使用"性格"(Charakter)一词,因为一则人们说:某人有**这种**或那种(自然的)性格,再则说:他毕竟有**一种**性格(一种道德的性格),而这种性格只能是一种唯一的性格,或者根本就不能是性格。前者是作为感性存有者或自然存有者的人之区别标志;后者是作为禀有自由的有理性者的人之区别标志。有原则的人——人们确实知道自己决非从其本能,而是从其意志所须期待于他之事——有一种性格。因此,人们在标示特性时能不同语反复地在属于其欲求能力的事物(实践的事物)中,区分以下三种事物中的**独特**之处,此即: a) **天性**(Naturell)或自然禀赋, b) **气质**(Temperament)或感觉方式(Sinnesart), c) 不折不扣的**性格**或思考方式(Denkungsart)。前两种禀赋表明从人可以造就什么,后一种禀

---

① 参阅 Nafsika Athanassoulis, "Kant on Virtue", op. cit., pp. 114-116;关于双重的"性格"概念,参阅第 127—131 页。

赋(道德的禀赋)则表明他准备从自己造就什么。①

从以上的讨论可知：康德在此所说的"性格"之双重意义——"道德的性格"与"自然的性格"——即是"智思的性格"与"经验的性格"。他又将"经验的性格"区分为"天性"与"气质"。他所谓作为"思考方式"的"性格"系仅就"智思的性格"而言。这种意义的"性格"系基于道德原则，而与作为"感觉方式"的"气质"不可混淆。这两者又对应于上述"德行"之双重意义。特朗姆波塔说：德行是性格之事，而非气质之事，② 显然是就"智思的性格"与"气质"之对比而言。

至于情感在康德的德行论中所占的重要地位，我们从上一节关于德行与道德情感的讨论中便可证明。因为一方面如引文(23)所言，"德行之练习只是原则之练习"，另一方面又如引文(25)所示，德行之练习同时即是道德情感之陶冶，故道德情感与道德原则构成康德的"德行"概念之两个不可分的面向。再者，由于道德情感属于"感性世界"，其陶冶即是"经验的性格"之陶冶；但就道德情感以道德法则为基础而言，这也同时是"智思的性格"之陶冶。

此外，诚如赫斯特豪斯所注意到的，康德在《德行论》中将"同情感"提升为一种义务，视之为"实践的人道"，以别于"感性的人道"——前者是自由的，并且以实践理性为根据，后者是不自由的；只有对于前者才有责任可言。③ 康德又说：

(28)尽管与他人共苦(且因此也同甘)本身并非义务，可是陶冶我们内心中同情的自然的(感性的)情感，而且利用这些情感作为

---

① Kant, *Anthr., KGS*, Bd. 7, S. 285.
② 参阅 Andreas Trampota, *Kants Konzeption der Tugend als Habitus der Freiheit*, S. 198-208.
③ Kant, *MS, KGS*, Bd. 6, S. 456, §34.

诸多手段，以促成出于道德原理及与之相符的情感之同情，这却是对他人底命运之实际同情，且因此为了这项目的而为间接的义务。①

所谓"出于道德原则及与之相符的［道德］情感之同情"即是指作为"实践的人道"之同情，所谓"我们内心中同情的自然的（感性的）情感"则是指作为"感性的人道"之同情。我们对于"实践的人道"固然有责任（义务），但由于陶冶"感性的人道"也可助成"实践的人道"，故这种陶冶也成为间接的义务。但无论是陶冶"实践的人道"还是"感性的人道"，都是陶冶性格。

阿塔纳苏里斯曾指出：为了回应德行伦理学的挑战，当代的义务论者诉诸康德晚年的著作，诸如《单在理性界限内的宗教》(1793)、《道德底形上学》(1797)及《实用方面的人类学》(1798)，而提出对康德伦理学的不同诠释。② 她也提到：当代的诠释者借《德行论》一书为康德辩护，认为康德在其德理论中并非未考虑"德行"与"性格"的概念——虽然她承认，康德与亚里士多德在讨论"德行"与"性格"时，他们所谈的未必是同一回事。③ 本文的讨论充分证明了阿塔纳苏里斯的上述说法。

最近旅美华裔学者倪培民教授出版了《儒家功夫哲学论》一书。他显然同情西方的"德行伦理学"。为了凸显中国哲学（特别是儒家哲学）作为一种功夫哲学的意义，他往往于有意无意间从"德行伦理学"的观点批评康德伦理学，作为功夫哲学的对照面。例如，他在书中写道：

> 心性之学本质上不是一个知识体系（虽然它包含有知识的内

---

① Kant, *MS*, *KGS*, Bd. 6, S. 457, §35. 关于康德晚期的"同情"概念，参阅拙作：《康德论同情》，收入杨贞德、吴晓昀编：《近代启蒙脉络中的思想论争：伦理与人道》，台北："中央"研究院中国文哲研究所，2023年，第38—40页；《康德与中国哲学》，第65—67页。
② Nafsika Athanassoulis, *Virtue Ethics*, London: Bloomsbury, 2013, pp. 137f.
③ Nafsika Athanassoulis, "Kant on Virtue", op. cit., p. 114.

容),因而其合理性最终不在于被证实为真,而在于其显现的功效!它之作为道德实践的基础与康德所谓的道德实践的基础是不同的。[①]

音乐和箭术都是艺术,而要完善音乐和箭术的能力,一个人不仅需要有关优劣的知识,而且需要技巧和力度。与此形成对照的是康德的观点。在康德看来,道德的善仅仅与人的善良意志有关,与人执行善良意志所需要的技艺和力量没有任何关系。[②]

康德的伦理学和效用主义的道德理论在很大程度上忽视了人们的道德选择受到人品的制约,似乎人的道德选择只是遵从什么原则的问题,并且永远都是苦涩的无乐趣的义务,而不是生活之美好的组成部分。[③]

倪教授在第三段引文中提到的"人品"显然就是康德所说的"性格"。本文前面的讨论显示,倪教授未能摆脱西方学界关于康德伦理学的流行成见,因而他对康德伦理学的理解是多么片面与扭曲!《实践理性批判》中"纯粹实践理性之方法论"便是康德的道德功夫论。此外,康德在该书的"纯粹实践理性之辩证论"中讨论"最高善"问题时强调哲学的古义是"智慧学"(Weisheitslehre)[④],便是回到西方古代将哲学视为生活艺术的传统。我们甚至可以毫不夸张地说:康德的德行论包含一套道德功夫论,或者根本就是一套道德功夫论。

[①] 倪培民:《儒家功夫哲学论》,北京:商务印书馆,2022年,第202—203页。
[②] 同上书,第340页。
[③] 同上书,第380页。
[④] Kant, *Kritik der praktischen Vernunft*, KGS, Bd. 5, S. 108.

启蒙、反启蒙与非启蒙[*]

谢地坤（中国人民大学哲学院）

17世纪末到19世纪发生在欧洲的启蒙运动至今仍然是当今世界思想界争论最为激烈、最为持久的议题。在思考近现代世界发生的巨大变革的时候，我们难免会受其影响，持各种各样的观点和看法，比如激进主义、批判主义、保守主义或什么其他观点。但这里实际上暗藏着这个思想逻辑：启蒙运动对现代世界的影响重大而深远，即使我们对它有不同的看法，但我们都不得不承认这样一个基本事实，即当今世界的基本样式是在启蒙运动时期就已经形成的。这是一方面，而另一方面，伴随着现代化所带来的各种问题，尤其是在过去的一百多年中出现的剥削、压迫、文明竞争、种族冲突、殖民、战争等问题，致使现在有不少人对启蒙运动中所确立的价值和期望越来越不信任，甚至把启蒙运动当作"现代帝国主义和种族主义的助产士"[①]。

这样，围绕着启蒙就产生了大体上三种截然不同的态度和观点：一是启蒙的拥护者，坚持认为启蒙是人类运用理性提高认知的自我觉醒、自我提高的大事件，是人类不断进步、趋向建立合理公正社会的必不可少的行动；二

---

[*] 基金项目：北京大学外国哲学研究所十四五基地重大项目"认知中的情感与理性研究"的阶段成果（课题编号：22JJD720006）。
[①] 安东尼·帕戈登：《启蒙运动：为什么依然重要》，王丽慧、邓念、杨蕴真译，上海：上海交通大学出版社，2017年，第5页。

是对启蒙的反思，它从启蒙运动开始一直延续到今天，主要是在启蒙思想的基础上对启蒙运动的得失予以讨论，并且力图推进启蒙继续下去；三是对启蒙没有任何好感，认为启蒙运动所追求的理想全是一厢情愿，它所采取的行动及其带来的恐怖结局自然会宣布其理论和目标的失败。因此，本文将围绕启蒙、反启蒙和非启蒙这几种看法讨论下去，努力澄清一些重要问题，而且不管这场讨论还会持续多久。

一

启蒙运动自产生之日直到今天，对其的赞颂与批评从来没有中断过，启蒙、反启蒙与非启蒙经常纠缠在一起。当启蒙运动在欧洲各国相继爆发、蓬勃发展的时候，它就遭到封建专制者、教会和各种保守顽固势力的抵制和反对，他们力图维护的是旧思想、旧信仰、旧体制。尤其是1789年爆发的法国革命与先前作为思想运动的启蒙在时间上前后相续，人们就自然而然地把法国革命看作是启蒙运动的必然结果，同时还认为，启蒙运动必定会从单纯的思想变革转向一场涉及政治、经济、社会、文化等各个领域的全方位革命。所以，人们普遍认为启蒙运动是法国革命的思想准备，而法国革命被看作是在启蒙思想家的理论指引下而展开的实践运动，这在理论上和实践上都是合乎历史逻辑的。

回想18世纪末的法国，思想的启蒙和实践上的革命行动荡涤着法兰西大地，各种守旧顽固势力为了维护既得利益，采用各种手段诋毁和反对法国大革命的理论和实践。如果说在大革命前对启蒙的攻击还不是那么激烈，那么，在雅各宾专政引发的暴力、恐怖、流血造成社会动荡不安之后，攻击、诋毁大革命，以及与之相伴随的反对、污蔑启蒙的言论便甚嚣尘上。在这里面，神父巴吕耶尔（Abbé Augustin Barruel）和君主主义者约瑟夫·德·迈斯特（Joseph de Maistre）的攻击最为激烈，因而也最为出名。巴吕耶尔和迈斯特被视为反对启蒙的代表,这是因为他们把大革命归咎于启蒙运动,说启蒙与法国革命之间存在着直接的因果联系,法国革命是启蒙直接引发的产物,而革命中出现的种种暴力和罪行都与启蒙运动本身带有的"腐败的、毁灭性的本质"有着直接的联系。他们指责启蒙主义者"通过作品将启蒙精神渗透到社会各个等级,尤其是上层社会之中。更重要的,他们用充满'理性''自然法''平等''博爱'一类的辞藻的话语,让人们产生一种乌托邦似的、'坏的精神'的幻像。"① 启蒙主义者所说的自由主义和理性主义具有"腐败的、毁灭性的本质",这是用"一种令人眩晕的精神控制了人们的思想","新思想粗暴地取代了古老的准则",② 损害了真正的宗教精神,使一个良好的社会失去了神圣基础,最文明的人类社会因此变得野蛮化。巴吕耶尔和迈斯特作为天主教和君主制的代表,他们忧心原有的宗教体制、政治制度和整个社会遭受彻底颠覆,拼命诅咒理性的哲学精神和自由主义的政治原则,力图维护陈旧的宗教信仰和封建专制社会。虽然这些恶毒的话语和抱残守缺的行为在一定程度上会阻挠启蒙精神的落实和法国革命的成果,但必定阻挡不了历史车轮的前进。

值得注意的是,这种阻挠、诋毁启蒙的话语流传甚广,不仅在当时的政治和宗教领域有一定影响,而且还渗透到 19 世纪以降的思想界和学术界。尤其是在工业革命大规模展开以及由此带来的负面效应之后,学术界和思想界对工业社会及其结果的反思和批判越来越多,反对启蒙话语已经成为人们批判资本主义社会的一种时髦行为,也为人们对现代社会和现代性进行更深刻的反思提供了某种素材。但是,人们却忽视了迈斯特等人的言语中包含着其捍卫神秘、黑暗、无知的企图,忽视了其维护旧的权力体制、试图复活君权神授的思想。对此,当代思想家以赛亚·伯林说他是"一个凶残的

---

① 张智:《大革命时期的法国反启蒙运动》,《浙江月刊》2008 年第 6 期,第 35 页。
② 参见 Darrin M. McMahon, *Enemies of the Enlightenment: The French Counter-Enlightenment and the Making of Modernity*, New York: Oxford University Press, 2001, p. 56。

专制主义者（绝对主义者），一个暴怒的神权主义者，一个不妥协的正统王朝拥护者，可怕的教皇、国王和刽子手三位一体的使徒"①。"迈斯特是法西斯主义的先驱和早期鼓吹者，这正是人们对他饶有兴趣的原因。在古典主义面具之后、在古典主义的表面下、在古典气派之后、在正统的托马斯主义的背后、在当时官方完全听命于王室的背后——这在当时毫不出奇，迈斯特的思想里有更广泛、更浪漫、更恐怖的东西。"②由此我们看出，18世纪、19世纪的反对启蒙言论对我们理解、反思启蒙运动，乃至反思和批判现代工业社会有一定的参照意义，但同时还充分表明，启蒙运动从开始时就遭到抵抗和反对，启蒙、反启蒙与非启蒙构成了近现代人类思想史的一种非常复杂的关系。

德国与法国毗邻，处在莱茵河的东岸，但彼时德国在经济、政治、文化、社会等各方面都远远落后于法国，渴望进步的德国知识分子把法国当作学习的榜样，尤其是法国的启蒙运动对德国人影响很大，因而也产生了不同的看法。为了让德国知识界对启蒙运动有一个正确的看法，康德在1783年发表了论文《什么是启蒙》，他在其中非常明确地说，"启蒙乃是人走出由人自己所造成的懵懂无知的状态"③。康德还强调，"启蒙需要的唯有自由而已，而且在一切可以称之为自由之中的最无害的东西，乃是在所有事情上都公开使用理性的自由。"④ 很显然，康德回答的要旨在于强调启蒙的最基本含义就是要破除人们不能自由运用理性的种种桎梏，促使人们解放思想，增强人们相信自身理智和能力的自觉。应当说，这是对启蒙本质最为恰当的解释，也是对启蒙运动最有力的辩护。不止于此，康德还在其后撰写的《永久和平

---

① Isaiah Berlin, "Joseph de Maistre and the Origins of Fascism", in *The Crooked Timber of Humanity: Chapters in the History of Ideas*, New York: Alfred A. Knopf, 1991, p. 94.
② 以赛亚·伯林：《自由及其背叛：人类自由的六个敌人》，赵国新译，南京：译林出版社，2011年，第144页。
③ Immanuel Kant, *Werke in zehn Bänden*, Band 9, Darmstadt: Wissenschaftliche Buchgesellschaft, 1983, p. 53.
④ 同上书，第55页。

论》中继承和发展了启蒙思想,他呼吁将那些专制的君主制国家转变为代议制共和国,"所有国家的市民宪法都应当是共和制的",在国家关系上"任何国家都不应用武力干扰其他国家的宪法和治理",[①] 通过某种类似于联盟的方式去促进人类的永久和平。诚如当代哲学家帕戈登所说:"《永久和平论》为那时尚未结束的计划——启蒙运动计划——做出了自己的贡献。"[②]

然而,紧随着启蒙运动之后爆发的法国大革命吓到了德国"庸人们",原本就反对革命、反对改变现状的德国贵族阶层、基督教教会开始攻击启蒙运动和法国革命,相当一部分德国知识分子开始动摇。这里最典型的例子就是康德的学生蒂夫特伦克,他甚至说:"现在,宗教异端、自由思想、雅各宾主义和拒绝权威都被尊称为启蒙运动。现在启蒙就是叛国。"[③] 在这个关键历史时刻,康德哲学的直接继承人费希特勇敢地站了出来,公开为法国革命辩护。他在1793年出版的著作《纠正公众对于法国革命的评论》中,立足于卢梭的社会契约论立场,强调必须从合法性和明智性这两个基本原理来评判政治变革,指出修改国家宪法、剥夺贵族特权、改变国家现状、拒绝教会无理要求是人民的不可出让的天赋权利。费希特正是基于启蒙的思想和观点才奋力疾呼:"在我看来,法国革命对于全人类都是重要的。""法国革命正是一幅关于人的权利和人的价值这个伟大课题的瑰丽画卷。"[④]

进入19世纪以后,以施莱格尔、诺瓦利斯为代表的一批浪漫主义思想家开始对启蒙运动进行反思,反思的重点是思考启蒙运动是否夸大了理性的作用,理性是否有其局限性等问题。他们承认康德对启蒙解释的合理性,

---

① Immanuel Kant, *Werke in zehn Bänden*, Band 9, Darmstadt: Wissenschaftliche Buchgesellschaft, 1983, pp. 199, 204.
② 安东尼·帕戈登:《启蒙运动:为什么依然重要》,王丽慧、邓念、杨蕴真译,上海:上海交通大学出版社,2017年,第394页。
③ Johann Heinrich Tieftrunk, "On the Influence of Enlightenment on Revolution", in *What is Enlightenment? Eighteenth-Century Answers and Twentieth-Century Questions*, J. Schmidt ed., Berkeley: University of California Press, 1996, p. 217.
④ 梁志学主编:《费希特著作选集》第一卷,北京:商务印书馆,1990年,第173页。

承认启蒙运动所要求的无非是理性思考,并且是通过理性思考来认识世界和认识人类自己。因此,启蒙就是用理性消除迷信,用理性破除神性,用理性消除对外在权威的盲目信仰和服从,启蒙在这里发挥的作用和所具有的历史意义是无可比拟的。但这只是一方面,另一方面他们还提出,理性只是涉及了人的部分生活世界,而另一部分生活世界,诸如意志、感觉、想象、情感等因素则属于非理性,甚至是反理性的部分。这些非理性的存在因素是客观因素,它们并不受人的理性所控制,因而也是理性无法阐明的。进一步思考下去,人们也确实无法想象出一个只有理性思维,却没有意志、感觉、情感,甚至没有信仰的人。值得重视的是,他们尤其重视人们的宗教信仰,提出了理性可以颠覆基督教教条,但颠覆不了人们的信仰、神话和宗教情怀的观点。他们坚决拒绝某些启蒙思想家把人说成是机器的观点,认为这样的观点显然没有看到人的复杂性,既忽视了人是理性存在者,更忽视了人同时也是有血有肉、重视情感的生物。显而易见,浪漫派并不是完全否定启蒙,而是更加注意启蒙运动关注不够的非理性和反理性因素,他们想以此弥补启蒙运动的不足。对此,卢卡奇认为,恰恰是在这里,浪漫主义是非理性主义思潮的肇始者,"从浪漫主义运动和'历史法学派'到卡莱尔,出现了一条保卫旧东西、保卫革命前的时代退回到中世纪的崭新路线,它和历史的普遍非理性主义化不可分割地联系在一起"。[①] 卢卡奇的批评有些言过其实,他没有看到浪漫派和非理性主义的兴起有其合理性,因为浪漫主义的一大贡献在于,他们清楚地看到启蒙运动只关注了人的理性的巨大作用,却忽视了人是由知情意结合在一起的整体,人是作为一个"存在整体",而不只是作为单纯的理性存在者出现在社会之中的。后来的叔本华、尼采的意志论,弗洛伊德的心理学,福柯对启蒙理性的反思等,在一定意义上都是对这一思想的继承和发展,构建了理性之外的另一个活生生的现实世界。

[①] 卢卡奇:《理性的毁灭》,王玖兴、程志民、谢地坤等译,南京:江苏教育出版社,2005年,第63页。

黑格尔是德国古典哲学的完成者,作为最典型的理性主义者,他对浪漫派关于启蒙运动的反思和批判洞若观火,所以,他讨论启蒙的重点与浪漫派一样,是关于人的纯粹识见与信仰的关系,但他的看法显然不同于浪漫派,而是完全站在理性主义立场上去分析启蒙运动的。黑格尔作为一个生活在基督教社会的哲学家,明确表示宗教信仰是人类社会不可或缺的精神追求,启蒙运动却颠覆或模糊了宗教和上帝概念,"所剩下的便只是关于上帝的模糊概念——只是一个'高居我们上面'、毫无规定性的彼岸"[1]。但应当注意的是,黑格尔这时所说的上帝概念并不简单地等同于基督教的上帝,他说的很明确:"精神是最高贵的概念,是新时代及其宗教的概念。"[2] 我们只有理解黑格尔是在这个意义上所说的"宗教"和"上帝"的确切定义,才能正确理解他对启蒙运动的批评。

关于人的纯粹识见与信仰的关系,黑格尔认为,漫长的中世纪教化,已经使人迷失了精神世界,而文艺复兴和宗教改革使人的理性开始崛起,由此产生了"纯粹识见"。启蒙的任务就是传播"纯粹识见"。所谓"纯粹识见",乃是"这样一种精神,它向一切意识呼吁道:你们要在为你们自己时是所有在你们自己中时所是的那样,都要是有理性的"。[3] 黑格尔在这里显然是用纯粹识见来表达启蒙所提倡的理性主义,他常常说"识见是对信仰的否定",这就等于在说,"识见"就是启蒙对宗教的批判,而且启蒙的批判比历史上所有否定信仰的批判思想更加坚定、更加深刻,因而值得肯定。黑格尔进一步分析说,启蒙思想家们强调理性的公共使用,但他们对理性的研究还不充分,尚未达到认识真理的高度。他们所说的"纯粹的识见","由于其概念即是一切本质性,而不是其本身以外的什么东西,所以只能自己是自己本身的否定物"。黑格尔这段话表明,启蒙运动的性质反对谬误,但在这里

---

[1] 黑格尔:《哲学史讲演录》第四卷,贺麟、王太庆译,北京:商务印书馆,1978 年,第 252 页。
[2] 黑格尔:《精神现象学》上卷,贺麟、王玖兴译,北京:商务印书馆,1979 年,第 15 页。
[3] 黑格尔:《精神现象学》下卷,贺麟、王玖兴译,北京:商务印书馆,1979 年,第 79 页。

它同时也否定了它自己曾经主张的东西,因而启蒙在今后必定会走向自己的对立面,即否定启蒙。黑格尔说这番话的根据,就在于他看到了纯粹识见和信仰都是意识的两个环节,前者是在现实世界中对自我的确认,而后者则是在颠倒的世界中信仰绝对本质。宗教改革并没有使新教徒们知道这种绝对本质"就是思想",而是把它们作为肯定的、精神性的东西来信仰,因而在他们那里上帝还具有"真理的精神"。"但是,启蒙在这里完全是一个傻子。""它完全不知道它所说的是什么,并且当它谈到什么僧侣的欺骗和群众的迷惑时,它完全不懂那是怎么一回事。"[1]因此,如果启蒙没有认识到自身与信仰都属于意识问题,没有澄清人认识自身就是使人成为自在自为的存在者,那其结局必定与它简单地否定宗教信仰是一样的。而启蒙之所以会走向自己的对立面,黑格尔认为有两个原因,一是"有用是启蒙的基本概念"[2],二是启蒙思想家没有意识到绝对自由所导致的恐怖。关于前者,黑格尔分析说,启蒙反对信仰乃是在于它坚持人在人世间的权利,而且人是这个世界的中心,这世界的一切事物都要为人去服务,为人所利用。黑格尔的这一表述承认了启蒙思想家所秉持的人类中心主义和康德所说的"人是目的"等主张具有一定合理性,但他更深刻地看到,人不能因为过度追求消费和愉悦而损坏自己的结果,无限制地追求物质享受在理论上的结果就会导致"思维就是物性,或者说,物性就是思维";[3]人会因此失去自身的本质属性。关于后者,启蒙的基本原则是承认人生而自由,但却没有澄清自由的本质,更没有对自由加以限定,因此人们会把欲求与自由混为一谈,甚至还期待在现实中实现这种欲求。假如这样,社会中所有个体就会破坏社会既有的规则,以达到实现自己私利的目的,而作为整体的社会就会由此而分崩离析,"所以,普遍的自由,既不能产生任何肯定性事业,也不能做出任何肯定性行动;

---

[1] 黑格尔:《精神现象学》下卷,贺麟、王玖兴译,第89页。
[2] 同上书,第97页。
[3] 同上书,第110页。

它所能做的只是否定性行动；它只是制造毁灭的狂暴"。①黑格尔当然不能接受这种毁灭社会的绝对自由，而是强调人必须摆脱这种自我毁灭的意识及行动，必须确立具有自我意识、自我发展的道德精神。

黑格尔对启蒙运动的反思和批判不只是纠正了浪漫派的肤浅，更对后世，尤其是法兰克福学派评判启蒙具有重要的启示意义。

二

黑格尔对启蒙的分析和批判对于20世纪的霍克海默和阿多诺发生了深刻影响，在他们合著的《启蒙辩证法》一书中，我们可以清楚地看到，他们对启蒙以及与之相关的神话、宗教的反思，不只是具有黑格尔式的理性主义的思辨特征，而且还采用了很多黑格尔式的表述。他们不同于黑格尔的地方在于所处的时代不一样了。黑格尔去世后的一百多年，资本主义社会发生了很大变化，人与自然的矛盾更加突出，社会化的大生产无限扩张，人不仅要服从这种大生产的社会生活方式，甚至还沦落为机器的奴隶；人的精神生活消失殆尽。旧的宗教神话因为启蒙而退场，但人却又制造了科技至上的技术理性的神话。所以，这部著作的源起就是霍克海默和阿多诺对这个问题的疑问："就进步思想的最一般意义而言，启蒙的根本目标就是要使人们摆脱恐惧，树立自主。但是，被彻底启蒙的世界却笼罩在一片因胜利而招致的灾难之中。"② 进一步的问题是：在已经被彻底启蒙的世界中为何会产生法西斯主义？对这个问题的分析自然地导致了他们对法西斯主义和一切极权思想得以产生的历史根源和具体的历史机制的考察和研究，由此就追踪到浸透在近现代文明中的启蒙精神所带来的负面效应，即现代发达的工

---

① 黑格尔：《精神现象学》下卷，贺麟、王玖兴译，第118—119页。
② 马克斯·霍克海默、特奥多·威·阿多尔诺：《启蒙辩证法》，洪佩郁、蔺月峰译，重庆：重庆出版社，1990年，第1页。

业社会对人们采取了流水线式的管理方式,对人们赖以生存的自然采取了掠夺式的生产方式,这就带来了与启蒙运动所要达到的目标完全相反的结果——利用技术统治,扼杀人民的个性和自由,而由此产生文化工业、道德衰败、反犹主义和极权主义。这样,《启蒙辩证法》的主题就是重新梳理人与自然的关系,着重讨论启蒙对神话、宗教和信仰的漠视带来的消极后果,以此来说明技术理性的神话对当今世界的统治,努力揭示出"神话已经是启蒙,启蒙退化为神话"这个问题的本质。很显然,霍克海默和阿多诺想要解答这个疑问,就要说清这两百年来的启蒙所追求的人的解放之精神是如何一步步走向自己的反面——对人的经济、政治和社会的全面奴役。这里,不仅要对启蒙本身进行深刻反思,同时也要对与之密不可分的工具理性以及近现代社会的政治、经济、文化的主要特征予以全面的分析和批判。与黑格尔对启蒙的批判相比较,霍克海默和阿多诺对启蒙的分析和批判又是在一个全新的历史时期发生的,从而使这部著作既具有哲学史的学术价值,又更显现出现代社会的时代特征,体现了现代西方哲学家对全部人类文明史进行考察和反思的成果,对我们具有更多的启发意义。

霍克海默和阿多诺首先承认启蒙的积极意义,他们说:"从进步思想最广泛的意义来看,历来启蒙的目的都是使人们摆脱恐惧,成为主人。"[1] 这就是说,在他们的眼中,启蒙运动从头至尾都是要在神话偶像面前拯救人类理性,以反抗抽象的脱离自然的精神幻想。启蒙的主旨、意向和纲领,都是在追求人的理性的解放,要用知识来代替幻想,消除人为的神话对人自身的压迫,破除陈旧的迷信对人性的奴役,使人的知识形式具有一种"支配自然"的能力。这样,启蒙运动表现出的基本精神就是人性的独立和伟大,那种人对自然的恐惧,人民臣服于天主教神学和封建王朝的压迫和剥削,都要在启蒙运动的浪潮中被荡涤得无影无踪,唯有人的观念才是真正的主体,它将完

---

[1] 马克斯·霍克海默、特奥多·威·阿多尔诺:《启蒙辩证法》,洪佩郁、蔺月峰译,第1页。

全成为唯一的无约束的权威。正是在这个意义上，霍克海默和阿多诺才如此歌颂启蒙运动，说"启蒙以真理的名义反对宗教和形而上学，它不仅在信仰的象征和图形方面，而且也在思维认识的理念和概念方面，使真理的足迹彻底地非神话化了"①。

但是，霍克海默和阿多诺分析下去，发现启蒙思想家们在理性、知识、真理等概念方面模糊不清，所谓"人的观念"既包含了真理，同时也为谎言留下了地盘，所谓"无约束的权威"为不分良莠的暴力提供了借口，而且最终导致了"启蒙的自我毁灭"。霍克海默和阿多诺清楚地看到，启蒙肇始于人拯救人类自身，但最终的结果却是事与愿违，几乎导致自身的毁灭。启蒙之所以产生这种与自身出发点和宗旨完全相反的"自反性"结果，主要有这么几点教训值得深思。

首先，启蒙运动接续文艺复兴的人文主义精神，高扬人道主义大旗，争取人的权利和自由，确立人的理性信仰，始终把确立人的主体性和尊严当作自己追求的目标。因此，启蒙矛头所向，首先就是反对宗教神学，反对迷信和神话，反对外在的权力统治，反对人在自然面前的无所作为。但是，倘若认真回顾和分析启蒙运动的思想源泉，人们很容易看出，它是以所谓自然宗教、天赋人权这样的传说或人为臆想为思想依据的，而大多数启蒙思想家们就是从这种带有神话色彩的主体思想来解释人类社会和自然，并把许多过去的传说和神话中的形象赋予社会契约论，从而又创造了新的神话。对此，启蒙运动曾经的支持者，后来又成为其尖锐批判者的赫尔德讽刺说，伏尔泰、休谟、罗伯逊等人夸大了"启蒙"和"文明"，它们所说的不过是"暮色中的古典幽灵"。②启蒙运动原本是要开启民智，用理性之光驱散迷信愚昧的黑暗，但这里所表现出的过于张扬理性的无限要求，就使启蒙在摧毁旧的神话和传说的同时，又令"神话变成了启蒙，自然界变成了简单的客观实在"，

---

① H. 贡尼、R. 林古特：《霍克海默》，任立译，北京：中国社会科学院出版社，1992年，第87页。
② 参见安东尼·帕戈登：《启蒙运动：为什么依然重要》，王丽慧、邓念、杨蕴真译，第16页。

真理沦落为物化的文化。霍克海默和阿多诺不得不说,"启蒙精神从神话中吸取了一切原料,以便摧毁神话,并作为审判者进入神话领域。"[①] 但是,启蒙思想家所追求的"支配自然"的知识形式本身就包含了"世俗化的神话",而启蒙精神在本质上就蕴含了这样一个"支配"的因素。这就是启蒙思想家为什么一方面为人类能够认识事物而感到庆幸,而另一方面却以为知识就是权力,万能的理性可以向失去魔力的自然发号施令的原因。由此导致的结果就是自以为是的人类中心主义。启蒙运动之后的一百多年的历史已经表明,由启蒙精神塑造的主体必然会把自己视为世界的主人,他们不仅以为自己可以征服自然,而且还可以无限制地掠夺自然,并进而把对自然的征服和掠夺重新用到人类自身这里。这样,"知识的目的不在于概念和观念,不在于侥幸地了解而在于方法,在于利用其他人的工作和资本"[②]。人们的理性活动变成了工具,征服自然、支配世界成为现代人的目的。启蒙一方面推翻了封建专制和教会的统治,摧毁了传统思想和文化带来的不平等,但另一方面却又以人类中心主义、理性崇拜和技术统治建立了新的不平等,并且还要以合理性的名义使这种统治权永恒化。所以说,启蒙在反对封建愚昧、摆脱自然和宗教迷信的统治的时候,由于过度相信理性信仰及其提出的无限要求,它"把世界当作自己的战利品",而且"在客观上变成了疯狂",从而让自己不可避免地走向了自己的反面——"启蒙的自我毁灭"。霍克海默和阿多诺由此看到了两种不同性质的理性,"一种是与发现将人从外部压抑和强制中解放出来的手段有关的理性,另一种则是作为工具的理性,作为对自然界起技术控制的作用,这种理性已经退化为极权主义理性"[③]。他们显然赞同第一种理性,反对退化为极权主义的工具理性。

---

① 马克斯·霍克海默、特奥多·威·阿多尔诺:《启蒙辩证法》,洪佩郁、蔺月峰译,第9页。
② 同上书,第2页。
③ 俞吾金、陈学明:《国外马克思主义哲学流派新编(西方马克思主义卷)》,上海:复旦大学出版社,2002年,第150—151页。

其次，启蒙一方面主张消除人的恐惧，推崇精神的独立自主，而另一方面却又过分强调蔑视一切差异的理性主义的权威，致使精神成为某种客体化的东西，启蒙由此表现出蕴含着自相矛盾的二重性。这种二重性必然使启蒙的主张陷于一种二律背反的境遇之中，启蒙思想家在这里没有看到支配世界的秩序乃是黑格尔所批判的主奴关系，他们不顾现实客观情况，而是简单地提出人作为独立的主体应当配享"独立精神的执行者"这一称号，但在这一称号下却没有实际内容，这实际上就会使"独立精神"变为空洞无物的口号。更为可怕的是，在现实社会生活中，精神的客体化已经变成全社会的意识形态，人们对这种客体化的精神——意识形态习以为常、麻木不仁，使之成为生活的常态，甚至有些人还别有用心地对此大加赞赏。"这种意识形态是对盲目生活的盲目颂扬，而压制一切活生生的东西的同样实践，也属于这种对盲目生活的盲目颂扬。"[1] 这里的要害在于，精神的客体化不仅受到统治阶级的欢迎，而且还适用于被统治阶级，于是，一个社会的各阶层和各个群体都是社会这个大机器的各个部分和传动装置，大家都接受同样节奏的约束。反之，不管什么人，只要采取任何一种主动性行为，都有毁灭这个"大机器"的可能性。启蒙时代大力宣扬的个体自由因此丧失殆尽，一个个自我消失了，人统统变成了"单纯的类本质"，所谓自我原则已经不复存在，成为与"类本质"相反的东西，个体灵魂不再是"自责的感情"，良心不知其对象，而是变成没有内容的空虚。在这种情形下，康德所设想的奠基于个体意志自由的"道德至善"不过是空中楼阁，即使是黑格尔在法哲学中孜孜以求的荣誉公民也不具有独立人格。启蒙的主题原本是要使人自由地应用理性，以实现人格独立和自我保存，现在的情况却恰恰相反，"在工业社会的进步中，整体赖以证明自身的概念，即人作为具体的人（Person）、人作为理性的承担者的概念成为泡影。启蒙的辩证法在客观上变成了疯狂"[2]。于是，人

---

[1] 马克斯·霍克海默、特奥多·威·阿多尔诺：《启蒙辩证法》，洪佩郁、蔺月峰译，第39页。
[2] 同上书，第194页。

本身已经瓦解、分裂直至消失,而一般民众根本没有意识到有自我保存的需要,更谈不上人格的独立和精神的自由。启蒙所主张的自由和理性在现代工业社会中已经成为水中月、镜中花,原来的上帝崇拜已经蜕变为没有神性的宗教。

再次,启蒙思想家们推崇的是形式逻辑的统一化原则,这个原则的具体化,就是这一规则:"只有通过统一的现象才能认识存在和所发生的东西;统一现象的理想典范是一切言行遵循的制度。"[1] 很显然,他们不仅按照这个统一化原则来解释历史事件和认识现存状况,而且还按照这个逻辑去设计未来世界的样式,"之所以如此,是因为启蒙运动的核心是一个令人敬畏的假设:所有人能够并且也应该只依据其理性决定如何生活,而不依靠社群、宗教信仰、习俗和与生俱来的情感纽带。"[2] 在这种统一化思想支配下,人类不仅认为自己关于自然界的普遍联系具有普遍必然性和合目的性,而且还把这种所谓的自然界的普遍联系推广到关于人类社会的设计之中,这样做的结果必然是使人们去崇拜科学技术的统治力。于是,数学的公式、物质的场论、物质的结构理论成为解释世界的模式,毕达哥拉斯把数看成是世界的本原的古老观念在当代以新的形式得以复活。人文科学丧失了独立意义,思维不能包含否定因素,哲学失去了认识真理的价值,只能是满足于方法论上的修修补补。霍克海默和阿多诺对此不得不承认,"在培根的理想'我们在实践中支配自然'在全球范围得到实现的同时,他所认为的不可把握的自然所具有的强制本质就变得清晰可见"[3]。这就是说,启蒙所倡导的对统一原则的追求实际上让启蒙高扬的自由失去了具体内容,轻而易举地转变为某种技术的统治,甚至还使技术统治合理化和彻底化,成为凌驾于人之上的新型的专制。"统治世界"这个单纯的技术理想已经反馈到人自身这里,人们所

---

[1] 马克斯·霍克海默、特奥多·威·阿多尔诺:《启蒙辩证法》,洪佩郁、蔺月峰译,第5页。
[2] 安东尼·帕戈登:《启蒙运动:为什么依然重要》,王丽慧、邓念、杨蕴真译,第20页。
[3] 马克斯·霍克海默、特奥多·威·阿多尔诺:《启蒙辩证法》,洪佩郁、蔺月峰译,第37页。

追求的自由不可能冲破表现为机械、数量关系的必然性。所以说,正是因为启蒙坚守这种技术统治的统一化原则,盲目的技术统治被合理化了,反倒让人类失去了自由探索的权利。而且,由于人们在其意识中把这种既成统治当作合理的事实,于是,各种形式的统治就被描述为"真理",而启蒙追求自由、追求不同风格的创造反倒是与整个社会处于格格不入的结果之中,对真理的探索会受到普遍的嘲笑、排斥或被讽刺,更可悲的是,人们对此却并没有真切的认识。

最后,"启蒙精神首先概括地体现在生产和宣传的活动以及技术中;从启蒙的真正内容来看,意识形态都在竭力神话现存的事物,以及操纵技术的权力。"[1] 显而易见,启蒙促成了现代社会的"文化工业",但它却集中表现了现代社会在意识形态方面的倒退。电影、电视、广播无处不在,充斥着各种各样的宣传和广告,它们与政治权力和市场经济纠缠在一起,处处体现了资本的力量,但却与文化和艺术事业毫无关系。电影、电视、广播与现代人生活有密切联系,深刻影响着人们的立场、观点和价值判断,统治者为了维护自己的统治和利益,必定会全力以赴,特别注意这个领域,一定会生产、制造出成千上万的"文化产品",而这种"文化工业"恰恰与前面所说的启蒙追求普遍统一的原则不谋而合。由这种"文化工业"生产出的所谓"文化产品"在本质上与文化没有任何关系,它解构了文艺作品的艺术性,从更深层次上讲,它降低了人们的审美情趣,消解了人们的创造力,侵蚀了文化的本质。这样的"文化工业"满足了消费者的低端需求,但实际上它只是把消费者当作"被规定的消费者",他们不需要思维活动,不需要对"文化工业"的产品提出分析和判断,他们只不过是"文化工业"的消费对象,人们的认知能力、价值判断的水准和主观创造能力就这样在不知不觉中被抑制或消解了。如果说这种危害还不是十分明显,那么,值得注意的是,"商业与娱乐活

---

[1] 马克斯·霍克海默、特奥多·威·阿多尔诺:《启蒙辩证法》,洪佩郁、蔺月峰译,第6页。

动原本的密切关系,就表明了娱乐活动本身的意义,即为社会进行辩护","文化工业用不存在的要求,来证明社会上的胡作非为"。[①] 这就意味着,表面上的娱乐实际上掩盖了黑暗中的罪恶。具体讲,消费者由于这些文化产品而耽于快乐,满足于现状,变得愚昧无知,分辨不出是非对错,在文化产品的虚假宣传作用下,不仅忘记了自己的痛苦和忧伤,也漠视他人的痛苦和忧伤,完全处于被奴役的意识形态之中。《启蒙的辩证法》由此揭露了"理性的最可怕形式"所引导出的"文化工业"的全部实质:限制个性的自由发展,转移人们对社会的不满,抑制大众的革命情绪,从而从根本上保障资本主义制度。

显而易见,《启蒙的辩证法》表达了霍克海默和阿多诺的一种矛盾心态:他们一方面把人类文明史说成是一部不断"启蒙的历史",说启蒙解放了人们的思想,推动了科学技术和工业文明的发展,促进了人类历史的前进;但另一方面,他们又看到了启蒙并不是十全十美的,促成了理性主义至上和技术统治的新神话,而极权主义者就是利用科学技术之便,使之变为推行暴政的手段和工具,加深了人对自然的掠夺和人对自身的统治。他们由此感叹到,如果不注意解决启蒙运动带来的负面效应,很可能伴随着技术的进步而出现各种恶行的横行霸道和人类的自我欺骗,"完全启蒙的世界会弥漫着灾难的胜利"。这就使我们不得不看到,霍克海默和阿多诺对启蒙的分析是辩证的,他们所开展的批判具有黑格尔式的犀利和深刻,但却又带有某种浪漫主义和某种保守主义的色彩,他们既承认启蒙在促进人类思想解放、推动社会进步方面所发挥的无可比拟的巨大作用,又看到启蒙带来了工具理性以及科学技术的负面效应,希望人类能够汲取启蒙运动以来的一个半世纪的经验和教训,能够建立一个更合理和美好的社会。

[①] 马克斯·霍克海默、特奥多·威·阿多尔诺:《启蒙辩证法》,洪佩郁、蔺月峰译,第9页。

三

20世纪下半叶,世界局势发生了很大变化。70年代前后,计算机技术、信息网络、生物工程等高科技推动西方国家的经济发展,以美国为首的发达国家先后从传统的工业社会进入了信息社会。与此同时,环境破坏、资源浪费、贫富差距拉大等社会问题不断显现出来,一些先进的知识分子开始分析这些问题产生的土壤和根源。在他们看来,所谓现代社会是指西方近代以来伴随着资本主义的发展而造就的工业文明社会,其经济、政治、社会机制的依据是启蒙时代所确立的以人为中心的理性主义、个体主义、自由主义等基本价值,既然当代社会的本质特征已经不是传统的大工业生产,而是依靠海量数据、信息传播、资本活动来推动的,那么,人类社会现在就面临着一场新的革命,这样,对启蒙时期所确定的原则和价值加以分析和批判就一定是在所难免的。在当代思想界,对启蒙反思和批判最有影响的,除上述的法兰克福学派以外,就是法国思想家福柯(Michel Foucault, 1926—1984)、英国哲学家麦金泰尔(Alasdair Macintyre, 1929—)和一些新自由主义学者。他们对启蒙的反思和批判,都值得我们认真思考。

法国哲学家米歇尔·福柯受到德国哲学的影响,他本人非常熟悉法兰克福学派的批判理论,福柯的某些思想倾向还得到哈贝马斯的欣赏。但是,福柯对启蒙的反思和批判与德国哲学传统有显著的不同。首先,他对启蒙的分析和批判不是像霍克海默和阿多诺那样遵循黑格尔的辩证思维方式,而是直接接续康德对启蒙的解释,并且由此表达了自己的看法。在这里,福柯对康德的批判值得注意。康德的理论是从认识论入手,提出人受限于自己的理性能力而不可能认识自在之物,人们不要超越自己的认知界限;康德据此还提出要探求知识可以运用于经验现象的先天条件,用理论理性和实践理性的划分来确保知识的普遍性和必然性,显而易见,康德是把一种具有绝对和普遍价值的理性当作判断是非的标准，世界上一切事物都要经得起理性法庭的检验，因而他所高扬的道德意志具有某些不证自明的特征。福柯认为，康德把启蒙精神归结为"理性的自由运用"，这个阐释显然是正确的，但如何把这个结论运用到现实社会中，康德则无能为力，他只能寄希望于那种空洞的道德说教，却没有任何实际内容。福柯则针锋相对地提出，要对这些认知界限加以探讨，对那些看似普遍的、必然的东西要加以分析，注意其中是否存在某些被人为拔高的东西，尤其是要通过分析来探索知识得以成立的历史条件，把那些所谓必然、普遍的东西放进具体的历史语境之中。福柯的反思非常尖锐，他认为，不要以任何权威为圭臬，而是要永远保持对历史、现实的怀疑，更要对作为理论主体的人本身保持怀疑，这就是说，"通过我们自身的历史本体论，对我们之所说、所思、所做进行批判"。[①] 这才是哲学家理应保持的哲学的怀疑、批判之精神。福柯的出发点是从历史发展的角度来思考问题，他关于启蒙者的历史存在的讨论就否定了启蒙理论所具有绝对合理性的证明。与这种历史存在直接联系的，就是福柯把启蒙理解为一种"在场"心态，在他看来，启蒙是一种持续不断的、没有终止的反思和批判活动，启蒙者的反思和批判在于时刻准备行动，而不能把某种真理当作永恒不变的教条，更不能自以为是地把自己当作真理的裁判者。所以，启蒙者始终必须保持一种持之以恒的反思和批判的立场，让启蒙始终处于"临界心态"，使"永恒的启蒙"不是成为旁观者的口号，而是有如临界状态，从而使人类历史和现实处于不断修正完善之中。

基于这种彻底怀疑的精神，并且通过撰写《历史考古学》《疯狂与文明》，福柯发现了一种非理性的历史，因此，他不同意对理性与非理性予以简单的划分，因为批判的立场并非一定就是理性，批判也可以是历史的、非理性的，即使它使理性变得模糊不清，但也同样具有批判的价值。福柯在其生

---

① 杜小真编选：《福柯集》，上海：上海远东出版社，1998年，第539页。

命结束那年专门撰写了《什么是启蒙》，更是集中表达了他对启蒙的反思，集中思考何为人、主体性、理性、文明、真理、权力等问题。

关于主体性，福柯明确说："人仅仅是一种晚近的发明，一个还不到 200 岁的角色。"[①] 他用这句话来表达这个深刻意义：作为主体的人产生于启蒙时期，而启蒙不过是一个特定历史时期，就像历史上任何一个时期一样，启蒙也会有结束的时候，而主体当然就会随着启蒙时期的结束而死亡。主体并不能赋予客观存在以意义，所以，真理并不依赖于主体而存在，那么，把主体抬高为至高无上，好像真理依赖于作为主体，这不过是一种"人类中心主义"在作祟，它过于强调认识结果与人的主观性的关联，因而缺少客观性的标准。

关于人类的文明史，包括其中的理性与非理性的关系，福柯明确说，非理性的历史迄今还没有受到应有的重视，因而也没有被书写出来。福柯通过对知识的谱系的研究，即他所说的"知识考古学"，着重指出了以往的思想史将人类历史描述为仿佛是按照理性的设计在"连续性"的进步、由"传统"一步步地发展到现代。福柯认为事实并非如此，他把历史的发展解释为"非连续性"、"断裂的"、"有差别的"，不过是在不断发生变化而已。"人仅仅是一种晚近的发明"，这就是说，承认人的主体性只是文艺复兴和启蒙运动以后的事情，而且这种作为主体的人也不是不会发生变化，他们"将像海边画在沙滩上的面孔那样被抹去"。[②] 福柯的这一表述代表了后现代主义哲学家的思想，即西方传统文化中的理性在启蒙以后已经发展为独断了，变成了一种新的教条，在很大程度上把近代史的成果强加于现代人身上，它阻碍了人们对非理性思潮的重视，阻碍了人类的进步。

关于真理与权力的问题，福柯通过谱系学的研究发现，真理并非如人们

[①] Michel Foucault, "The Order of Things, Archaeology of the Human Sciences", London: Tavistock Publications, 1970, pp. xxiii, 387.

[②] 同上。

所想象的那样单纯，在人类历史上，它往往是与权力交织在一起的，或者直接说，只有权力才能宣布某种真理是否可以成立。这个历史事实很残酷，但很少有人愿意承认这个历史事实，福柯认为自己不过是在揭露这个事实，他直截了当地说："通过权力，我们服从于真理的生产；只有通过真理的生产，我们才能实行权力。"① 启蒙者所设想的客观和纯粹的真理不过是一种幻象，不管是在启蒙之前，还是在启蒙之后，权力打压或歪曲真理是经常发生的事实，康德所期望的一切事物都要接受理性的检验只是一种良好的愿望，历史和现实则是权力打着真理的名义在行使权威，而所谓"真理"常常是替权力做宣传鼓噪，其结果是人们分不清楚真理是通过权力而产生的，还是权力通过所谓真理得到了加强。启蒙赋予了真理在话语体系中的优先地位，好像不听从它就必然会犯错误，而其他话语必须按照这种真理去言说，但却没有看到在这种"真理"背后是权力在发挥作用，所以，启蒙关于真理的设想和宣传带来了混淆是非的后果，这就是后现代严厉批判的"真理的白色恐怖"。福柯要求人们对过去被当作真理的言说予以重估，他告诉人们，启蒙所开启的真理论证本身面临着合法性的质疑。由此推演下去，福柯是在提醒当代人，启蒙并不是已经完成的事业，它是对在它之前的历史传统的一种否定，启蒙并不是十分完美的运动，启蒙本身还必须随着历史的发展而不断增加时代内容、不断前行，只有这样，启蒙才能为现当代的社会发展提供新的启示和动力。

福柯在康德以后的二百年重新阐释"什么是启蒙"，并且运用谱系学和考古学的方法，着重讨论主体性、理性、文明、真理、权力等问题。这方面明确表明，启蒙运动改变了世界历史的发展，推动了人类社会的进步，但另一方面也说明，启蒙运动并没有真正改变工具理性在人们头脑中的根深蒂固和各种权力对社会的支配控制，启蒙并没有达到彻底解放人的目的，康德

---

① Michel Foucault, *Power/Knowledge: Selected Interviews and Other Writings, 1972-1977*, Colin Gordon ed., New York: Pantheon Books, 1980, p. 93.

提出的由理性对一切进行裁决的任务远未完成,启蒙是一项未竟的事业,因为"我们现在仍未成年"。福柯对启蒙的反思和批判留给我们很大的思考空间。

福柯关于启蒙的讨论是与德国哲学有密切联系的,而与此同时新自由主义者也对启蒙予以反思和批判,但他们是从经验论的立场来重新评价启蒙运动的。新自由主义者讨论的主题是对启蒙运动大力倡导的"自然权利"予以否定,然后就是对"理性"和"自由"予以重新阐述。这方面最有代表性的思想家就是哈耶克（Friedrich August von Hayek, 1899—1992）、伯林（Isaiah Berlin, 1909—1997）、诺奇克（Robert Nozick, 1938—2002）等人。

哈耶克是 20 世纪著名的启蒙批评者,他继承的是苏格兰经验论学派传统,对理性的否定比休谟走的更远。哈耶克根本不承认人类的秩序是由人的理性所设计和建立的,也不存在启蒙思想家所说的什么"自然的或天赋的"自由和权利。在他看来,这些不过是后来人的"理性的滥用"。哈耶克认为,人类社会之所以呈现出现在的样式,乃是自然与人的理智活动共同作用的结果。这里面还有法律发挥了至关重要的作用,他称之为法律是习惯与理智的居间因素,因为没有法律就没有秩序,没有秩序也就不可能存在得到保护的自由。所以说,自由只能是由法律带来的,受到法律的保护,而其他所有权利也都是从法律那里派生出来的。"争取自由斗争的伟大目标,始终是法律面前人人平等。"[①] 这就意味着,在哈耶克这里,自由首先就是由法律保证的社会自由,那种所谓的个体的自由是不存在的;其次,哈耶克坚决否认法律是"人们可以任意创制的东西",单纯地认为法律是理性建构的说法本身就蕴含着很大的危险,因为这可以把法律说成是"立法者随心所欲发明的产物",从而用法律之名来扼杀自由,哈耶克因此坚持法律是"自生、自发秩序的演进"的立场。但是,"哈耶克却忘记了,再严格的法律也只能保证

---

① 哈耶克:《法律、立法与自由》,邓正来、张守东等译,北京:中国大百科全书出版社,2000年,第 14 页。

平等，而不能确保自由。"① 实际上，前文提到的福柯就已经指出，法律在现代社会中"往往也会变成'规训'，变成统治者的帮凶"。这恰恰是启蒙在创造自由的同时也创造了规训的教训，简单地依靠法律而排斥理性是不可能解决现代社会中存在的自由与平等如何并行不悖地存在下去的问题的。

与哈耶克一样，伯林同属苏格兰经验论学派传统。他对启蒙的批评与哈耶克不同，其根据主要来自于他的"积极的自由"和"消极的自由"两种自由概念的学说。在伯林看来，自由理应是绝对的，如果把所谓"自律"概念与自由观念等量齐观，就是对积极自由的观念的败坏。这是因为，在伯林眼里，康德等人所提倡的"自律"就是要求自己治理自己，这种自我控制就等同于"权威"，而自由与权威是不能相容的，权威就意味着不自由，是对自由的约束和伤害。与积极自由相反，伯林把"消极自由"视为保护自由的一道"绝对屏障"，但他同时又宣称，消极自由就是强调一个主体在可能的限度内不受别人的干涉而自由行动，这里既注意自由行动的机会和范围，同时又对理性表示审慎的怀疑，因此，在消极自由的论证里只承认价值的相对性。伯林在这里的论证出现了悖论：既然一切价值都是相对的，那消极自由观当然也只具有相对价值，就不可能充当"绝对屏障"，所以，伯林用以支撑消极自由的价值观恰恰是一种绝对主义。自由主义崇尚自由的绝对价值，而经验主义从来只承认暂时的相对价值，伯林用经验主义的相对价值观来为自由主义的绝对价值观做辩护，实际上是宣告了自由享有的绝对优先性并没有任何事实根据，因而不能成立。

诺奇克既是"自由至上主义者"，又是人权的坚决捍卫者，这就使得他对启蒙的批评是温和而又含混不清的，因为他所捍卫的东西恰恰是启蒙主义者在二百年前所提出的主张。在诺奇克看来，只有一种最小类型的政治体制，即他所说的"最小国家"（minimal state），才能保证人民享有的自由权

---

① 吴冠军：《什么是启蒙——人的权利与康德的启蒙遗产》，《开放时代》2002年第4期。

利，表现为他所说的"获取正义、转让正义和矫正正义"的"正义三原则"的实现，因为人们在这种体制中是按照自愿、平等的原则去处理利益分配和转让的事情，无论是获取财物、转让财物，还是矫正交易过程中的错误，它们都是遵守自愿、公平的原则，因而这些行为都是"正义"的。显而易见，诺奇克的"正义三原则"是把自由至上、权利平等的原则贯彻于社会领域和经济利益分配之中的。不过，在另一方面，诺奇克又接受了康德提出的"人是目的而不是手段"的原则，因此，他同时又主张，人的权利神圣不可侵犯，人不能被用来当作达到其他目的的手段，更不能被当权者当作牺牲品。这样，在诺奇克的正义理论中，人的权利居于绝对优先的地位，人们对人的基本权利不能做任何目的论的理解。因此，一个人的行为是否正义，不仅要看其对其所拥有的权力是否拥有权利或资格，还要看其是否滥用其权力。但是，人有人的复杂性，不仅不同的人在智力、知识、行为能力等方面存在着巨大差别，而且在观念上也存在着很大的差异，比如，什么是"好的""善良的"，什么是"坏的""邪恶的"，人们对此常常有不同的看法，很难达成一致意见。诺奇克公开承认人的差异，他为此建议，为了实现社会的公平正义，哪怕是一个最小、最低限度的政府，也要去约束一切非分的行为。从诺奇克的这些表述来看，他是一个"原则上的自由主义者"（principle deliberatain），他的理论具有强烈的意志自由主义的色彩，但其中还包含着康德的道德哲学的成分，因而又具有教会主义色彩。一直到他去世，这两种不同的理论在其学说中都矛盾地存在着。

显而易见，新自由主义者看到了早期启蒙理论的不足，但是，他们却没有注意到启蒙理论是在不断修正和完善之中的，尤其是他们忽视了康德对启蒙理论的修正和辩护。康德在撰写《什么是启蒙》的时候，对启蒙思想家在宣传"自然状态"和"天赋人权"等方面的不足有清楚的认识，康德做出了积极的阐释。康德首先提出，理性可以认识作为现象界的自然，但理性却无法证明启蒙思想家所提倡的自由和法权，因为它们只是属于作为本体界的道德领域,企图去证明启蒙所提倡的自由、权利等,在理论理性方面是不可思议的。康德正是通过对理论理性和实践理性的区分,将权利和自由划归到实践理性的范围,而实践理性不受现象界的制约,自然法则在这里不起主要作用。其次,康德在《实践理性批判》中直言,人的自律是建立在意志自由基础上的,人在道德领域里完全可以自决与自主,将其落实在法律层面上,就是人的权利不受侵犯,任何外在权威、利益、欲望都不能剥夺人的这种自由和自然权利。最后,在第三批判中,康德通过对合目的论的阐述,说明人是目的而不是手段。康德很清楚,将人当作目的的论述不是建立在建构性的原理之上,而是一个范导性的原理,他是把"人是目的"这个理念当作人类的使命,人只是努力追求这个目的,但在现实中完全实现这个理念并不现实。康德通过将现象界与本体界区分,确立了人是目的这个伟大理念,从而为人的自由和权利提供了理论论证和道德依据。这就是为什么人们常说康德对启蒙运动做出了最有力辩护的原因。

当代哲学家墨菲(Chantal Mouffe,1943—)对此有一个比较公允和合理的解释,她认为,对于科学无法证明的问题,比如,对于何谓善、何谓正义的问题始终存在不同的看法,但这并不意味着人们就不可能提出合理的判断,或者不存在一个理性选择的机会。人们或许不可能形成理性的共识,也不可能由过去经验给予某种待建构的东西,但却可以通过协商达到某种"有矛盾的共识",而"不是提出要通过另一种善的概念来达到和谐"[1],这就是"正义的标准也就是自由和平等的标准"的具体内涵。[2] 墨菲的解答不仅否定了新自由主义者对启蒙理论的攻击,更是对启蒙原则的辩护,而她的思想渊源就是康德在实践理性里所强调的原则,即理性的命题优先于可论证的命题。由此来看,新自由主义思想家以经验主义的原则来批评启蒙原则,在

---

[1] Chantel Mouffe, *The Democratic Paradox*, London: Verso, 2000, p. 138.
[2] 尚塔尔·墨菲:《民主的伦理学》,王恒、臧佩洪译,南京:江苏人民出版社,2008年,第42、75页。

本质上还是与启蒙运动所倡导的以理性为先导的原则格格不入，在思想逻辑上发生矛盾就不足为奇了，尽管他们的批判是为了更好地诠释和完善启蒙理论。

四

如果说从黑格尔一直到福柯和新自由主义者对启蒙的批判都是在时代已经发生变化的背景下对启蒙的反思，是想通过这种批判促进人类社会的进步，而不是简单地否定启蒙，那么，从20世纪下半叶一直到当下，总是有人在攻击启蒙，以为假如历史上不曾发生过启蒙运动，这个世界会更好一些，所以，非启蒙是一种更好的状态。

我们在这里首先遇到的就是英国哲学家麦金泰尔对启蒙运动的指责，他本人来自于经过启蒙运动洗礼的西方，所以，对他的批评予以分析就显得更为重要。麦金泰尔在20世纪80年代出版的《德性之后》(After Virtue，又译为"追寻美德")明确宣称，自18世纪以来的启蒙是失败的，因为在他看来，"现代道德理论中的问题显然是启蒙运动的失败造成的"[1]。很显然，麦金泰尔矛头所向是现代西方社会的道德伦理的衰落，他把它归之于启蒙运动，用他的话说："启蒙运动所导致的世俗化也使人对道德判断作为神圣律法的表述地位产生了疑问。"[2] 这就是说，在麦金泰尔的眼中，近现代西方社会道德衰退的主要原因，就是启蒙运动过度张扬个人所享有的自由权利，个体在道德领域的行为举止完全属于纯粹的个人情感和主观性的选择，客观的、社会性的道德尺度和道德规范消失殆尽，启蒙运动创造了一个缺少目的和道德指引的文化，这种文化最终将毁灭整个西方社会。很显然，麦金泰尔的批

---

[1] 阿拉斯代尔·麦金泰尔：《德性之后》，龚群、戴扬毅等译，北京：中国社会科学出版社，2020年，第80页。
[2] 同上书，第76页。

评直指启蒙的核心思想——人人所享有的自由平等的权利。麦金泰尔当然清楚地知道,自由、平等、民主是启蒙追求的基本主张,而其中,人人平等的权利更是启蒙主张的"阿基米德支点",因为启蒙思想家从一开始就呼吁,"天赋人权"乃是人的自然权利,也是上帝的恩赐,绝对不可能让渡给他人。现在,麦金泰尔从根本上不承认这种人的基本权利,他认为,相信这种权利与相信独角兽或巫术是一样的,因为在启蒙的基本主张中缺少人类社会共有的宗教信仰体系,也没有像中世纪修道院所建立的社群形象及其道德世界。麦金泰尔由此就从根本上颠覆了启蒙运动的基本立场和思想。

就同前文所说的那样,只要我们回顾一下启蒙的思想立足点,立刻就可以清楚地知道,麦金泰尔所攻击的这种"天赋人权"学说或者称之为人的"自然权利"理论向来是无法用经验事实来证明的,用实证方法是无法证实这种人权的,它只不过是近代西方思想家关于自然权利的一种先验假设。比较系统地论证这种自然权利的思想家是格劳秀斯(Hugo Gortius, 1583—1645)、霍布斯(Thomas Hobbes, 1588—1679)、洛克(John Locke, 1632—1702)等经典启蒙理论家。格劳秀斯明确提出,自然法不只是来自于人的理性,而且还是上帝意志在人间的显现,因此,人遵守自然法既合乎人的理性,也是遵守上帝的旨意,所以,人必然享有与生俱来的自然权利。格劳秀斯有关自然法的理论显然没有完全摆脱中世纪神学教条的束缚,但他正是通过这种自然法理论突出了天赋人权的神圣性,并且由此强调了理性主义乃是合乎神意的行为。霍布斯在原则上同意格劳秀斯的自然法,但他的论证却与格劳秀斯相反,他认为,在没有建立国家之前的"人类自然状态"之中,为了实现"自我保存",人们之间的关系是一切人反对一切人的战争,人与人的关系就像狼与狼一样残酷。为了避免这种自相残杀的结局,大家坐下来签订共同契约,建立国家,大家共同认可这种超越个人的"自然权利"的国家权力,由此实现社会的和平和安定。霍布斯所主张的这种"自然权利"过于简略,缺乏历史事实的证明,但它在当时得到了市民阶层的认可,粉碎了中世纪神学所宣传的国家政权来源于上帝的论调,成为维护市民阶层利益的武器。洛克是霍布斯思想的继承者,他所描述的自然状态是一种更为复杂和合理的状况,人们在这种状态下享有自由,大家和平、善良、互助地住在一起。洛克还提出,君主在这里也是签订契约的人,他要用自然法去保护每个人的财产和安全,而不能随意使用国家权力去侵犯市民的利益;若是君主破坏契约,人民就没有任何义务去服从他。"但洛克仍然像霍布斯和格劳秀斯一样,避而不谈自然状态在历史上和民族上有多大程度合理性。"[1]虽然如此,洛克毕竟将"自然权利"发展为"社会契约论",显然较格劳秀斯和霍布斯有关自然状态的学说有很大进步,对于后来西方社会实行的三权分立起到关键作用。他的这一理论在国家权力机构的设置上最能体现启蒙的精神。

事实上,就在启蒙运动在法国如火如荼展开之时,不论是在启蒙运动之内,还是在启蒙运动之外,仍有不少人对这些经典的"自然权利"理论表示质疑,因为提出人的权利先于一切社会组织的说法缺少足够的历史证据,它不可能让所有思想家,尤其是推崇经验主义和实证主义的哲学家信服。

卢梭对人类历史上是否曾有"自然状态"这个说法表示怀疑,他说:"哲学家们检验过社会的基础后,认为有必要回到自然状态,但却没人达到那种状态。"[2]所以,卢梭讨论"社会契约论"不同于洛克,他是从"私意"必须服从"公意"这个意义上提出了社会契约的必要性。与卢梭这种含混的态度不一样,亚当·斯密明确否定自然状态在历史中的存在,在他看来,社会是人的自然栖息地,人从一开始就注定要去创造、形成社会组织。所以,即使早期人类生活的状况或许像霍布斯所说的那样,但人们也很难进入协商,达成共识,继而满足可以形成社会契约的必要条件。休谟是苏格兰启蒙运动的积极参与者,按照他的经验主义理论,人们是无法确认历史上的自然状态、自然权利和社会契约论的,所以,他认为霍布斯、洛克等人虽然在哲学上

---

[1] 安东尼·帕戈登:《启蒙运动:为什么依然重要》,王丽慧、邓念、杨蕴真译,第212页。
[2] 转引自同上。

也是经验主义者,但他们主张的社会理论却使他们自己陷入自相矛盾之中。对于现存的人类社会组织,休谟与亚当·斯密一样,根本不相信人们之所以建立国家和各种社会组织乃是出自理性或"自然的美德",按照"自然权利"去签订"社会契约",或是依照某种天意或规则,这些说法是一种"哲学的虚构",类似于"黄金时代的诗化作品",因为"这是假设其必然而被普遍承认"。[①] 休谟认为,人们成立社会组织是根据已经习惯的约定俗成,所以,这里是"习惯法"高于"自然法",人类社会组织本来就能够以我们看到的样式存在着。休谟的经验主义的社会观念并非是纯粹保守的,它以不可知论的方式否定了宗教神学的权威,否定了"君权神授"的说法,这在 18 世纪中叶是具有积极意义的,由此也可以解释,为什么休谟在政治上不反对洛克提出的经济自由、人人平等、社会公正的启蒙设计。

然而,我们应当看到,休谟的哲学思想与其社会政治学说表现出相当复杂的关系,甚至有些自相矛盾,他因坚持怀疑论立场就不得不放弃洛克等人的自然权利理论,这样,他就不得不求助于功利原则去解释为什么人们在社会生活中需要平等和正义。按照他的解释,自私自利是人的本性,只有建立法律的正义才能克服人的私欲,以保证社会生活的基本秩序,所以,人类采纳公平正义,乃是因为它们对社会有用。这样,休谟实际上发展出了一种解释性的功利主义,即是说,他是用功利的需求来代替从自然权利的角度解释人类社会制度的产生和发展。休谟的这一思想对后世影响很大,边沁(Jeremy Bentham,1748—1832)、密尔(John Stuart Mill,1806—1873)等人继承和发展了休谟的思想,他们用功利的原则来评价历史和现存的政治、社会、经济、法律的制度建构,并且还强调用功利原则来推动社会的改革和进步。

通过上面的讨论,我们可以清楚地认识到,启蒙是一个开放的过程,它

[①] David Hume, *Enquiries Concerning the Human Understanding and the Principles of Morals*, L. A. Selby-Bigge ed., Oxford: Clarendon Press, 1970, p. 189.

与每个哲学运动一样,也是批判性的。"在这个意义上,它是现代性的真正起点,作为开放的、连续的进程,它不断受到批判和再评估。"[1] 因此,不论什么人,无论是受益于启蒙,还是强烈批评启蒙的人,都在试图解答"什么是启蒙"这个问题。即使不可能完满地解答这个问题,但却表明近现代人都不能完全摆脱这个问题。正如福柯所说,这个问题是在"寻找差异:与昨天相比,今天引出了什么差异?"[2]

但是,与福柯相比,同时代的麦金泰尔的认识却差之千里,他不仅批评经典启蒙理论,而且对后来的启蒙理论的反思和发展表示出了极大的不满,他明确说:"我认为,19世纪中晚期的功利主义和20世纪中晚期的分析道德哲学,把启蒙运动无法为自律道德行为者的道德信奉提供一个世俗的合理的证明的困境中挽救出来的企图,都是不成功的。"[3] 麦金泰尔寄希望于亚里士多德的德性观念,提出复兴类似于中世纪修道院社群那样的社会组织,以为它们是医治现代社会道德败坏的良方。但我们不得不说,他把批判的矛头指向启蒙运动,这就是开错了"药方"。麦金泰尔没有搞清楚,任何人都不可能预知未来,更不能对未来做出规定。在这方面还是康德说得明白,启蒙是指人的理性的自由运用,"这恰好是因为,它就是自由,而自由是可以超出每个被给定的界限的"[4]。启蒙给人类指出方向,而不是像麦金泰尔所希望的那样,人们依靠社群、宗教信仰、某种道德习俗和与生俱来的情感纽带去生活。

如果说麦金泰尔的观点站不住脚,那么,那些以为启蒙是理性主义的神话,严重削弱了人类的情感,启蒙主义忽视不同民族、不同国家的差距,制造了欧洲中心主义,启蒙假设的"普遍的解放和普遍的文明"只是西方帝国主

---

[1] 安东尼·帕戈登:《启蒙运动:为什么依然重要》,王丽慧、邓念、杨蕴真译,第14页。
[2] Michel Foucault, "Qu'est-ce que les Lumières?", in *Dits et écrits 1954-1988*, Paris: Gallimard, 1994, IV, p. 562.
[3] 阿拉斯代尔·麦金泰尔:《德性之后》,龚群、戴扬毅等译,第87页。
[4] 康德:《纯粹理性批判》,邓晓芒译,杨祖陶校,北京:人民出版社,2004年,第272—273页。

义的安慰性术语,甚至是"西方帝国主义的文化表现"等等,在本质上都是对启蒙运动以来的世界进步视而不见,在为非启蒙进行无耻的辩护。启蒙从一开始就明确意识到人类是比家庭、部落、社群、教区或祖国更宏大的疆界,启蒙的核心信仰是把全世界的人们从蒙昧中解放出来。启蒙最初试图改变的是西方文化中最持久、最普遍的观念,它坚持通过人类独立审慎的理解和连续不断的理智行动去创造一个有价值、有道德的世俗社会。启蒙创造了现代世界。这样说,并不意味着启蒙的任务已经完成:"任何时代都不可能排除谬误,都需要不断更新自己的认知,所以,任何时代都不能拒绝启蒙。"[1] 所以,只有不断地以启蒙精神去反思启蒙,人们才能不断地接近真理,改变世界,才能理直气壮地说:"所有民族应该终有一天达到最开明、最自由和没有偏见的文明状态。"[2]

---

[1] Immanuel Kant, *Werke in zehn Bänden*, Band 9, Darmstadt: Wissenschaftliche Buchgesellschaft, 1983, S. 54.
[2] 孔多赛:《人类精神进步史表纲要》,何兆武、何冰译,南京:江苏教育出版社,2006年,第155页。

礼治的伦理生活建构

——从黑格尔法哲学论儒家政治哲学的自由理念

林远泽（台湾政治大学哲学系）

一、前言

儒家的政治哲学以建构通于世界大同的礼治国（《礼运·大同》）作为君子平天下的实践理想。然而在礼治国之"君君、臣臣，父父、子子"的人际关系制度中，强调人伦的亲疏之别与尊卑差等的思想，却又经常使得儒家的实践哲学陷入血亲伦理的"偏私道德"与"威权政治"的批判中。相对于奠基在"理性自然法"与"自律道德"之上的现代法治国家，礼治国的理念看来应当被扬弃。因为这种传统思想似乎混淆了道德与法律的界限，致使法治总沦为人治。在儒家外王理论中的礼治国理念，虽以"齐家、治国、平天下"作为政治实践的行动目标。但"家天下"的传统政治形态，却使得出于血亲关系的家庭偏私与长幼尊卑的阶层秩序，成为国家专制统治与藩属朝贡之天下体系的基本政治模型。这导致"五四"以来的新文化运动，对于儒家文化完全采取否定的态度，并群起主张，中国的现代化即应推动采取全盘西化的自由民主制度。然则，儒家礼治国的理念是否必然与着重维护个人自由之主观权利的民主法治国理念无法兼容，以至于它应当被扬弃？还是作为儒家政治哲学基础的礼治国理念，事实上也包含有一种实现人人自由的理念，以至于它的理论内涵，仍值得我们在当前重新加以详细探讨？

作为现代西方政治哲学基础的社会契约论，开创一种理性自然法的观点。他们将人类在自然状态中的主观自由视为基本权利，从而论证国家统治的正当性应在于宪政体制下，保障每一个人在法律上拥有平等人格的基本权利，以落实人天生具有的主观自由。而在宗教改革与启蒙运动的影响下，个人自律的道德自主性原则，更被进一步视为人能具有主体性自由的实现基础。在"理性自然法"与"自律道德"的哲学奠基中，人的主观自由与自由的主体性得到确认。国家的权力行使，唯有确保此种自由的实现，才被认为具有统治的正当性。近代政治哲学论证国家统治之正当性的这种理论图像，却被黑格尔打破了。在黑格尔的《法哲学原理》中，代表"理性自然法"之自由理念的"抽象法"观点，与代表"自律道德"的"道德性"观点，都是应被扬弃的法哲学观点。[①] 黑格尔的法哲学主张，唯有在伦理生活，或即在"伦理性"（Sittlichkeit）中，抽象法与道德性对于自由的片面观点才能得到克服，并因而能在自由理念的更高理解中，得到真正的实现。展读黑格尔的《法哲学原理》，他的伦理性学说谈的却正是在家庭、市民社会与国家这些现代最核心的共同体组织中，那些团结地隶属于这些共同体的成员之间的伦理生活关系。如果黑格尔在伦理性学说中，对于家庭、市民社会与国家的讨论，与儒家在外王理论中有关齐家、治国、平天下的政治哲学思想有可相互启发之处，那么在儒家礼治国理念中的伦理生活建构，就不应如同新文化运动以来的看法那般，被简单地看成是应被理性自然法与自律道德扬弃的观点，它反而才可能是可以克服现代性诸多困境之更高层次的自由观点。

---

① G. W. F. Hegel, *Grundlinien der Philosophie des Rechts*, in *G. W. F. Hegel, Werke in zwanzig Bänden*, Bd. 7, E. Moldenhauer und K. M. Michel hg., Frankfurt am Main: Suhrkamp Verlag, 1970. 以下页码引用与译文皆采用黑格尔：《法哲学原理》，邓安庆译，北京：人民出版社，2016年。

因而，黑格尔的伦理性学说，对于我们理解儒家政治哲学的自由理念，极具关键性。

孔子曾将"仁"的含义界定为"克己复礼为仁"(《论语·颜渊篇》)，他并以"道之以政，齐之以刑，民免而无耻；道之以德，齐之以礼，有耻且格"(《论语·为政篇》)的政治评价，来表达他对礼治的重视。① 在此，孔子显然也认为以法治为基础的抽象法体制(道之以政，齐之以刑)，并不能使人在其中实现真正的自律与自主。因为以政刑来统治，只能造就因害怕法律惩罚而服从他律的人民(所谓"民免而无耻")。然而，成立国家的目的应在于使人民能自律、自主地规范自己正当的行为(所谓"有耻且格")。就此而言，政治即不仅要能"道之以德"，更需"齐之以礼"。这种在道德的修养之外，更强调礼治国家的建立，以达到"仁"作为"克己复礼"之全幅表现的理论图像，其实最好地表现在最早收录于《礼记》的《大学》与《礼运》等篇中。根据《大学》篇，儒家的学问除重视"内圣"的"修身"工夫外，最重要的就是要在"外王"的政治实践中，追求"齐家、治国、平天下"的大同理想(亦即一种可逐层扩大的人类共同体之团结整合的理念)。由此可见，孔子的礼治理念(以及儒家讨论外王的政治哲学观点)实与黑格尔的法哲学强调家庭、市民社会与国家等共同体成员的伦理生活建构，有极其一致的洞见。他们显然都同样认为，若要使每个人都能过上有人格尊严的正当生活，那么就需扬弃抽象法与道德性的观点，而在礼治的伦理生活中，使人能认知到个人的普遍性本质，从而达到自由的真正实现。

礼治的伦理生活建构，事实上，是孔子去世后，孔门弟子探讨最为热烈的问题。这些议题的讨论，甚至是在孟、荀的儒家哲学体系建构之前，就已经出现。随着郭店竹简、上博简与清华简这一大批战国竹简的出土，过去经常被怀疑是汉人伪作的《礼记》诸篇，已经被证实早在战国中期以前即已存

---

① 关于"克己复礼为仁"以及"礼治"观点的解释，请参见林远泽:《儒家后习俗责任伦理学的理念》，台北：联经出版公司，2017年，第239—295、297—339页。

在，它们被认为是孔门弟子分居各地的著作残篇。[①] 我们在此虽不能详加分辨他们各自的儒家学派归属，但可以非常确定的是，他们的讨论焦点显然都集中在礼治的理想国（周礼）问题上，以至于后人（戴德与戴圣等人）可以在《礼记》的书名下，将它们集结编辑在一起。儒家对于"礼治的伦理生活建构"因而应从《礼记》的讨论谈起。但本文并不打算很快就进入《礼记》文本的讨论，而是想先后设地讨论，儒家追求礼治国的外王构想，是否有可能在"五四"新文化运动的批判之外，设想儒家的政治哲学亦有一种使民主的自由与尊严能够实现的自由理念存在。而如果有这种能克服理性自然法与自律道德之片面性的自由观点，那么这种自由的内涵，应如何才能加以理解？就此而言，我认为应先从着重扬弃理性自然法与自律道德的黑格尔法哲学着手，才有可能打破对于儒家礼治国理念之根深蒂固的误解，而重新开展出它的合理性内涵。

本文尝试通过"从黑格尔法哲学论儒家政治哲学的自由理念"之进路，来探讨儒家对于"礼治之伦理生活建构"的政治哲学思想。但限于篇幅，本文仅能针对这个目的先做一些预备性的讨论工作：我将首先说明，黑格尔在《法哲学原理》中，为何要批判建构在理性自然法与自律道德之上的自由主义政治哲学，而提出他的伦理性学说。就此，我将特别针对黑格尔在《法哲学原理》的"序言"中，对于政治哲学应如何进行研究的观点进行说明，以使我们一开始就先能摆脱对于作为黑格尔式的法哲学之儒家礼治国理念的误解。其次，我将简要追溯黑格尔法哲学在20世纪后期的新阐释，并特别聚焦于当前法兰克福学派的代表性学者霍耐特的解读。因为他通过承认理论的建构，最清楚地将黑格尔伦理性学说中的社会自由理念阐释出来。霍耐特认为黑格尔的法哲学系在家庭、市民社会与国家的人际伦理关系中，建构一种

---

① 参见林素英：《〈礼记〉之先秦儒家思想——〈经解〉连续八篇结合相关传世与出土文献之研究》，台北：台湾师范大学出版中心，2017 年；刘丰：《经典与意义：礼与早期儒学的衍变》，北京：中国社会科学出版社，2022 年。

可以作为正义社会之基础的民主伦理性。我最后将简单申述,这何以能为我们日后进一步论述礼治的伦理生活建构,提供很有启发性的参考观点。

二、黑格尔法哲学的研究进路

当代政治哲学为了能超越特定文化群体的价值观点与宗教信仰经常难以兼容的歧异,以为那种能使共同生活成为可能的政治结合建立其行动实践与理论研究的独立领域,因而常以价值多元主义作为讨论民主宪政国家之整合原则所不可回避的必要前提。在当代政治哲学中,多元歧异的事实几乎已经成为必须绝对加以尊重、不再可以挑战的前提。但黑格尔却几乎完全反其道而行,他在《法哲学原理》的"序言"中指出,那种主张政治哲学的首要问题,即在于应严肃地面对"如何从无限分歧的意见中区分并找出其中普遍承认的和有效的东西"[1],其实是见树而不见林。因为"自从法权、伦理、国家在公共法律、公共道德和宗教中被公开表述并被熟知以来,关于他们的真理就存在了"[2]。思想的精神只应在于追求"使本身自在地已是合理的内容,也获得合理的形式,从而对于自由的思想显得是得到了合法性证成的"[3]。因而就黑格尔而言,既然所有的科学研究都预设"自然在其自身之中就是有理性,知识就是要探究并在理解中把握这个现存于它之中的、现实的理性,而不探究和把握表面上显现出来的种种形态和偶然性,而是探究和把握自然的永恒和谐,也即其内在的规律和本质",那么何以"伦理世界,国家……则不该享受这种幸运?"以至于在这种黑格尔称之为"伦理世界的无神论"(Atheismus der sittlichen Welt)的政治哲学观点中,"真实的东西"反倒被认为是"处在伦理世界之外"。[4]

---

[1] Hegel, *Grundlinien der Philosophie des Rechts*, S. 14；黑格尔:《法哲学原理》,第4页。
[2] 同上书,第13—14页;黑格尔:《法哲学原理》,第3页。
[3] 同上书,第14页;黑格尔:《法哲学原理》,第3页。
[4] 同上书,第15页;黑格尔:《法哲学原理》,第5页。

在近代实然与应然二分的休谟教条下,政治哲学被认为应依理性的思考,批判传统的风俗习惯,以在一种道德建构主义的应然观点中,通过正义理论的构想,提供建立良序社会的理性基础。然而,一旦政治的正义秩序是理性建构的发明,那么"如何从无限分歧的意见中区分并找出其中普遍承认的和有效的东西",就将是一个几乎无解的政治哲学难题。就黑格尔而言,所谓多元歧异的事实,在很大程度上,其实只是反映了当代理性批判的知性观点。正如他指出的:

> 我们的时代有一种观念,以为思想和精神的自由一般地只有通过偏离、甚至敌视公开承认的东西才能证成自身,这种观念可能在同国家的关系上最为根深蒂固,因此,特别是关于国家的哲学看起来本质上具有一种使命,也要发现并提供一种理论,因而是一种新的和特殊的理论。假如我们看见这种观念和按此观念所做的事,就该以为,似乎世上不曾有过国家和国家制度,目前也还没有似的,但是,现在——这个现在是要永远延续下去的——似乎应该完全从头开始,而伦理的世界也只能等待这样一种现时的设想、奠基和提供理由。[①]

在当代的理性批判精神中,政治哲学的使命被认为,应在于提供一种新而特殊的理论,以能从头开始来建立一个全新的国家制度。但黑格尔质疑说,若哲学作为一种科学,应重视的是"实事的必然性"(Notwendigkeit der Sache),那么它即应是"为有理性的东西奠定基础,正因此它要把握的是当下的东西和现实的东西,而不是提供某种彼岸的东西"。就此而言,政治哲学家将多元歧异当成政治哲学讨论的前提,其实反而是在"证明他们所希求的并不是普遍承认的和有效的东西,不是法和伦理的实体"。[②]

---

① Hegel, *Grundlinien der Philosophie des Rechts*, S. 15;黑格尔:《法哲学原理》,第 4—5 页。
② 同上书,第 14 页;黑格尔:《法哲学原理》,第 4 页。

黑格尔因而在他的法哲学著作《法哲学原理：自然法和国家学纲要》一书中，重新界定了政治哲学的任务，他说：

> 这本书，仅就它以国家学为内容而言，它就该是把国家作为一种自身有理性的东西来把握与阐述的尝试，除此之外，它什么也不是。作为哲学著作，它必须绝对避免依照它应该如何存在来建构一个国家的做法。本书所能传授的，不可能达到教导国家它应该如何存在，相反而只旨在教导，国家，这个伦理世界，应该如何被认识。
> Ἰδοὺ Ῥόδος, ἰδοὺ καὶ τὸ πήδημα.
> Hic Rhodus, hic saltus.
> ［这里是罗陀斯，就在这里跳吧。］①

"这里是罗陀斯，就在这里跳吧。"这句话，是黑格尔从《伊索寓言》里摘录出来的。故事大意是说，有一个爱说大话的人，老是自夸他在罗陀斯这个地方，能够跳得非常远，其他人都完全比不上。有人看不下去，就戳破他说，"这里是罗陀斯，就在这里跳吧！"黑格尔之所以在《法哲学原理》中引述这句话来标举他整本书的立场，显然即是因为，他认为如果法权是使人类自由意志得以真实实现的条件，那么我们就应在构成现代社会的核心家庭、市场经济的市民社会与立宪国家的存在事实中，去说明具正当性的法权的理性基础，而不是从一种纯粹应然的理念来建构符合理想的正义社会。实践哲学的场域就在当下的现代性，所以说：这里是罗陀斯，就在这里跳吧！

黑格尔主张政治哲学"不可能达到教导国家它应该如何存在，相反而只旨在教导，国家，这个伦理世界，应该如何被认识"，这使得他一直被认为是只为现存的国家权威或秩序辩护的"开放社会的敌人"。但黑格尔所要说

---

① Hegel, *Grundlinien der Philosophie des Rechts*, S. 26；黑格尔：《法哲学原理》，第13页。

的，其实只是，尽管在我们生活的世界中，不同的道德观点与宗教信仰总是呈现出多元歧异的事实。但同样不容否认的事实是，在现代世界的发展中，我们的家庭组织大都朝向核心家庭的制度发展，我们的市民社会都在某种程度上接受通过市场调节的劳动分工体系，而我们的国家也大都走向宪政体制。政治哲学的任务，应在于重构出那些对于推动现代性发展有作用的实践原则，而不是主观地提出一种新而特殊的理论，然后苦恼于"如何从无限分歧的意见中区分并找出其中普遍承认的和有效的东西"。黑格尔因而尝试在《法哲学原理》一书中，提出他想克服作为近代实践哲学基础的理性自然法与自律道德之个人主义局限的"伦理性"学说。这种伦理性学说所讨论的法政哲学，即以建构我们生存于其中的家庭、市民社会与国家等现代社会中的主要共同体之基本的规范性制度结构为目标，以作为自由能真实地实现的客观现实性基础。

黑格尔在《法哲学原理》中，强调应通过体现在家庭、市民社会与国家中的伦理性，来扬弃代表西方现代性的抽象法与道德性。他的伦理性学说因而主要代表一种非仅基于形式性原则的正义理论。当代以契约论为基础的政治哲学，为了建构主权国家学说，必须先假定存在一个完全由自利的个人进行相互对抗的自然状态。但这种虚构的人际状态，显然是在假定"调节社会生活的一切政治控制机构都可以被废除"的前提下，才可能出现的。但其实，生活在一个没有任何规范性社会关系的情境中，这对人而言是无法想象的。正义理论最基本的问题，并不像契约论所说的，应依道德建构主义的观点，在历史零点的基础上建立一种理想的社会秩序，而在于如何能从先于个人自我存在的"自然伦理性"（natürliche Sittlichkeit），发展成使个人的自我实现成为可能的"伦理总体性"（sittliche Totalität）。[①]

由此可见，黑格尔并非只是在为政治的现实辩护，而是主张法哲学的重

---

① 此处引用自霍耐特的诠释，参见 Axel Honneth, *Kampf um Anerkennung—Zur moralischen Grammatik sozialer Konflikte*, Frankfurt am Main: Suhrkamp Verlag, 1992, S. 17。

点不应只是对社会现象的不合理进行批判而已,更重要的应当是要掌握现代国家的内在合理性。在实现自由的内在要求下,现代的家庭已不应只是由法律的契约关系或只是由浪漫主义的爱情构成的,市民社会也不只是由资本主义的市场经济主导,而国家亦不只是仅由官僚科层制主宰的统治系统。我们要理解,家庭、市民社会与国家这些现代性的基本社会制度,是如何能通过互为主体性的相互承认,而为个人的自由实现提供社会性的条件。并因而能使人在作为其成员的教化过程中,找到人类本真的普遍性。换言之,"这里是罗陀斯,就在这里跳吧"。我们处身所在的核心家庭、市场经济的市民社会与立宪的国家就是我们的罗陀斯,就让我们的实践能力,在这里发挥,在这里跳吧!

黑格尔的伦理性学说,作为对理性自然法与自律道德的扬弃,使得实践哲学的领域不再仅局限于个人主观的行动自由或反躬自省的内心世界,而是一种面对公共领域的公民哲学。在讨论伦理性学说的一开始,黑格尔即引用古代的文献说:"一个父亲询问,要在伦理上教育他的儿子,用什么方式最好,一个毕达哥拉斯派的人做出回答是:'使他成为一个具有良善法律之国家的公民'。"因而,黑格尔的伦理性学说,乍看之下,似乎只是要诉诸共和主义的公民德性理论,来说明他所主张的:"只有在伦理的东西中他们才现实地具有他们本己的本质,他们内在的普遍性。"[1] 但黑格尔的法哲学并非仅只要回到古代的城邦伦理,试图通过在教育上建立公民具有公共参与并乐于追求共同利益的德行,来说明建构社群共同体之团结的基础,而是他更重视在现代生活中,通过承认每个共同体成员之道德自律的自主性与在市场经济中追求个人利益满足的个人权利,来作为建立宪政国家的社会整合基础。因此,在他的伦理性学说中,共同体的团结唯有建立在个体差异的相互承认之上。黑格尔对于共和主义的公民德行理论因而做了新的诠释,以

---

[1] Hegel, *Grundlinien der Philosophie des Rechts*, S. 303;黑格尔:《法哲学原理》,第294页。

至于他在这一段的"补充"中又说:

> 教育家尝试把人们从当代的普通生活中抽离出来,放到乡村里去教育(如卢梭的《爱弥尔》),这是徒劳的,因为企图使人同世界的规律相疏离是不可能成功的……个体只有成为良善国家的公民,在这里,才能获得他的权利。①

从这一段话可以得知,黑格尔所谓"这里是罗陀斯,就在这里跳吧",实即指出,我们的实践行动不能"从当代的普通生活中抽离出来……企图使人同世界的规律相疏离是不可能成功的",而是应在我们的伦理生活中,亦即在当代的家庭、市民社会与国家的伦理生活中,作为一成员,去追求使个人的自我认同最终能在公民的身份中得到社会中所有成员的承认。问题因而不仅在于个人的德性修养问题,而是在于如何建制客观合理的制度,以使人在遵守客观的制度规范时,即同时是他的道德自主与利益满足的实现完成。对黑格尔而言,唯独在这样的伦理生活中,人的自由才不仅是在法律形式上赋予的抽象权利或只是停留于内在良知中的自由,而是真正能在社会中实现出来的社会自由。黑格尔的伦理性学说,作为一种公民哲学,因而不仅是建立在一种共和主义的公民德性理论上,而是建立在一种具有相互承认、彼此尊重之民主内容的伦理生活之客观制度化建构之上,这种伦理性的公民哲学因而也可以称为一种强调民主伦理性的法哲学理论。

三、社会自由:黑格尔伦理性学说的承认理论重构

透过黑格尔在"序言"中的讨论,我们可以清楚地看到,黑格尔之所以

---

① Hegel, *Grundlinien der Philosophie des Rechts*, S. 303;黑格尔:《法哲学原理》,第294页。

要以他的伦理性学说,来扬弃近代理性自然法与自律道德的自由观点,即因他认为,我们唯有在家庭、市民社会与国家的伦理生活中,通过建立客观制度,使人与人之间的自由得以兼容的相互承认成为可能,那么在共同体的伦理生活中,我们的社会自由才能真正得到实现。这不是一种基于道德建构主义而理想地构想出来的哲学正义理论,而是从现存的习俗伦常中,找出那些早已经被大家普遍接受的内在合理性原则。通过黑格尔的《法哲学原理》,我们因而能理解到,在孔子提出"克己复礼"为"仁"的界定后,除"克己"的"内圣"修身工夫外,"复礼"的外王政治实践,即应从现存于周朝礼制中的伦理生活建构,寻找出它们之所以能被普遍接受的内在合理性成分,以作为能指导我们进行"齐家、治国、平天下"之礼治国建构的基本实践原则。孔子因而也指明他复礼的根据,即在于现存于周礼中的伦理生活体制,故而说:"郁郁乎文哉,吾从周"(《论语·八佾》)。唯有经由参与礼治国的伦理生活建构,我们才能如同黑格尔引用古希腊毕达哥拉斯学派的观点所言,在"成为一个具有良善法律之国家的公民"的外王实践中,使每个人都能在风俗教化中,成为真正有德的君子。

要理解黑格尔法哲学的伦理性学说,必须详细地讨论,黑格尔对于近代理性自然法之政治自由主义的批判,以及它对康德的自律伦理学的扬弃。本文的篇幅虽然无法进行这样的讨论,但我们仍可借道而行。因为时至21世纪,若我们要将黑格尔的伦理性学说应用于探讨儒家的礼治国理念在当前是否仍具有启发未来的时代意义,那么先绕道到法兰克福学派的批判理论,以俯瞰在德国哲学对于英美政治哲学的批判中,康德的道德性作为一种程序主义的法哲学与黑格尔的伦理性作为一种礼治国的原则,已经经历了哪些思考上的重要理论转折。如此一来,我们多少可以少走一些不必要的弯路,并避免因歧道迷途而亡羊。以下在这一节中,我将先说明在当前的新阐释中,特别强调黑格尔法哲学之"承认理论"与"社会自由"之观点的来源。并通过哈贝马斯的"沟通行动理论"与"审议式民主",来代表当代康德道德性观点的法政哲学转型。从而得以在最后通过霍耐特的承认理论重构，来说明黑格尔伦理性学说对于当前民主政治的重要性。

（一）当代黑格尔新诠释中的右派黑格尔转型

黑格尔在《法哲学原理》中宣称："法权"就是"自由意志的定在"、"法权就是作为理念的自由"[①] 或"法权体系是实现了的自由王国"[②]。就此而言，"伦理性"作为黑格尔《法哲学原理》的第三个部分，究竟代表它系实现了何种意义的自由，即成为理解黑格尔法哲学的一个关键性议题。对此，黑格尔专家路德维希·西普（Ludwig Siep）很早即提出他的看法，他在《作为实践哲学原则的承认——黑格尔耶拿时期精神哲学研究》一书中即已指出，黑格尔对于自由的看法是与"追求承认的斗争"的看法有关的。[③] 在耶拿时期，黑格尔显然仍认为霍布斯的哲学是近代道德与国家哲学的基础。霍布斯的起点不在于既与的自然秩序，而是基于人的意志与自我意识。此种意志不受自然或上帝的律则主导，因而是彻底自由的。自然的个人行为，其自我保存的动机没有任何界限，这使得他处于一个与他人的权利与自由相对的局面。没有客观法律与限制的自然自由，按霍布斯而言，必然会导致个人之间的冲突，因而会产生不信任、害怕与防范侵袭等自由的负面指标。但这同时也开启了一种可能性，即自然状态下具危险性的自由，可经由人为的限制，导向契约国家之有限但安全的自由之运用。意识到自然而无限制的自由对每个人的危险性，是理性化行为的基础，也是理性化国家理论的原则。霍布斯因而建构了近代自然法的基本问题，即个人无限制的自由，为了集体自我保存的目标，必须自我限制的问题。自然状态需经法律状态而超越，其中个人自由的界限乃以实证法的形式加以定义，而个人对于法律的遵守则是经

---

① 黑格尔：《法哲学原理》，第69页。
② 同上书，第34页。
③ 参见 Ludwig Siep, *Anerkennung als Prinzip der praktischen Philosophie—Untersuchungen zu Hegels Jenaer Philosophie des Geistes*, Freiburg/München: Verlag Karl Alber, 1979.

由国家强迫性的暴力加以保证。在此，法律所支持的暴力应用，即出于自由的自我限制所成立的契约。相对于此，黑格尔则在耶拿时期的《自然法论文》与《伦理体系》等论文中，尝试以"承认的斗争"取代原初契约的理论位置。

西普一开始只探讨黑格尔在耶拿时期的承认概念，而将承认概念视为整个黑格尔法哲学核心的学者则是安德烈亚斯·维尔特（Andreas Wildt）。他在《自律与承认——依照黑格尔之费希特继受而论的道德性批判》一书中指出，黑格尔对于道德性的批判，其实是他对康德与费希特之道德哲学进路的进一步发展。他认为黑格尔对道德性的批判重构与修正，是尝试从具体的伦理社会关系来掌握道德义务的范围与有效性，而非质疑它的实践合理性。维尔特指出，一般对康德伦理学的异议，都称康德伦理学是严格主义、绝对主义、法律主义（Legalismus）与形式主义。这些批判虽然有些是错误的，但有些却非常切合于黑格尔对康德的深层批判。维尔特认为黑格尔对于康德自律伦理学的批判主要在于：(1)它系以法律典范作为道德指引（法律主义）；(2)假定人的义务不能奠基在利他的爱好之上（严格主义）；(3)假设从行动的道德正确性即必然得出实践的正确性（形式主义），亦即以为它可以独立于行动的伦理脉络（绝对主义）。[1]黑格尔自己则不再从法律形式的典范来理解道德性，因为以法律形式为指引会产生的后果是，道德义务将被理解成：它的实现是在道德上正当地被要求的，而其不实现则应加以道德地惩罚。

但相对的，维尔特指出，很多义务的情况却不是如此。例如，当我们在人际关系中，对付出牺牲的人表示感恩，或在人际关系中负有义务地保持着忠诚。这并不意味我们可以在道德上正当地要求利害关系人或第三人必须实现这个义务（或若他不实现这个义务我们就能在道德上惩罚他）。这个义

---

[1] Andreas Wildt, *Autonomie und Anerkennung—Hegels Moralitätskritik im Lichte seiner Fichte-Rezeption*, Stuttgart: Verlagsgemeinschaft Ernst Klett, 1982, S. 13.

务因而不能因其在道德上是正当的，即可要求它应能像实证法一般地被制度化。由此可见，黑格尔对于康德的法律主义与严格主义的批判，因而即在于，他反对以法律作为道德的指引，并且认为爱好与义务并非对立的。如果利他的爱好、理想与生活构想能为道德义务奠基，那么道德义务的有效性即依赖于决定性的相关团体之超主体态度的可能性与真实性。黑格尔的基本主张因而可说是：只有在伦理的生活整体关联中，才有采取某一道德观点之有理据的理由，若超主体的、伦理的承认关系毫无希望地毁坏了，那么就将没有强而有力的理由去行道德，而道德义务也将只剩下无理据的纯粹应然之原则性的性格。[1]

除西普与维尔特对于"承认原则"的新阐释之外，英美学界的黑格尔专家对于黑格尔伦理性学说所隐含的"社会自由"观点，也作出相当大的贡献。其中，艾伦·伍德（Allen Wood）的《黑格尔伦理思想》对于英美世界的黑格尔研究有很大的影响。在这本书中，伍德认为，当今的黑格尔研究不能停留在"理性的神义论"观点，以为黑格尔只是为了使人接受现实，而提出一套"合理即是现实，现实即是合理"的保守论述。[2] 无视于黑格尔通过伦理性对康德的道德性提出批判，伍德认为在黑格尔的法哲学中仍有一种伦理学的理论。米歇尔·哈德蒙（Michael O. Hardimon）接着在他的专著《黑格尔的社会哲学：和解方案》中，尝试进一步说明，黑格尔的社会哲学虽不是为现状辩护的理性神义论，但伍德所谓的黑格尔伦理思想，其实应是在社会哲学意义上，能提供吾人克服与社会制度异化的一种和解方案。[3] 对此，弗雷德里克·诺伊豪瑟（Frederick Neuhouser）在他的专著《黑格尔社会理

---

[1] Andreas Wildt, *Autonomie und Anerkennung—Hegels Moralitätskritik im Lichte seiner Fichte-Rezeption*, S. 17-18.

[2] Allen Wood, *Hegel's Ethical Thought*, Cambridge: Cambridge University Press, 1990, p. 8. 译文参见艾伦·伍德：《黑格尔的伦理思想》，黄涛译，北京：知识产权出版社，2016年，第14页。

[3] Michael O. Hardimon, *Hegel's Social Philosophy—The Project of Reconciliation*, Cambridge: Cambridge University Press, 1990, pp. 5-7. 译文参见米歇尔·哈德蒙：《黑格尔的社会哲学：和解方案》，陈江进译，北京：北京师范大学出版社，2020年，第5—7页。

论的基础：现实化的自由》中则认为，黑格尔的法哲学的确致力于与现代社会和解，但若这样的主张不只是一种为现状辩护的理性神义论，那么黑格尔社会理论的基本问题就应该是：什么使得一个合理的社会秩序成为合理的？并因而是值得我们与之和解的？诺伊豪瑟认为黑格尔给出的答案非常简单，那就是自由。[1] 黑格尔的法哲学包含有三种自由的含义，亦即：(1) 个人自由，(2) 道德主体性的自由与 (3) 社会自由。诺伊豪瑟认为其中的"社会自由"是黑格尔对于社会与政治哲学最大的贡献。社会自由是指在伦理性这一部分所涉及的自由概念，此种自由黑格尔有时称之为"实体的自由"(substantielle Freiheit)。社会自由不是指一种想做自己想做之事的自由，也不是指用来规制自己行动之规范原则的来源，而是一种只能在社会制度中实现的自由。

这种自由难以掌握，因为它一方面是经由个人以某种方式参与社会制度才能达到的自由；另一方面，由于社会制度必须与这种自由有关系才能称得上是理性的，因而社会自由也能用来称谓那些具有理性的制度本身。但先前的诠释者却都未能说明何谓社会的自由，或在什么意义上，它才称得上是一种自由。诺伊豪瑟因而宣称他的专书即意在证明，黑格尔的基本概念（亦即社会自由），是与隐涵在卢梭政治哲学中的自由概念深刻类似的。卢梭的自由概念有两重的结构，社会自由因而也有两方面的成分：(1) 在客观成分方面，理性的法律或制度，必须能为自由的实践提供必要的基本社会条件；(2) 在主观成分方面，所有的社会成员必须都能够肯定这些能实现自由的法则与制度是善的，以至于他们能将用来管理他们的社会参与的原则，视为是出于他们的自由意志。[2] 诺伊豪瑟认为，将黑格尔的自由的概念理解成

---

[1] Frederick Neuhouser, *Foundations of Hegel's Social Theory—Actualizing Freedom*, Cambridge, Mass.: Harvard University Press, 2000, p. 4. 译文参见弗雷德里克·诺伊豪瑟：《黑格尔社会理论的基础：积极自由》，张寅译，北京：北京师范大学出版社，2020年，第4页。

[2] Frederick Neuhouser, *Foundations of Hegel's Social Theory*, p. 7. 译文参见弗雷德里克·诺伊豪瑟：《黑格尔社会理论的基础：积极自由》，第7—8页。

卢梭的继承者，即可以显示出，黑格尔的社会理论较重视的是个人的自由，而非如一般人所见的，认为黑格尔是极权社会秩序的支持者，或者说是为了某种神秘的整体自由而牺牲个人的基本利益。为响应伍德，诺伊豪瑟并特别强调，在黑格尔的法哲学系统中，道德哲学与社会理论是融会在一起的，因为两者都基于实践的自由或自我决定之意志这个共同的原则。对黑格尔而言，实现道德义务的律令根源在于实现我们作为自决存有者的本性，然而黑格尔道德哲学最终必须在社会制度的理论中达到高峰，因为唯在参与理性的社会制度时，个人才能达到最高程度的实践自决。

通过西普与维尔特对于"承认原则"的阐释，以及哈德蒙与诺伊豪瑟对于"和解"与"社会自由"概念的阐发，在当代致力于与现实取得和解的右派黑格尔观点，事实上已经又悄悄兴起，即使它很吊诡地系以反对形上学辩证法与反对绝对精神的本体论之形态出现。受此影响，法兰克福学派的霍耐特乃逐步从他的三本专书《为承认而斗争》《不确定性的痛苦》与《自由的权利》，铺陈并深化地展示出他对黑格尔伦理性学说的"承认理论"重构。在此，批判理论显然已经从新马克思主义重返黑格尔，以至于有不少学者质疑霍耐特的承认理论已经完全背离批判理论的传统，连在《沟通行动理论》中主张批判的社会学最终应当重回马克思的哈贝马斯，也看出《自由的权利》这本书是"霍耐特为了对从黑格尔到马克思的思想发展纲领作新的调整，把历史的脚步从马克思退回到黑格尔"[①]的一种观点。由此可见，如果说哈贝马斯的批判理论作为一种新马克思主义，代表一种新的"左派黑格尔主义"，那么霍耐特的承认理论，即代表"右派黑格尔主义"转型后的重新诞生。这将会在如下方面为我们带来非常具有时代相干性的启发，即不应局限于仅从能与现实和解的理性神义学的角度，对儒家实践哲学做出过于侧

---

① 这句话被印在霍耐特《自由的权利》一书的封底，它的出处则是哈贝马斯为祝贺霍耐特60岁诞辰，在德国的《时代》周报所写的一篇文章。参见 Jürgen Habermas, „Arbeit, Liebe, Anerkennug—Eine Gedankenreise von Marx zu Hegal nach Frankfurt und wieder zurück", *Die Zeit*, Nr. 30, July 16, 2009。

重道德形上学（甚或道德神学）之"心性之学"的理解，而是转而能在内圣之外，思考儒家应再发展外王的礼治国建构。

（二）哈贝马斯之左派黑格尔的新马克思主义

德国法兰克福学派的批判理论，一向自许是马克思主义的当代继承人。如同霍克海默在《批判理论与传统理论》这篇代表法兰克福学派揭竿而起的宣言性论文里，即直陈批判理论与传统理论最大的不同，就是他们是以马克思主义的实践批判为主导。[①]哈贝马斯借助卢卡奇把马克思对于资本主义劳动异化的批判，与韦伯有关现代化就是[工具]理性化的观点结合起来，批判在现代社会中人与人的关系，已经完全物化成物与物之间的关系，而提出一种区分成"生活世界"与"系统"之"两阶段社会构想"的现代性观点。作为构成现代社会之基本结构的资本主义市场经济与科层官僚制国家统治，已经在现代功能理性的操纵下，形成一种异化的、自发控制的系统。但哈贝马斯并不因而就如同他的前辈，对现代社会完全采取否定与拒绝的态度，而是主张我们应回复到在我们的语言能力中本来就含有的沟通理性，将生活世界重新建构成为一种沟通自由的公共领域。他因而基于康德式的道德建构主义，将理想性的言谈情境，通过审议式民主的构想，落实在当代民主法治国的构想之中，以对抗系统的宰制。从而最终得以使当代的社会发展，能从实证主义与功能主义的观点，重回马克思主义对资本主义进行否定性批判的批判社会学观点。

法兰克福学派的批判理论作为一种新马克思主义，若回归哲学史的潮流来看，无疑可视为是左派黑格尔在当代的复兴。哈贝马斯也肯定黑格尔是历史上第一位看到现代性问题的哲学家，他与马尔库塞（Herbert Marcuse, 1898—1979）一样，都认为应将黑格尔哲学的意义定位为先验哲学的历史

---

① Max Horkheimer, *Kritische Theorie—Eine Dokumentation*, Alfred Schmidt hg., Frankfurt am Main: S. Fischer Verlag, 1968, Bd. 2, S. 137-191.

性转向与使社会学理论兴起的开创者。马尔库塞在《黑格尔的存有论与历史性的理论》这部由海德格尔指导的论文中，将黑格尔在《逻辑学》中以运动为存有的看法，追溯到这种观点在他早期著作中有关生命概念的理解，以说明黑格尔哲学的贡献其实是在于历史性的发现。[1] 其后，他并在《理性与革命——黑格尔与社会理论的兴起》一书中，重新定位黑格尔的哲学史地位。在他看来，与其说黑格尔是德国观念论的集大成者，不如说他是社会理论的开创者。[2] 哈贝马斯基本上接受了马尔库塞对于黑格尔的理论阐释与哲学史定位。

哈贝马斯从以《逻辑学》与《哲学百科全书》等著作为代表的体系成熟的黑格尔，回到耶拿时期的青年黑格尔，并试图以语言沟通模式取代劳动生产关系中的人际互动，以使黑格尔意识到的现代性问题，不至于被逻辑学的封闭形上学体系掩盖，而能重回理性对话的沟通模式。但在这样的理解中，新马克思主义的左派黑格尔观点，最终还是否定了现代性的实质意义。资本主义的市场经济与科层官僚制的国家统治，这些构成现代性的社会基本结构，仍只是借助货币与权力作为媒介操控的宰制系统，它是由实践理性的工具理性误用而产生的结果。构成人类真实本性的沟通理性，则与此完全不同。我们必须依据我们对于沟通理性的语用规范内涵，来重构合理的社会秩序。

由于哈贝马斯一直致力于通过康德自律伦理学的道德普遍主义，以对抗工具-功能理性的系统宰制，以至于他虽然一方面肯定黑格尔对于社会性与历史性的重视，但又无法放弃理性的超越性与普遍性。他的学说因而一直徘徊在康德与黑格尔之间（如他自己所说的"From Kant to Hegel and Back again"），来来回回地处在始终难以抉择的紧张中。即使在他90岁的公开演

---

[1] Herbert Marcuse, *Hegels Ontologie und die Theory der Geschichtlichkeit*, Herbert Marcuse Scriften 2, Frankfurt am Main: Suhrkamp, 1989.

[2] Herbert Marcuse, *Reason and Revolution—Hegel and the Rise of Social Theory*, New York: Humanities Press, 1941.

说中，他的论题仍是《"再一次"：论道德性与伦理性的关系》①，在此，他之所以要强调"再一次"，是因为他早已经在1986年的一篇论文——《道德性与伦理性——黑格尔对于康德的异议是否也适用于对话伦理学？》(Moralität und Sittlichkeit: Treffen Hegels Einwände gegen Kant auch auf die Diskursethik zu?)讨论过这个问题，从那时起，哈贝马斯的观点一直没有改变。他主张一旦康德的自律伦理学能通过他的对话伦理学加以改造，那么黑格尔以伦理性批判康德道德性的观点，就不再有效了。依他在90岁的公开演说中的观点，他认为当黑格尔在判断道德与伦理的关系时，黑格尔在方法论的态度与提问上，就都采取了与康德不同的立场。康德采取的是参与者的观点，他考察的是哪一种规范是有效的，它能应用在哪一种冲突中。然而黑格尔则回到理论观察者的角色，他想在一种规范的观点下，判断一个现存的共同体的伦理体制(sittliche Verfassung)。亦即他采取一种理性重构之观察者的态度，他想知道的是，在执行他个人或共同生活之社会实践时，一参与者是否能找到或多或少的善，以至于一位哲学家能判断出，市民应当在何种情势中，才容许可以感到安适(Wohlfühlen)。

由于这种观点的改变，哈贝马斯认为，黑格尔提出的问题与康德完全不同。他涉及的不是正义的问题，而是一个共同体之成功的社会整合之条件的问题(Bedingungen der gelingenden sozialen Intergration eines Gemeinwesens)。他有兴趣的不是道德正确性的奠基，而是如何能将道德落实在可信任的相互承认关系的网络中。这种网络要不是依完好的家庭生活的榜样，采取一种通过信任而支持的生活形式，否则就是采取一种自身满足的政治共同体之法律-形式性的形态。黑格尔对于成功的共同生活的现象，比起康德更具锐利的眼光。他用对历史敏锐的感受性与临床治疗的眼光，来看介于个人

---

① 请参见 Jürgen Habermas, "Noch einmal: Zum Verhältnis von Moralität und Sittlichkeit", *Deutsche Zeitschrift für Philosophie* 67(5), 2019, pp. 729-743。下文对这篇论文的讨论，请参见林远泽：《从公民审议到民主伦理性——论哈伯斯的沟通理论是否需要黑格尔式的奠基》，《哲学与文化》2021年第48卷第6期，第5—28页。

个别的独特性、历史的生活形式的特殊型铸，与社会交往之道德与法律管制的抽象普遍性之间相互交换的局势。唯有介于个别、特殊与道德之间的平衡关系，才使得当代社会的教化（Ausbildung）能成为一个伦理的整体。随着黑格尔展开了现代性的哲学讨论，它所围绕的问题乃是，在因资本流通与加速而复杂化了的社会中，介于吾人信任的出身世界的团结与经济动态的功能律令之间的难以处理的平衡，如何才能稳定下来。按黑格尔对于市民社会的分析，经济动能连同逐渐增长的社会不平等，促成了异化与个体化。只有国家公权力的调解力量，才能将介于逐渐个人化、自我中心地与外界隔离的个人之间的社会纽带结合在一起，这因而不是按照个别公民的抽象正义尺度而得以完成的。

虽然肯定黑格尔的这些贡献，但哈贝马斯仍认为，依据康德而可加以异议的，是支持成功的社会整合的条件。这并不能解释，为何当私法人采取了国家公民的角色，有良知的个人的道德声音就需要保持沉默。出于观察者的观点，黑格尔的确是对的，一般合道德与合法律的市民行为，只有在共同的生活形式的脉络中，才能得到稳定。我们必须能向他人表示一些基本的信任，但从这个事实并不能推论出，生活中的伦理性相对于政治正义具有规范的优位性。康德与黑格尔虽可互相学习，但康德并不容许正义的权利要求应适应于共同维持社会生活的要求。除非此种适应并不只听从功能性的要求，而是可以在道德的观点下被加以证成。且这种检验不能只保留给更有知识的哲学家，而是必须信任公民自己。正因为哈贝马斯始终保留有康德道德建构主义的乌托邦理想，因而他始终也维持一种左派黑格尔的立场。以至于他虽然在《现代性的哲学话语》视黑格尔是"第一位使现代性成为问题的哲学家"[1]，但他并没有接受黑格尔在《法哲学原理》中，以在家庭、市民社会与国家中的伦理性来肯定现代性的方案，而是提出他自己在批判社会

---

[1] Jürgen Habermas, *Der philosophische Diskurs der Moderne*, Frankfurt am Main: Suhrkamp, 1985, S. 57.

学架构下的沟通行动理论。

哈贝马斯的《沟通行动理论》是从韦伯的合理化理论出发,说明从卢卡奇到阿多诺如何受到马克思的影响,将韦伯所说的合理化理解成一种物化的过程。批判理论看出西方现代性从理性化走向物化的吊诡,以至于想放弃理性而走向要求非理性的否定辩证。但哈贝马斯认为解释社会进化的过程,并不是只能走向社会斗争与工具合理性这条道路,而是可以从米德与涂尔干的理论进路,看出我们可以通过语言沟通与形塑价值共识的进路,来追求社会的团结整合。从韦伯到米德的社会学理论发展,因而是从目的合理性到沟通合理性的理论典范转移过程。只不过,米德与涂尔干的理论突破,到了帕森斯却又从社会团结走向系统理论的建构,从而使功能理性的思考主宰了整个社会学的发展。社会学理论的这种自我误解,有待哈贝马斯通过自己对于韦伯社会学的理解进行语用学的重构,从而能为当代资本主义社会的病理学诊断提供一种批判的社会理论之后,社会学的研究才能重新回过头来,从帕森斯出发,通过韦伯而再度回到法兰克福学派批判理论的新马克思主义观点。①

在《沟通行动理论》一书中,哈贝马斯在介于涂尔干与帕森斯之间的"第二个中间考察"中,插入他对于"生活世界"与"系统"之两层次的社会构想,这是因为哈贝马斯认为,系统原是辅助生活世界的沟通行动之不足所必要建立的社会结构,但它最后却反过来取代生活世界的沟通行动,以致我们只能借助强调系统自发性的功能理性,来操控人类的社会互动,或只能诉诸去道德化的实证法规范,来进行社会整合的现代化实情而已。马克思所见的劳动异化、韦伯所见的理性化牢笼、卢卡奇所见的物化现象与法兰克福学派所见的启蒙辩证,无非都是有见于在现代化的社会变迁过程中出现的

---

① 关于哈贝马斯的沟通行动理论内涵,请参见林远泽:《沟通行动理论》,王一奇编:《华文哲学百科》(2019 版本),http://mephilosophy.ccu.edu.tw/entry.php?entry_name=,"沟通行动理论",检索于 2023 年 9 月 4 日。

社会病态现象。这种现象是必须批判与否定的，哈贝马斯因而不认为吾人可以与这样的现代性和解。他认为若想要完成批判理论的任务，真正实践社会的自由解放，那么就欧洲的经验来看，即需克服在晚期资本主义中，社会福利国之过度法律化的趋势，以能在审议式民主的构想中，再度尝试将以言行事的沟通权力，引入政治的公共领域中，以使法治国真正有奠基于人民主权之上的民主基础。

哈贝马斯的"沟通行动理论"，因而有待于他后来在《实然性与有效性——论法权与民主法治国的对话理论》(*Faktizität und Geltung—Beiträge zur Diskurstheorie des Rechts und des demokratischen Rechtsstaats*)一书的补充。由此，我们即可以明确的看出，哈贝马斯的沟通行动理论，虽然系统地改造了马克思的历史唯物论，而为生活世界保留了沟通理性的运作空间，但我们生活所在的市民社会与国家，却更被确立是一种仅由系统自发性宰制的机器。至于生活世界这个准先验的世界，则显然还是空无一物。审议式民主所预设的公共领域，是否又是另一个罗陀斯？在沟通行动理论中，哈贝马斯仿佛也像伊索寓言里的故事人物一样，正在自夸我们的沟通理性在理想言谈情境（或即在公共领域的公民审议）的罗陀斯中，能够跳得很远（沟通理性具有去脉络化的超越批判性）。但如果我们把我们处身所在之处就当成是罗陀斯，那么这些理想性极高的理论，还真的能有实践的可行性吗？难道我们就不能也挑战哈贝马斯说：这里是罗陀斯，就在这里跳吧！但"沟通行动论"若不是在理想言谈情境的罗陀斯中，而是在现代社会的合理化进程中推进，那么它真的能跳跃得很远吗？

(三)回到黑格尔伦理性学说的霍耐特承认理论

作为哈贝马斯的学生与助手，霍耐特在《为承认而斗争》的教授资格论文中，一开始就通过黑格尔的康德批判，来挑战哈贝马斯的学术权威。在这个阶段，他受到西普与维尔特之黑格尔法哲学诠释的影响是明显可见的。

他在书中说，黑格尔终生在政治哲学上的任务，就是要拿掉康德有关个人自律之纯粹应然要求的性格，而将之呈现为一在社会现实中起作用的要素。然而这同时是在中介近代的自由学说与古代的政治理解，或即中介道德性与伦理性。在耶拿时期，黑格尔对这些问题还没找到合适的理论工具，直到他重新诠释了费希特的承认学说，并赋予霍布斯的斗争概念新的意义，他才开始找到满意的回答。在《自然法》论文中，黑格尔认为费希特仍属于自然法传统的形式主义进路，他无法阐释"活生生关系之真正自由的共同体"。但在《伦理体系》中，他对费希特的承认理论则加以正面看待，以能描述该种伦理关系形式的内在结构——这些内在结构应被默认是人类社会化的初始者。费希特在《自然法权基础》中，将承认理解成个人之间基于法律关系的相互作用，它相互促成自由的行动，并同时为了他人而限制自己的行动领域，这样乃得以在个人之间形成一种共同的意识，此种共同意识即在法律关系中达到它的客观有效性。[1]

相对于《为承认而斗争》的意图是建立霍耐特自己的承认理论，《不确定性之痛》这本书就完全是重新对黑格尔法哲学进行全面性的诠释。只不过，即使是在这本书中，霍耐特对于黑格尔法哲学的研究，都不是出于哲学史的研究动机，而是带有对当代实践哲学或政治正义理论的批判意图。他在书中说，他研究黑格尔法哲学的动机是因为他意识到，通过抽象形式所获得的正义原则，应有加之社会脉络化的必要性。这是因为，黑格尔显然意识到，在当代社会中，形式法对于我们道德的日常实践，究竟应占有什么地位，是愈来愈不确定的。黑格尔因而致力于给予当代的法权与道德之抽象原则一个制度性的框架。这种想法特别吸霍耐特，以致于他想效法黑格尔，去发展出一种"法权的伦理学后设理论"（ethische Metatheorie des

---

[1] Axel Honneth, *Kampf um Anerkennung—Zur moralischen Grammatik sozialer Konflikte*, S. 29-31. 译文参见阿克塞尔·霍耐特：《为承认而斗争》，胡继华译，上海：上海人民出版社，2005年，第21—23页。

Rechts）。[1]

霍耐特在《不确定性之痛》中，因而尝试通过三个问题的侧面，来阐释黑格尔的思想。他指出，（1）黑格尔令人难以理解地，将我们称为"法权"者，表达成"普遍自由意志的理念"。霍耐特将此定义解释成一种正义理论的核心，其目的在于提供个人自我实现的交互主体性条件。其次，（2）他说明黑格尔如何将他的正义理论的构想与社会病理学的诊断内在地联结在一起。做此说明的原因是他认为法哲学原创性的核心在于，黑格尔认为抽象法与道德性作为对个人自由之界定的理解是不够的，因为这反映在它令人不得安顿的痛苦之上。我们因而必须解释，黑格尔的正义理论的构想如何同时具有对痛苦现象有解放作用的治疗性意义。最后，（3）霍耐特认为应解释伦理性的概念，以指出，为使个人自由的实现成为可能，当代社会领域必须满足的复杂条件应有哪些。[2] 我们可以注意到的是，霍耐特在此谈到在伦理性中的自由时，用的仍是"沟通自由"的概念，但到了他的定论之作《自由的权利》一书中，他即改用"社会自由"来讨论内在于伦理性阶段中的自由意识，这显然是受到哈德蒙与诺伊豪瑟之黑格尔法哲学诠释的影响。

通过哈德蒙与诺伊豪瑟论和解方案与社会自由等观点的影响，霍耐特在《自由的权利》一书中明确地说，黑格尔哲学体系之客观精神部分处理的对象是：在当代条件下，正义的社会秩序之规范性原则何在。且黑格尔对于这些规范的奠基道路，非常不同于康德与费希特对理性法所做的推证。因为对于黑格尔来说：（1）诸主体早已经由交互主体性的关系而被联系在一起，对普遍的正义原则的证成因而不能始于一原子主义的构想，即不能以为个人的自由是存在于一未受阻碍的、不受他人影响之个人恣意的施行中；

---

[1] Axel Honneth, *Leiden an Unbestimmtheit—Eine Reaktualisierung der Hegelschen Rechtsphilosophie*, Stuttgart: Philipp Reclam jun. GmbH & Co., 2001, p. 8. 译文参见阿克塞尔·霍耐特：《不确定性之痛：黑格尔法哲学的再现实化》，王晓升译，上海：华东师范大学出版社，2016年，第5页。

[2] Honneth, *Leiden an Unbestimmtheit*, S. 16-17；霍耐特：《不确定性之痛》，第12页。

(2)普遍的正义原则之构想，必须能够证成如下的社会条件，诸主体应能相互地在他人的自由中，看到他个人的自我实现的预设；(3)黑格尔年轻时受亚里士多德影响，主张沟通自由的规范原则不能靠外在的行为命令或当代社会的强制法则，而是必须能在习惯的行动模式与伦常中，得到实践的施行，以使他律的残余能被去除；(4)在此以"伦理性"所称的沟通自由之文化中，即存在有社会行动领域的核心空间。

在这种理解的基础上，霍耐特随即展开他对哈贝马斯沟通行动理论的批判。他认为沟通行动理论所提供的个人自由概念，虽然一方面仍处在反思自由的领域内，但它在另一方面，其实也已经涉及社会自由的领域。对话理论不同意自律伦理学仅对反思自由进行独白的理解，从而主张只有在对话中的交互合作，才能使理性的自我控制成为可能。这种依对话理论所理解的社会自由，因而是将某种具有社会现实性的体制，当成是自由的媒介与自由的实现条件。个人主体惟当它处在能与他人共同合作的社会体制中，它才能达成自我决定的反思成就。"对话讨论"（Diskurs）这种既与的社会体制，本身因而成为实现自由的社会性条件。唯当在社会现实中存在这种体制，个人才能实现对于反思自由来说是必要的意志决定。

霍耐特认为，这种在对话理论中所牵涉到的社会自由，显然仍是在"有效性的观念论"与"社会理论"之间摇摆不定。这是因为对话理论（或即沟通行动理论）为了确立个人的自主意志与可经验到的自由，即必须将在对话讨论中所涉及的他人自我，要不是当成是无历史性的纯粹理性主体（理想言谈情境中的沟通伙伴），就是得当成是受到社会系统强制的个人。这因而使得"对话讨论"要不是被视为是先验发生的事件，就是会被看成是一种后设的制度。从霍耐特的观点来看，阿佩尔与哈贝马斯因而都未能从自由的交互主体性预设，推论出他们的结论。他们最终缺乏取得历史具体性的决心，未能从共同体的伦理生活中，看出自我与他人作为共同体的成员，达致彼此之间都能相互地进行自主决定的过程。这使得对话理论仍无法能为自由的实现提供社会制度的基础。霍耐特因此也认为，阿佩尔与哈贝马斯的对话理论，其实尚未跨越社会自由的门坎，他们都未能达到黑格尔以特定的制度来作为反思自由之媒介的伦理性观点。①

霍耐特将黑格尔在《法哲学原理》中，对于抽象法、道德性与伦理性的区分，视为是对消极自由、反思自由与社会自由之定在的法权体系分析。他认为黑格尔在《法哲学原理》中批判消极的自由，系因它并不能将行动的内涵自身理解为真正的自由。而反思的自由之所以是有缺陷的，系因它将内涵是自由的行动，亦即被思考为自我决定的行动，对立于完全被看成是他律的客观现实来看。反思自由因而只能在内心中确立，他的意图不屈服于外在权威，但却未能见到它们能得到实现的机会。黑格尔想克服这些缺点，因而试图在伦理性中发展出社会自由作为第三种模式的自由。这种自由要求现实的客观领域也应能服属于自由的判准，以至于不仅是个人的意图需达到不屈服于外在的影响，而是外在的社会现实也应被设想成是可以免除他律与强迫的。社会自由的理念因而被视为是一种理论努力的结果，亦即想将反思自由的思想所依据的判准，扩大应用到传统上被主体视为是与其对立的外在现实之领域上。

霍耐特在《自由的权利》中特别强调，黑格尔在《法哲学原理》中，之所以特别要以"友谊"与"爱"作为说明在外在的社会领域中的自由之例子，系因吾人在"友谊"与"爱"之忘我的付出中将不再是片面地在其自身中，而是在与他人的关系中自己限制自身，并从而在这种自我限制中，达到他自己真正作为自己本身。在这种规定性中，人因而并不感到被规定，而是唯当吾人能视他人如自己，他才能在他人对我的付出的响应中，得到真正的自我肯定。在此黑格尔即以"能在他者之中回到自我的存在"（bei-sich-selbst-

---

① Axel Honneth, *Das Recht der Freiheit—Grundriß einer demokratischen Sittlichkeit*, Berlin: Suhrkamp Verlag, 2011, S. 82. 译文参见阿克塞尔·霍耐特：《自由的权利》，王旭译，北京：社会科学文献出版社，2013年，第71页。

Sein im Anderen）的说法，来界定他所谓的自由。自由因而是建立在一社会制度的想法上，这种社会制度使得主体之间的关系，能够达到他能在作为他人的对方身上，掌握到他自己。由于对黑格尔而言，自由是社会性的自由，"相互承认"因而成了黑格尔构想社会自由的关键。孤立的主体在他的反思自由中，被剥离在社会体制的外在世界之外。因而即使他能将他的行动限制在自我设定的目标，他仍不确定这是否能在客观现实中实现。当一主体遭遇到另一主体，这个主体所设立的行动目标是与我自己的行动目标互补的，那么自我就能在互动伙伴的努力中，看到在外在世界的组成部分中，存在着容许他自己设定的目标能得到客观的实现。

与儒家强调道德实践之途应由"仁者爱人"的关怀恻隐出发一样，黑格尔也相信，当代社会的伦理统一，仍能从主体的感情连系（emotionale Verbundenheit）得到解释。因而他首先从人在"家庭"之间的"爱"的模式，来使此种自由的社会结构有说服力。但如果当代社会的结构如经济学所言，是由独立的经济市场领域所构成的，则其伦理的统一就不能仅凭爱的承认关系即可达成。我们需要进一步说明，在"市民社会"中，作为市场中介之行动的扩大领域，如何具有实现自由的自身潜能，否则它如何在人民中得到那么大的道德同意。市场经济所构成的承认关系，使每一个人目标的实现能相互完成。对黑格尔而言，自由因而始终呈现出一种与客观制度关联在一起的承认关系。市场经济之所以是一种承认制度的建构，即因在市场的领域中，诸主体之间必须能够相互承认，他们面对的他人，必是经由自己的经济供应，才能使得他们自己纯粹自我中心的需求得到满足。市场中介的行动，使得在原子化的个人领域中，自由再度得到一种互动的制度化结构，从而使个人能经由相互依赖的交互承认，而达到他自己的目的。一旦将市场理解为新型的"能在他者之中回到自己的存在"，这即意味着说，我们可以从这个制度中学习到，它创造了一种承认关系，由此个人的自由得以扩大。这种相互承认的制度性机制，最终则需在"国家"中，才能得到最终的体现。

个人自由能呈现在客观现实中，即预设主体真实默认的目标，其实也是由具有互补的目标设定之他人所设定的。黑格尔因而要求，社会自由需有一个先行的过程，主体必须学会去建立共同愿望与意图，只有当它能支配此种目标设定，他才能在相应的承认关系中，形成"在客观性中回到自身之中"的经验。对于这种共同性的功能，黑格尔也期待能将它应用于自由的制度构想中。如同亚里士多德的看法一样，主体应在制度实践的影响下，来调整他的愿望与意图，此种社会化的过程最终产生出一种较为稳定的、习惯化的追求系统，以至于个人主体能依据实践的规范惯习，来作为他的行动意图。一旦相互性的规范实践，能稳定地存在于制度中，那么在这种制度中成长的个人，即能在"教化"的过程中学习到他应然的行为。

在黑格尔的自由学说中，能使承认关系长久存在的"制度"，因而具有两个任务：它一方面作为中介的媒体，使参与者的某一类行为表达能交互地被理解成应去共同实现互补的目标设定之要求。在这个意义下，承认的制度就不只是交互主体性自由的外在预设，因为若无制度，则主体之间就不知道它们之间的相互依赖何在。另一方面，制度也有助于使个人能对他们的自由具有交互主体性的理解。因为唯当个人能在一种使互补的目标能共同被实现的实践中成长，他们才能理解它们自己是一能担保自由的共同体中的一位有自我意识的成员。由此黑格尔方可推论说，个人唯当参与由相互承认的实践所铸造的社会制度，个人才能真正地体验与实现他的自由。在这个意义上，黑格尔认为，良知之自我立法的道德自律，唯在共同体成员的社会互动中，建立起相互承认的制度性规范，那么理性自主的立法才能在伦理生活的建构中真实地实现。

通过黑格尔在《法哲学原理》中，对于自由之不同存在条件所做的重构，我们也可以看到，在现代社会中，法权的范畴并不足以真正掌握社会自由的基础及其体制形态。在社会自由的领域中，他们合适的结构所具有的反而毋宁是具有实行、风俗与社会角色的性格，而不是法律既与的形态。仅将正义理论的基础建立在法理学的思考模式之上是不当的,在当前追求社会正义概念的努力中,为了能较容易地依形式规则的范畴去掌握法律关系,我们习于在法律关系中,事先将所有社会关系都扬弃掉,但这无疑是最有害的一种观点。因为这使我们忽略了,正义的条件不能只以实证法的形式被给予,而是也可以在适当的态度、互动的方式与行为惯习的形态中被给予。那些属于当代对于社会自由构思之总集的个人自由的一大部分,并不仅通过国家保障的法律宣称即能得到,而是必须归功于那些起作用但较弱义的制度化的实践与习俗之交织难解的存在。他帮助我们取得我们自我之不受强迫的表达,或社会确认的经验。这些自由的条件的确难以确定,它们虽远离于法治国范畴,但这却不是将他们从正义理论的构想中加以排除的好理由。

如果认为民主程序只是以个人自由的决定权利与法治国实现的形态来加以理解,那么这就将无法理解,民主的公共性之完善,其实必须依靠那些它自己并不能产生出来的社会预设。像民主的家庭关系、消费与劳动市场的社会化,即是无强制地参与公共的意志建议的预设。然而这却不能仅回溯到民主立法者的倡议,而是必须归功于内在于各自行动领域中,对于实现自由的承诺所做的社会努力。在民主的过程中,对于每个社会成员而言,平等包容的机会应随着在个人关系与经济市场这些邻近的领域中,社会自由原则的体制化确立与实现程度而逐渐提高。霍耐特因而认为黑格尔的后习俗伦理性,作为一种讨论政治正义的法哲学,即是提出一种"民主伦理性"的理念。[1] 它主张唯有在不同的领域中,体制化的自由原则事实上已经实现了,并已经反映在相应的习俗与实践中,那么才可说我们真正具有了民主的基础。

---

[1] Honneth, *Das Recht der Freiheit*, S. 119-126;霍耐特:《自由的权利》,第 104—110 页。

四、儒家礼治国与民主的伦理性

传统儒家的礼治理念，最为人诟病之处，就是不能维持法律平等的理念。对于子产立刑鼎，通过法令的明文公告，以一视同仁地执行法律规范的做法，儒家曾公开表示反对。中国古代并有所谓"礼不下庶人、刑不上大夫"的法律差别对待的不平等做法。这使得在"礼以别异"的传统礼制中，礼治国理念所立基的正义观点，被在确立人际不平等之角色义务的"义者宜也"观点中被理解。但将儒家"义者宜也"的正义观点，理解成确立社会阶级不平等的政治理论，却可能是出于对于构成社会整合之团结基础的角色义务之误解。通过上述对黑格尔伦理性学说的说明，我们很可以从霍耐特的承认理论，得到有力的澄清。

黑格尔主张应在伦理生活中，建立法权与正义的基础，这与儒家强调"为国以礼"的礼治应建立在"礼以定伦"的人伦常道之上，看法相当一致。但将儒家"齐家、治国、平天下"的外王实践，与构成黑格尔伦理性的"家庭、市民社会、国家"这三个环节相比较，儒家明显少了"市民社会"这一环节，但却多了"平天下"这一环节，这个细微的差别，意义重大。西方的代议式民主，是通过市民社会的中产阶级，向王权争取权力而得到的成果。中国重农的亚细亚生产方式，在过去无法自源地产生代议式民主，这是可以理解的。代议式民主的核心是主权在民，但在代议式民主中，人民主权却只表现在定期投票的权利上。人民一旦在投票之后，即无法对行政的统治权力之行使有置喙的余地，代议政治因而有使公民去政治化的危机。而在立法权方面，在代议式民主中，在立法机构占多数的政党既然是通过在投票中占多数产生的，那么他们代表的其实是某种多数的既得利益。对代议式民主的种种结构性缺点，使得在法兰克福学派中的哈贝马斯即已经思考，应将人民主权程序主义化。亦即应以在公共领域进行沟通讨论的权力，抗衡行政权力,以使人民的共同意志真能贯彻到行政的运作中。

针对哈贝马斯这种审议式民主的构想,霍耐特认为如果公民在他的生活领域中,并没有参与民主审议的动机与意图,那么审议式民主连同代议式民主即失去其能运作的基础。民主的公共性预设我们在前政治的伦理生活应有民主的内在追求。而这对霍耐特而言,即应是在家庭或市民社会中,我们对于每一个人都想追求的爱与生活需求,都能通过与他人的合作而共同完成。一旦在家庭与市场经济的伦理生活中,通过彼此的相互承认,每个人生活实践的目标能通过共同的合作而得以实现完成,那么在这些体现相互承认的伦理制度中,才能内在地包含有正义地相互对待的民主基础。一旦民主的自由与正义之基础,有赖于在家庭与市民社会中相互承认关系的建立,那么这也支持了儒家的礼治民主的理念。因为儒家在"君君、臣臣,父父、子子"的人伦关系中,通过角色义务所确立的伦理合作关系,同样也是一种强调"民主伦理性"的观点。

霍耐特强调应如同黑格尔《法哲学原理》的观点,尝试以伦理性克服抽象法与道德性的片面发展,他因而认为仅以法学的模式与法理学的概念范畴来建构正义理论是不足的。相对于当前政治哲学对于法律权利的重视,霍耐特认为风俗教化的建构,反而是更重要的民主基础。他指出,如果我们认为民主程序只是依个人自由的决定权力以及法治国实现的形态来加以理解,那么我们就是仅依赖一个发育不完全的自由的条件,而无法顾及其他的社会领域。因为民主的公共性之完善,如前所述,必须依靠那些它自己并不能产生出来的社会预设。像民主的家庭关系、消费与劳动市场的社会化,即是无强制地参与公共意志建议的预设。"民主伦理性"的理念恰当地阐释了这个事实,它认为唯有在不同的领域中,体制化的自由原则事实上已经实现,并已经反映在相应的习俗与实践中,那么才可说是我们具有了民主。

儒家礼治国的伦理生活建构,同样包含各方面的规范建构,如同《礼记·曲礼上》所说的:"道德仁义,非礼不成,教训正俗,非礼不备。分争辨讼,非礼不决。君臣上下父子兄弟,非礼不定。宦学事师,非礼不亲。班朝治军,莅官行法,非礼威严不行。祷祠祭祀,供给鬼神,非礼不诚不庄。是以君子恭敬撙节退让以明礼。"通过黑格尔《法哲学原理》的启发,霍耐特旗帜鲜明地主张,西方当代的政治发展,应扬弃契约论之政治自由主义的抽象法与自律伦理的内在道德性,而重返黑格尔重视人伦关系的伦理性思维。霍耐特充分发挥黑格尔《法哲学原理》的微言大义,建构了以相互承认关系在历史发展中的制度化体现作为实现个人社会自由之客观条件的民主伦理性思想。他接续黑格尔的思考,尝试在"家庭""市民社会"与"国家"的伦理生活中,奠定法权或正义的基础。他视"友谊"与"爱"的人际相互承认关系为民主的基础,主张在现代性革新中的"家庭"关系,仍可视为一种"微型的民主政体"。借助他的观点,我们即不必然将中国的"国-家"观念,视为是对"国"与"家"之不同领域的混淆,从而太快地断言所谓"家天下"的集权专制,无非即是儒家礼治国构想的必然结果。霍耐特的承认理论,对于我们重新理解儒家以"仁者爱人"为出发点,通过"亲亲而仁民、仁民而爱物"的推扩,以达到"齐家、治国、平天下"之通于世界大同的礼治国建构,显然仍有许多可以相互发明的理论参考价值。

康德哲学中的"至善"与"义务"
——一次圆桌论坛纪要

江璐（中山大学哲学系）

刘凤娟（华南师范大学哲学与社会发展学院）

刘作（中山大学哲学系）

周小龙（中山大学哲学系）

李日容（广东外语外贸大学外国文学文化研究院）

谢裕伟（中山大学哲学系）

[说明：本次论坛举办于2023年6月，以"至善与义务"为主题。主要发言人是中山大学的江璐副教授、华南师范大学的刘凤娟教授、中山大学的刘作副教授以及中山大学哲学系周小龙博士，另外广东外语外贸大学的李日容副教授参与旁听。论坛由中山大学的谢裕伟博士主持。论坛分成主题发言和自由讨论两大环节，历时约三个小时。会后，李日容副教授整理了录音稿。整理后的文字经各位发言人核定。四位主要发言人以姓名拼音排序。]

谢裕伟："至善"和"义务"是康德道德哲学和宗教哲学中的两个核心概念。一些在学界引发多年争论的问题将这对概念联系在一起：我们的义务都最终指向至善吗？促进至善本身是不是一个义务？从日常生活出发，我们似乎很容易能够给这些问题以答案。但从康德哲学的框架中去深思，则会发现这些问题当中包含了诸多错综复杂的概念关联，而为了解开其中的纠缠，往往需要调动康德哲学中的几乎所有理论资源。同时，对这些问题的思考，也会推动我们进一步深思康德哲学中的一些隐秘的难题。因此，这些问题非常值得我们仔细地、深入地讨论。

我是中山大学哲学系的谢裕伟。今天，我们设置了一场圆桌论坛，邀请了四位学者，围绕康德的"至善"和"义务"的概念以及二者在康德哲学中的关联等主题来展开一场讨论，甚至是争辩。四位学者分别是（按照姓名拼音的顺序）：中山大学哲学系副教授江璐、华南师范大学哲学与社会发展学院教授刘凤娟、中山大学哲学系副教授刘作、中山大学哲学系博士后和助理研究员周小龙。四位皆是目前国内在德国古典哲学，特别是康德哲学研究方面有名的青年学者，在康德的至善概念和义务问题上都有过专门的研究，在学术期刊或会议上发表过相关的思考，且各有自己独特的见解，非常适合在一场平等的圆桌论坛上交换意见、彼此补充。此外，我们还特别邀请了广东外语外贸大学外国文学文化研究院的李日容副教授来参与今天的讨论。李老师在康德哲学、海德格尔哲学和现象学技术哲学等领域都有多年的研究，我相信她的参与将会给我们带来独特的启发。

今天的圆桌论坛大概这样来安排：首先，我们按照姓名拼音的顺序，请江璐、刘凤娟、刘作和周小龙四位学者依次作主题发言。我们不设严格的时间限制，每位学者发言时间在10—20分钟即可，可长可短。完成主题发言后，我们进入自由讨论的环节。讨论以畅所欲言为原则，大家直面问题本身即可，不必有所顾虑。当然，我们非常期待李日容副教授也参与到讨论之中，或者也可以以旁听者的角色对我们的讨论发表一些感想。作为论坛主持人，特别是对这个问题感兴趣的学习者，我可能也会有限度地参与一些讨论，但尽量不占用大家的时间。接下来，我们就开始第一个环节，即主题发言的部分。先请中山大学的江璐老师发言。

第一环节　主题发言

(一)江璐主题发言

江璐：康德在道德哲学上对"善"与"恶"的概念的使用实质上是"窄化"了自古希腊以来，经过经院哲学直到近代哲学传统所赋予这一对概念的广泛意义，特别是他在讨论意志的善与恶的时候。在古希腊的柏拉图与亚里士多德那里，善的概念，也就是agathon，指的并不单纯是道德上的善恶，而是广义地指对人来说"好的东西"，因此也与愉悦的情感相连。在柏拉图那里，"善"获得了一个认知的维度，也就是说，什么是善的，是由知识决定的，而非靠愉悦的情感。在《高尔吉亚》的讨论中，柏拉图指出，人需要有知识，才能够知道什么是善或好的，因而善或好才成为可以追求的目标。在此，"善"并非道德品质，而是一个值得追求的对象，而追求真正值得追求的目标，在道德上来看是积极的、正确的行为。柏拉图在《理想国》中的至善概念正是在"善"这个概念能够广泛地运用到道德之外的本体论领域上，才得以成为一个形而上学的最高原理。在新柏拉图主义中，至善成了一个阶梯式的本体论体系的最高和独一的本源。

而亚里士多德对至善概念的使用，则与此不同。在他那里，"至善"并非是一个形而上学原理；它指的是对人来说，整体性地值得追求的东西。因此，它不是一个单独的对象，而是人的整个人生历程的整体性的善好，用余纪元的话来说，即人一生之整体性的"兴旺发达"。这个传统延续到现代元伦理学那里，例如摩尔(G. E. Moore)，凡是好的、有益的或有用的都可以是善(good)。

与这一传统中的用法不一样，康德是在狭义的，纯粹道德的意义上来使用"善"和"恶"的，意志可以说是善与恶的，而实践理性的唯一客体就是善与恶的客体，行动或行为只能被划分为善与恶。善与恶只具有道德性。在此，德语中对 Übel 和 Böse 的区分应该也是导致康德这种用法的一个重要要素，前者指的是本体论上出现的不良状况，例如台风、地震等，而后者专指道德上的恶。与此相对应，康德也严格区分了道德上的"善"，和本体论层面上可以被视为"善宜"或"好"的东西。

然而，在讨论到至善的时候，康德似乎又想融入传统中的"善"的概念。他特别在讨论到宗教问题的时候，引入了"至善"来融入德福一致的良好状况。但在单纯讨论人的道德判断和行为的时候，他只需要讨论通过道德律来规定意志。按照道德律来自我规定的意志，就是一个善的意志，亦即"善"与"恶"在康德那里可以直接通过道德律来得到规定。不同于在古代哲学中，"善"是人的欲求的目标，在康德的道德哲学中，这种目的论的结构被取消了，意志为自己规定其行动的对象，而并非为先在的对象规定意志之欲求。从而，康德将规定善恶的自然趋势的因素全部清除出去了，只是使用了一个非常单薄的道德律的概念来讨论何谓"善"或"恶"的问题。但是，这样的讨论并不能满足一切关乎道德的哲学讨论和人的自然需求。人们需要设想一个德福一致的结果，从而获得一个道德行动的动力。这也是康德在道德哲学上需要悬设一个宗教概念，即一个能够保障德福一致的本原善的上帝的原因。这样的一个至善的理念不是构建性的，而是调节性的。也就是说，它并不是用来规定意志的，而是使得人的行动具有一定融贯性的一个理念。在至善理念中所包含的德福一致的思想，并不是指幸福就是德性的必然结果，而是指德福一致的可能性。因而，它并不要求传统宗教中所提到的奖罚的思想，而只是指向一个理想的状况，在这个状态下，德福可以达到一致，而此理想状况也并非是乌托邦，而是通过人类自我完善和努力可以达到的，至善思想也由此融入了历史哲学的维度。

谢裕伟：江老师的发言思路颇为独特。对于至善和义务的问题，我们更多的是习惯于从康德文本内部出发来讨论，但江老师却是从"善"这一概念的发展历史的维度来切入，不但比较了古希腊人的"善"的概念和康德的"善"的概念，指出了康德对"善"与"恶"的概念的"窄化"，还注意到了康德的"善"和"至善"两个概念所形成的不对称，并且从概念史的宏观视野来看待这种不对称，让人耳目一新。我们将更多的评论时间留到自由讨论的环节。现在有请第二位学者，华南师范大学哲学与社会发展学院的刘凤娟老师发言。

（二）刘凤娟主题发言

刘凤娟：江老师刚刚对至善概念的哲学史脉络做了梳理，这一点非常重要。我也非常关注这个问题，江老师的发言给了我很多启发。我今天主要是从康德文本的内部来对至善概念进行讨论。我对康德的至善概念做了层次上的区分，其一是静态的分析，考虑的是至善概念在康德道德哲学中的内涵以及所包含的层面等；其二是动态的分析视角，考虑的是至善如何在时间和历史中实现的问题，因此超出了道德哲学的范围。

首先是静态分析中的至善概念。这涉及三个方面。第一，从德福关系的角度来考察，至善不仅包含德福的成比例的因果统一性，也包含着道德和幸福两种要素各自的进步并达到完满状态，即道德和幸福都必须达到最高程度。因此，德福成比例的因果统一性和德福的完满实现是至善概念中所包含的两个必然层次，缺一不可。第二，从个体和整体的角度来考察，至善必然包含个体身上道德和幸福的因果统一性和完满实现，以及人类整体层面道德和幸福的因果统一性乃至完满实现。第三，从不同理性存在者的对比角度来考察，上帝被叫作至善的原型（*GMS* AA 4: 408）或原始的至善（*KpV* AA 5: 125），在人类社会的德福一致意义上的至善被叫作派生的至善。原始的至善是派生的至善的根据。这是从静态的角度对至善所作的内涵区分。

接下来讨论动态视角下的至善概念，它主要考察的是至善在历史进程中如何实现的问题。对照上述静态分析中的这些层次，这涉及在人的个体和整体两个角度上的至善的实现问题，并且涉及德福的成比例和完满实现两个层面。

第一，就个体而言，在康德这里，至善的实现还是主要依靠个体自身的努力。这符合其自律精神。在至善的这个实现层面，个体在其肉体生命的过程中不断地提升其道德直至发生心灵的革命。前者是现象性的道德，并发生在时间中，后者是本体性的道德，不在时间中。这个层面的至善的实现需要预设灵魂不朽和上帝的存在。因为个体生命是有限的，灵魂不朽保证了其从肉体生命到理知生命的人格统一性和无限的道德进步，也保证了它无论在今生还是来世的配享幸福的获得。但配享幸福的真正分配者是上帝，所以也需要预设上帝的存在。然而，无论是灵魂还是上帝都是纯粹理性中的理念，因此，康德借此并没有违背其自律精神。

这一主题中出现的难题是：道德进步在个体的单纯灵魂状态（即理知存在层面）还在继续吗？《实践理性批判》中有借助灵魂不朽来保证个体的无限的道德进步的说法，这似乎就是表明，个体在死后仍然在提升其道德。但在《万物的终结》中康德又提倡临终审判的二元论观点，即末日审判时，善人得到幸福、恶人得到惩罚。这似乎意味着来世的祸福是在每个人临终时一次性决定的，而没有为来世的道德进步提供逻辑空间。因此，第二批判中的无限的道德进步和《万物的终结》中的临终审判时的二元论论点之间好像存在着矛盾。

第二，就整体而言，在康德这里，全人类的至善的实现可以联系于大自然的最后目的和终极目的，以及普遍历史的最后目的和终极目的来思考。最后目的是一种政治上的法制状态或者共同体状态，它是人们实现终极目的的外部环境和必要非充分条件。终极目的是德福完满实现，或者就是一种伦理共同体的实现。这两种目的都需要在普遍历史之中被无限地趋近，但从时间内部我们看不到其最终实现。终极目的的实现除了在时间和历史内部被考察，也需要在理知世界中考察，因此需要思考理知世界和感官世界的统一性。与终极目的相匹配的伦理共同体概念就是一种上帝治下的共同体概念；我们可以将其视为感官世界和理知世界相统一的概念。

这一主题中的难题是，在人类整体层面，至善、伦理共同体、终极目的这些概念的关系，以及整体的至善如何与个体的至善相统一，理知世界如何与感官世界相统一？这些问题需要在第三个小主题下考察。

第三，至善在个体和整体两个层面的统一性。在这个主题上，我的观点是，至善概念必然包含个体和整体两个层面，缺一不可。两者的统一性可以从感官世界和理知世界两重世界来考察。

在感官世界，个体和人类整体的道德进步和幸福提升都是在时间或历史中进行的。康德承认，在个体身上，人们在感官世界中所呈现出来的是德福的不一致的现象，两者也并非都是处在持续上升的趋势中。在人类整体层面，康德认为，普遍历史中人类的道德是持续进步的，幸福也是逐渐提升的。诸个体之间通过政治共同体中的合法的强制，相互处在一个协作和互利的关系中，从而也能促进整体的道德的进步和幸福的提升。当然这种合法的契约状态以及这种状态下的个体之间的协作都是在历史中不断发展着的。

在理知世界，或者更确切地说，在理知世界和感官世界的统一性视角中，个体通过灵魂不朽的设定将其肉体生命和理知生命一起纳入普遍历史之中。理知世界作为感官世界的基底也同时成为普遍历史的基底，从而个体的至善可以在两重世界的统一性中得到最终实现，整体的至善也可以在两重世界的统一性中得到最终实现。这两种实现都同时运用到灵魂不朽和上帝存在的公设。个体和整体的关系，以及感官世界和理知世界的关系可以参照下图：

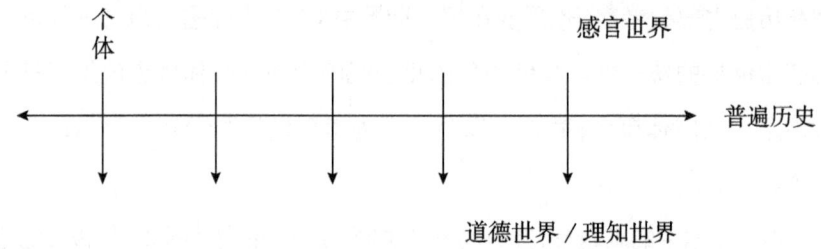

（图片来源：刘凤娟：《时间、历史与永恒——读康德的〈万物的终结〉》，《道风》2022 年春，第 56 期。）

康德的历史观念不仅与时间相关，也与理性相关；普遍历史不仅有政治、时间的视角，也有理知的视角，因而我们要在感官世界和理知世界的统一性中来考察康德的历史观问题。事实上，康德也是在这种视角下讨论至善在普遍历史中的实现问题的。就此而言，仅仅在感官世界中考虑历史的问题是不够的。当然，普遍历史首先与时间关联，时间是历史的形式。感知世界与理知世界的关系实质上就是现象与物自身的关系，两者就像一枚硬币的两面那样是区分而不分离的。与柏拉图不同，康德并没有将理知世界与感性世界"分开"，毋宁说两者是"一体"的关系。尽管我们在感官世界里看不到理知世界，但理知世界中的上帝却能够"看到"一切。因而，理知世界作为感官世界的基底，从而就是普遍历史的基底。正是从这个意义上说，至善在普遍历史中的实现便不能不考虑到两个世界的统一性问题。个体事实上是通过灵魂不朽而参与到普遍历史有关至善的实现之中的，因而普遍历史与灵魂不朽对于至善的实现都是必要的。或者说，普遍历史与灵魂不朽的"统一"的基础便是至善，在普遍历史中个体的至善能够统一到人类整体的至善里去。

谢裕伟：刘凤娟老师的发言从康德的文本出发，指出了至善概念的两个不同的维度，不但涉及了通常关注的道德哲学，也引入了历史哲学的维度，这很有助于我们丰富对至善问题的思考。而其中出现的灵魂不朽等问题，这些都是康德哲学中的核心概念和难题，我们之后可以围绕这些问题展开讨论。接下来，我们有请中山大学的刘作副教授发言。

（三）刘作主题发言

刘作：我在这个问题上的思考的起点是：康德在第三批判里所举的斯宾诺莎的例子，即斯宾诺莎作为一个不计较好处的人为什么会放弃对至善的追求？

根据第二批判，至善具有形而上学的色彩，它是理性追求条件的无条件前提的结果。依据康德的范畴表，至善就是在德福之间具有一种因果性的关系，而德福之间的成比例关系也与量和质的关系范畴有关。第二批判的至善亦即德福一致是就个体的角度而言的。实际上，个体只是遵守义务而没有单独追求幸福的行动，幸福只是作为道德的结果出现的，而上帝和灵魂不朽的悬设（可参考《几何原本》了解康德究竟是在何种意义上使用"悬设"概念的）只是保证个体能够单独地追求义务的行动的。按照勃兰特的说法，第二批判里的分析论和辩证论可以类比法权学说中的私法与公法，公法只是使私法的权利得到保障，而辩证论里也没有增加义务的数量，有关上帝和灵魂不死的悬设只是使分析论里的道德法则更具有效力。但第二批判对于至善的探讨很少考虑到经验人类学的因素，因为在此实践理性所面对的还是可能经验的世界，而第三批判里有关斯宾诺莎的例子，他不计较好处却为何还是会放弃对至善的追求呢，其中的重要原因便在于康德在第三批判中考察了大自然以及他人的恶行对人的道德的影响。事实上，第三批判里讲的至善主要是指在世界里面（in der Welt）的至善（虽然第一批判和第二批判都涉及在世界里面的至善，但在第三批判里才得到了特别的关注），这与第二批判里讲的可能世界里的至善其实是有区别的。而如果人要在这个世界里面实现至善，便需要将更多的经验人类学（包括内在自然和外在自然）的因素考虑进来。第三批判里处理的议题是从自然到自由的过渡问题，亦即自然是否和自由之后果的实现相协调一致的问题，但它主要是一种目的论上的思维方式的改变，而非自然的实际变化。从这个角度上说，康德在思考自然对自由的阻碍或促进作用时，更多地是思考内在自然（即经验性的人性）而非外在自然对道德发展的阻碍或促进作用，一个重要原因可能在于康德认为大自然对人的道德或生存所造成的影响是一种Übel（祸），而这种祸本身并不影响道德，因为大自然已经是上帝赐予我们的很好的礼物（我们由此不能对其企求的更多），即使有很多Übel，我们也可以以坚强、乐观的心态去面对它（但这种理解其实是很有问题的）。

康德更看重经验人类学，尤其是非社会的社会性对人的道德的影响，比如人与人之间的竞争和冲突、军事侵略和核武器的威胁等，但康德认为这些东西对于道德的发展来说也并非全然是负面的，而是也在某种意义上（比如如果从目的论的视角来看）能够与人的自然禀赋和素质的发展相合的。比如人与人之间这种竞争和相互伤害，在客观上（从其后果上来说）能够促进人进入合法权的状态和科学文化的发展。但需要指出的是，康德对目的论的思维方式始终抱有一种非常谨慎的态度，比如他始终强调它是反思性的，而非指事实如此。康德认为真正影响人之道德的是人与人之间的相互伤害，但这种伤害也能在结果上促进人的自由，从而也能够促进人的自然与自由之间的一种连接或从前者向后者的过渡。而如果人处于这样一个社会中，他应如何履行促进至善的义务呢？此时，促进至善的义务就并非是在促进个体至善的意义上说的，毋宁说它是促进人类普遍的幸福。人与人之间虽然相互造成灾难，但与此同时也在实际后果上使世界变得更好，此时至善的世界就是最好的（die beste）世界，即促进了普遍的幸福的世界。但第三批判里的这种在促进普遍幸福意义上的至善是否与第二批判里基于个体视角的至善相矛盾呢，或许我们并不能说这是相互矛盾的。因为促进普遍的幸福本来便属于义务，此时个体是与他人一起追求至善，而促进普遍幸福也有助于促进个体的完善，从而实现个人的至善。最后，康德在第三批判里所举的斯宾诺莎的例子，如果放到第二批判里，他大概会如何谈论呢？在一个可能的世界里，斯宾诺莎作为单独的个体来行动，他的道德不会受他人的影响，那么他是可以在不考虑幸福的情况下，持续地做道德之事。只不过，在康德看来，斯宾诺莎不具有"一贯的思维方式的准则"，因为他选择了作为原因的德性行动，却拒绝了作为结果的获得幸福的希望。总的来说，康德的至善理论主要是给人类以一种希望的理论。

谢裕伟：刘作老师的报告不但分享了很多他的见解，也提出了很多需要去进一步讨论的问题。特别是他注意到来自大自然的灾祸和来自人类自身的互相伤害在至善问题上的不同意义，注意到了第三批判中经验人类学要素引入到至善问题之中，因此与"第二批判"形成了区别。这些都是值得我们深思和讨论的。下面我们请最后一位主题发言人，来自中山大学的周小龙老师发言。

（四）周小龙主题发言

周小龙：今天的发言分成三个部分：一是康德至善概念的几个面向；二是康德是否成功地在道德哲学中"安置"了至善；三是康德的至善思考与莱布尼茨预定和谐理论的内在关联。

第一部分。康德的至善概念有几个可能需要注意的区分：

第一，此岸的至善与彼岸的至善的区分。这个跟康德对幸福的界定有关。在第一批判里，康德的至善具有很强的彼岸色彩，至善是一种赏善罚恶的结果，因此对"执行"道德律的人来说，具有一种"应许和威胁"的作用。但是，幸福在康德哲学中，则具有很强的物理性（physisch）意涵，故在后来的表述中，康德越来越强调"尘世的至善"。从这个角度上说，至善概念与彼岸至善的情形无关。

第二，三种至善即个体的至善、共同体的至善和人类的至善的区分。在我的阅读体会中，康德的至善概念包括了个体的至善和人类的至善，但似乎某个共同体（如政治共同体、部落或家庭）的至善并不怎么受到关注。从个体来说，至善就是德性与幸福的精确配比；而从人类来说，就是所有人的德性和幸福的配比。

第三，至善是德性和幸福的精确配比还是德性与幸福都要达到一种极致的状态？就前者而言，对于康德来说，比如百分之五十的德性便要相应（精确）地配享百分之五十的幸福；而就后者来说，则意味着德性到达了其神圣性（Heligikeit），幸福到达了其极乐（Seiligikeit）的状态。我认为需要在这两种德福配备的状况之间作一个区分。此外，如果至善仅仅是德性与幸福之间的一种出于精确比例（Ebenmaß）的配比，那就意味着至善仍然具有某种"赏善罚恶"的意思。

第二部分。如何论证"至善"在康德道德哲学中的合法性？或者说至善如何能够被纳入康德道德哲学的探讨之中？目前我认为有几种但可能是"无力"的论证方式：

一是"希望"论。这种观点认为人作为有限的理性存在者，除了追求纯然的道德之外，也需要感性欲望的满足，因而希望至善的实现。换言之，人的有限性使得人必然会追求至善。但我认为这种观点是没有道理的。这是因为，首先，作为有限的理性存在者，人除了道德之外也渴求幸福，这是可以理解的，但问题是为什么必须追求与德性成比例的幸福呢？换言之，人有感性欲望，必然会追求幸福，但不一定非要追求与德性成比例的幸福，倘若是，这两者之间的"必然性"关系的"根据"到底在哪里？其次，"希望"本身是一个理论性与逻辑性"意味"都非常"弱"的哲学原则，因而可能并不具有一种"想当然"的说服力。最后，这没法解释，为什么在有些段落里，康德要求至善成为意志的规定根据，而不仅仅只是希望。

二是"后果"论。如果说人做道德的行为不一定能对尘世造成好的影响（比如第三批判里康德所举的有关斯宾诺莎的例子），甚至有可能比不道德的行为造成了更加负面的后果，那么这种情况下很可能就会威胁道德本身，从而造成"荒谬的实践"（absurdum practicum, *Refl*. AA 18: 193）的状况。简言之，如果道德本身所造成的实际后果是更差的，就会对道德本身具有一种威胁性。从这个意义上说，我们希望德性必须有一个好的后果，这样才能保证道德本身的一种稳固性。但问题在于，这种后果为什么必须是至善，或者说道德和幸福必须处于精确的比例关系之中才能达到稳固道德的目的呢？毕竟在日常生活中，我们完全可以设想世界只需维持一个大略的"好人好报"甚至"某些好人有好报"的情形，就可以避免道德毁于一旦这种状况，而且现实情况貌似的确如此。概言之，道德确实有一定的后果，或者说能够造成一些好的后果，但要求道德必须导致至善，或者说所有好人都要得到好报，这样才能维持道德本身的稳固性则让人感到费解。

三是"目的"论。我个人认为经过了第三批判，康德形成了目的论的思考，并由此确立了道德的目的论的观念。因此在第三批判和《纯粹理性界限内的宗教》中，康德指出了至善虽然在"效果的联系"（nexu effecto）或"目的的联系"（nexu finali）中，在结果上虽然是在后的，但在意志规定根据上却是在先的。但在我看来，这个观点是有问题的。首先，康德道德目的论的证成本身并非没有困难，简而言之，道德的人作为世界秩序的终极目的与至善作为道德秩序的终极目的并不是等同的，康德只能比较成功地证明前者；其次，它没有解释当至善成为意志的规定根据时，它跟道德法则作为意志的规定根据这个原理是没有冲突的。换言之，如果至善成为意志的规定根据，难道道德不会成为他律的吗？

第三部分。我认为康德很难甚至无法在自己的道德哲学中"安置"至善理论。一个猜测性的结论是，康德的至善理论一方面受到莱布尼茨预定和谐理论的影响，尽管康德对它有所改造；另一方面是这里面仍然有基督教的精神在产生作用。

谢裕伟：周小龙老师的报告提醒我们在讨论康德至善问题时必须注意的几个区分，并着重关注至善概念在康德体系之中的合法性，并结合"促进至善是义务"这一命题的论证。他认为目前所具有的几个论证都有其缺陷。最后集中于一个问题，即单纯在康德的道德哲学中（而不加入历史哲学或者经验人类学要素），至善究竟有哪些位置。刚好我自己也有一些类似的疑虑。接下来我们可以更仔细地讨论。

到这里，我们的第一个环节主题发言就结束了。在这个环节中，各位发言人提出了很多值得讨论的问题。接下来，我们进入第二个环节，即自由讨论的环节。

第二环节　自由讨论

[说明：自由讨论环节分成上下两个部分，刘作老师因有事需中途离场，只参加了自由讨论环节前半部分的讨论。]

（一）自由讨论（上）

谢裕伟：刚刚大家的发言里提出了许多的问题。例如如何理解灵魂不朽的真正内涵以及它在至善问题中的地位，例如至善是不是作为希望的来源来增进道德力量，最后还涉及至善在康德道德哲学中的位置问题。我们知道，康德认为，至善是道德律的整全对象，如果至善不能实现，那么道德律就可能只是在诉求一个空洞的东西。但至善本身却无法触及道德律的根据。那么至善理论在康德的道德哲学中处于一个什么样的位置？是否以及应该如何纳入康德的道德哲学框架中？

刘凤娟：这一点涉及我们如何界定道德哲学的范围。无论从第二批判的辩证论还是《单纯理性限度内的宗教》来看，"后果"都是道德哲学所讨论的内容。因此，可以说，如果单从道德得以可能的根据或条件上说，至善理论不能被纳入道德哲学的框架中。但如果要考虑道德律的后果，则要将至善纳入康德的道德哲学框架中来讨论。

江璐：或许我们可以再次回溯到或者参照亚里士多德的伦理学来考

察一下这个问题，它也是从至善出发的。从中我们可以看到，亚里士多德的"至善"的结构与康德的"至善"的结构是不一样的。亚里士多德的"至善"以人的自然欲求的目的作为出发点，而"善"作为一个整体性的概念，可以概括为人所欲求的一切自然之东西的总和。换言之，感性的需要规定了人的欲求的方向，而至善的终极目标便是幸福。与柏拉图将至善当作形而上学的基本原理不同，亚里士多德认为至善的获得在于人能够在任何选择上正确地行事，这样我们就能过上幸福的生活。虽然德福不能达到完全的一致，但毕竟也"八九不离十"，亦即基于正确的行事方式人能够获得尽量大的幸福。而康德的德福一致问题（至少根据第二批判里的阐述）是一个非常复杂的问题，但他引入至善概念也是为了引入对人的幸福的考量。在康德这里，至善包含两个要素，即规定性的要素与后果的要素，而幸福属于后果的要素。换言之，至善包含先行的规定性及其结果。但后果对道德本身并不能起一种规定性的作用，并且至善也不是经验性的，因为德福一致的根源在于人对道德律的无条件的遵从。那么如何能够将幸福融入康德的道德哲学里，或者说我们为什么需要至善？正如第三批判里康德所举的有关斯宾诺莎的例子一样，人为什么不可以成为一个"道德机器人"，不带任何感性的目的，也不需要任何德福一致的期待，就能去做道德的事情？

刘凤娟（补充）：对此，康德可能会认为，因为正好我们人还有感性的一面，并且在第三批判里德福一致也基于合目的性的概念得到了考察，亦即它体现为自然与自由的一致性，这表明我们要照顾到人的感性需要。

江璐（继续）：是的，德福一致虽然不是从经验的角度来规定的，也不能被预设为道德行动的目的，但人作为感性的存在者，在受到道德律的规定时，同时也可以以感性的东西作为我们的欲求对象来设定我们的行为，否则在《道德形而上学》里所探讨的那些感性世界的东西就无法被容纳进来，比如基于私有制而占有的土地虽然是经验性的，但与其相关的法理却是道德的或纯理性的。总的来说，至善或德福一致里的幸福为什么要被引入到道德哲学中来，就是因为人也是感性的存在者，而在感性的世界里，人必须通过理性的规定来实现道德的本质。

刘作：人作为理性与感性的双重存在者，如果没有感性的生活或幸福的话，我们的道德生活是难以持续的，但是正如周小龙所说，德福的配比为什么不能多一点或少一点而必须精确地成比例呢？康德的这种观点可能受到其范畴学说中的质与量范畴的影响。总的来说，康德哲学给我们以希望，从某种意义上说，是我们活下去的动力，亦即给我们一种希望或精神上的慰藉的东西。但康德对大自然中的祸的忽视有时让人感到失望，而且从非社会的社会性视角来看待人性对道德的影响以及目的论思维方式的转变不一定是成功的，尤其是前者甚至很有可能导致人的毁灭。这是因为非社会性进入到法权状态的前提是人要有足够的理性，如此才能走出霍布斯所描述的那种"一切人反对一切人的战争"的人类的自然状态，但并非任何国家、社会、民族等都具有足够的理性。这些都是康德哲学中需要进一步思考的地方。

[说明：从这里开始，刘作的发言将讨论引向了第二个问题，即在康德这里，从普遍历史进入伦理共同体的内在"动力"机制是什么。]

刘作：众所周知，马克思对资本主义社会的批判揭示了人类社会形态更替的内在逻辑进程与动力机制，因而共产主义社会的实现至少在理论根基上是可以期待或有望实现的，但康德对普遍历史如何能够促进伦理共同体的问题，则似乎并没有提供这样一种理论上的驱动力"机制"。先不谈非社会的社会性会不会导致人的毁灭，人类要达到足够的理性也并非易事，如此普遍历史如何促进伦理共同体？而康德就此而提到的教会也并非人类的普遍现象。

谢裕伟：我想康德是有意将他的讨论限制在从纯粹理性出发展开的范围之内的，毕竟对于康德来说，哲学并不被认为是可以解决一切问题的。

江璐：或许康德要告诉我们的只是知识分子所应尽的一些义务。

刘作：所以，这其实也是一个要点，即人是有限的。

刘凤娟：康德将地方性或民族性的东西，如基督教的精神，经他的纯粹理性的"改造"后变成一个世界性的问题了。不同文化下的人未必会接受他从基督教文化出发而提出的一些问题或者视域。

刘作：不过始终不清楚，在康德这里，伦理共同体是如何实现的。

刘凤娟：康德其实是将伦理共同体实现的"落脚点"放在人的意念里，实现至善被理解为全人类每个人的意念共同的目的，促进至善是每个人的义务或者是人类的整体义务。在康德这里，不管他如何解释这个机制，该机制确实是不具体的。

谢裕伟：这里需要的是制度性的思考而不仅仅是意念性的东西。

刘凤娟：对的，不是我们内在意念的东西。从政治共同体到人类共同体，康德是从人的外在行动一步跳到人的内在意念，但越是到内心的意念，就越是虚无缥缈。

谢裕伟：而且，在人的交往中总是会有陌生人的参与，陌生人之间不可能在每一个具体的场景中都考虑到每一个行为的道德意念，更多是在遵循一套规范。

（二）自由讨论（下）

刘凤娟：康德处于近代理性启蒙的思想与文化背景之中，对理性的普遍性精神与力量怀有乐观的态度与精神，因而，即使人类现实中还没有达到一种完善的法制状态，并由此而进入到一种理想的伦理共同体的交往之中，但毕竟具有理性的人已经为此埋下了"希望"的"种子"或"伏笔"，并由此而能够在普遍历史中通过道德的进步与发展而不断地趋向于这个由纯粹理性已预先"设计"好的理想的世界图景。这个"世界图景"具有真切的实践的效力，对于人类而言，是我们"应当"不断地为之努力的方向和"应当"要实现的目标。就此而言，康德哲学在总体上还是一种给人以希望的哲学，而这种"希望"的可能性或其"实践效力"便在于他对于人的理性精神与力量所怀有的那种自信，亦即人类的"希望"和力量并非是一种"虚无缥缈"的东西，而是得到了纯粹理性的"证明"和"支撑"，因而它便不仅仅是作为一种"希望"而存在，毋宁说它也是我们"应当"要追求和实现的东西。

周小龙：康德的历史哲学实质上与他早期的自然哲学观的基本思路是一致的。比如他在《一般自然史与天体理论》中认为，事实上莱布尼茨的乐观主义还不够乐观，因为它没法从现实的人的自爱行动推导出未来的和谐世界，因而他自认为他的自然哲学观所提供的那种方案是更好的，亦即人与人之间保持一种自爱的行为，事物便能如同伊壁鸠鲁的原子论所描述的那样通过偶然碰撞（基于牛顿的三大定律所提供的自然法则）而形成，由此形成了康德-拉普拉斯的星云假说。而历史哲学实质上是同一套思路，人的自爱或非社会的社会性所导向的目标，最终其实就是一套隐秘的自然计划或理性之狡计。但这里面是否需要如刘作前面所提到的一种内在的动力机制，我则认为康德并不需要解决这个问题。因为康德虽然一方面考虑到非社会的社会性，但是他的普遍历史观还是有一种若隐若现的历史神义论的痕迹，否则我们很难理解他所提出的历史的狡计，甚至包括他的历史的目的论的思想。此外，我想补充一点，就是刚才我们讨论到的，在康德那里至善为什么无法被放到道德哲学里探讨，这个还是可以继续参照亚里士多德的至善概念去给出一些解释。对于亚里士多德而言，德性就是真正地去做事情，亦即实践，或者说我们能够很好地"安排"世界。但康德的道德哲学是违背这样一种"将世界安排得很好"的想法的，对于他而言，德性不是一种习惯性的行动，毋宁说它是对道德法则的服从，并且是一种不计后果的服从。而在亚里士多德那里，德性与至善是相辅相承的，亦即德性越好，则越能达到至善。但康德的道德哲学却并非如此，因为他的道德行为往往是要违背"至善"或人的感性欲求的，因此从这个角度上说，当他将人的德性与幸福放到一起时就让人感觉到一种"别扭"。尽管我们可以说道德有一个目的，但从狭义的道德哲学上说，至善是无法被放到里面去的。

谢裕伟：刚才江璐老师指出康德至善概念的提出是考虑到要照顾人的感性的一面，而《道德形而上学》里面涉及的各种各样的义务也与人的感性需要有关。但我在这里还是有一个疑惑：人们并不会普遍地反对在道德中有感性的因素（比如康德也提到道德的敬重情感，虽然它是纯粹的，但它毕竟也是一种情感），而且也不反对义务要涉及感性生活里的东西。但如果我们要借助这一点来解释至善对于道德哲学的必要性，那么我们就要表明各种各样包含着感性的义务如何与至善的问题相关，否则它只是表明义务里有感性而已，但由此并不能构成对至善的极致完满性或为何幸福与道德要成精确配比的解释。正如周小龙老师在前面所强调的那样，我们的道德根据并非朝向至善，由此，如刘凤娟老师所说，我们可以从道德律后果的视角来考虑至善在康德道德哲学中的位置。至善在康德道德哲学中最具理论性的描述是其作为道德律的整全对象，包含"道德性的善"与"实用的善"（bonitas pragmatica）两个维度。不过很容易出现的疑问是，至善为什么不能只包含道德性的善呢？毕竟"照顾人的感性需要"只是一个外在的动机，而非能够被"内嵌"到道德哲学里面的东西。

江璐：康德貌似一直在强调道德是反感性偏好的行动，比如当我们在某种危险的情境中需要通过撒谎来保护家人时，此时也要克服我们的感性偏好而纯然按照道德律来行事，但这种极端的情况事实上只会出现在一个糟糕的世界里。而在一个可能的好的世界里，如果完成了我们的义务的话，我们也能过得好。换言之，在一个好的世界里，是可以达到德福一致的。而在现实的世界里，虽然不能达到德福一致，但我们可以朝着这样的一个方向去努力。

谢裕伟：但从理论建构的角度来看，有关好的世界的预设如何能够合法地被嵌入到"道德哲学"里去呢？

刘凤娟：我个人的理解是，康德在"法权论"里所规定的义务是底线，而"德性论"里的那些义务比如自我完善或促进他人的幸福则是一个提升的空间，我是在保证做一位合法公民即不突破底线的基础上，考虑如何提升我的道德完善和促进他人的幸福的。而事实上在这两种义务里，都包含了与至善的联系。亦即从外在行动上来说我可以不违法，底线可以遵守，然后在这个基础上提升道德，亦即完善自己，并且尽可能地促进他人的幸福。而在这里是人与人之间相互促进幸福，尽管刚开始时可能动机不够纯粹，但在人与人彼此促进幸福的过程中，道德也有一个进步和完善的过程，如此，最终便能达到至善。

谢裕伟：在康德的道德哲学里，始终面临的一个问题是从纯粹形式的道德律如何能够推出具体的义务的问题。或许我们是否可以这样来理解，亦即康德借助至善概念所指引的一些要素去推导出我们要遵从的一些具体的义务，如此便使得道德并非纯粹是形式性的东西。从这个角度上说，"至善"好像是以作为一种从单纯形式的道德律过渡到各种具体义务之间的"推理"中介的方式而被纳入到道德哲学里来的。

刘凤娟：不仅仅是一个推理的中介。事实上从道德法则的最高规范性根据里可以推出各种各样的义务（包括法权义务和德性义务），而如果我们履行了这些义务，那么义务所必然导致的结果就是至善。简言之，从规定根据到结果是一个完整的思路，亦即从道德法则引出的义务就是必然指向至善的实现的。

谢裕伟：道德律是纯形式的，这里面没有感性生活的东西，那么从纯形式的道德律是如何推出具体的义务的呢，这也涉及黑格尔对康德的批评的问题。

刘凤娟：康德的义务体系借用了普芬道夫的思想，后者提出了对上帝、对自己和对他人的义务的分类框架。所以确实是有外在的借鉴。而从康德自己的体系来看，他对道德律提供了自己的论证。道德律不仅是从人这个角度来讲的，而是涉及所有的理性存在者。上帝也有道德律，但它是完全抽象的，我们不知道它具体要求什么。而在人类这一语境里，道德律则稍微具体了一些，因为它考虑到人的理性与意志的不完全一致性的情况。道德法则是基于这种不一致而推论出来的，它是先天的，并不基于任何经验，而是按照人既有意志又有理性且二者之间并不完全一致的这种特性来推出道德律。置于如何从道德法则推出具体的义务，康德似乎确实是借用了其他人的义务学说框架的。

江璐：我觉得道德义务具体化的可能性在于，人与人是处在一个交往中的。从唯我论的角度很难推出道德律以外的其他东西。但康德的道德律是要求在所有理性存在者的角度下来看待的。只要运用到经验世界上，道德律就会变得具体了。它总是要被运用到经验世界上的，因为这是实践理性的题中之义。

周小龙：对于裕伟老师的这个问题，我自己也是有类似的困惑的。康德在道德律问题上强调行动准则的可普遍化。这里面是排除了质料的。但他说到他人的幸福、自我的完善等，这些又都是涉及质料的。这也是黑格尔的困惑：这些质料到底是怎么来的？当然，他不是唯我论者，但这里的"他人"和"幸福"等质料因素到底是怎么来的？这是第一个问题。而第二个问题，就是刚刚凤娟老师提到的互惠。学者 Kleingeld 的观点跟凤娟老师的是很接近的。但我对此有些保留意见。相互促进幸福是可以设想的，但相互促进幸福为什么一定会归结到至善则并非是不言自明的。我认为这里是有跳跃的。因为至善是整体性或全体性的。

刘凤娟：这里面需要用到宗教的因素，上帝的全知全善全能就发挥解释作用了。

周小龙：对的，这里确实需要引入宗教。因为我们即使在朴素的日常经验中也会考虑相互帮助、相互促进幸福,但这为什么能引向德性与幸福的精确比例呢? 甚至我们还会遇到一种情况:虽然想促进他人的幸福,但实际上造成了他人的痛苦。所以我对此一直有所怀疑。或许引入基督教的要素可以解决这个问题。但如果引进上帝,那么是否还能够保证道德的自足性呢?

刘凤娟:依靠人的力量无法使德性与幸福精确配比,但上帝可以。但此时如何保证道德的自足性? 康德对此的解决是:我们的道德行动也恰好是上帝要求的,因为只有上帝才能知道它最终在何种意义上促进了他人的幸福。这样便能够最终保证纯粹的道德动机都能够带来好的结果,亦即不会出现"好心办坏事"的情况。因而康德强调,在这里虽然"引入"了宗教,但它也属于纯粹道德哲学的部分。(*MS* AA 6: 483)

江璐:其实,康德的道德哲学也并没有那么"形式化",因为道德法则是"准则"的形式普遍化的结果,准则本身就是与经验世界有关的,只不过是用道德律这个标尺来加以衡量。因而它并没有抹杀掉质料。换言之,道德法则不仅需要普遍性的形式,也需要各种行为准则,而准则是来源于我们的生活的。

周小龙:黑格尔对康德的批评其实并不是说康德的道德律中不包含"质料",因而它是形式主义的,毋宁说他批判康德将"形式"绝对地普遍化。譬如说,不要撒谎,就是在任何情形下一刀切地都不要撒谎,例如二战时一位犹太人被纳粹分子抓住要求供出其同族人的时候。或者说黑格尔对康德的批评最终其实是想说道德要在伦理共同体之内才具有它的真正价值。

谢裕伟:之前小龙老师说到的精确比例的问题,我的理解是,康德"至善"概念想强调的是一种道德和幸福都处在最高状态下的成比例,而不是二者之间的某种偶然的相匹配。毕竟,在我们日常生活中,我们并不缺乏"好人有好报、恶人有恶报"的经验。康德考虑的是那种终极的状态。实际上,"至善"不仅仅是道德律的对象,而是道德律的"整全"对象(der ganze

Gegenstand），它本身是一个无条件者。这一点是非常重要的。所以在"至善"概念下，道德性必须是最高的，然后加上一种与之相配的幸福。这是康德构建"至善"概念的关键。在这种总体性的、最高的程度上，"精确比例"应该是自然而然地达成的。

刘凤娟：不过我有一个还不成熟的想法，那就是康德所考虑的不仅是极致状态下的一种德福精确配比的一致，也就是"至善"，而且也考虑在德福发展的过程中，要尽可能地追求德福的精确比例一致。当然，在每个人生命的最后，从尘世的幸福考虑，不一定都能有这样的精确比例。因此可能还会引入理智世界的幸福的概念，也就是"永福"。好人的尘世幸福如果不匹配，那可能要加入永福的成分。这是根据康德普遍历史中的"末日审判"的概念来设想的。而且，目前还不能确定，康德的"幸福"概念是不是还有更进一步的细分。例如说，不仅"善报"成比例，"恶报"也成精确比例，有人更多些、有人更少些，等等。总的来说，我认为在康德那里，不但最终的结果即"至善"是成比例的，在追求至善但还没到至善的过程中，也是要去追求这种成比例的。

江璐：而且，至善在康德这里也是调节性的理念，即历史发展的维度也是人类道德不断发展和完善的维度，因而我们始终要朝着这样的一个理想方向或目标去努力。这其实也是理性的要求。

谢裕伟：我们的讨论刚好达到了一个比较"和谐"的状态。当然我们还有不少问题尚未进行讨论充分，但也不得不停止于此，将更多的内容留到将来继续讨论。下面我们也请一直在旁认真听我们讨论的李日容副教授发表一些感想。有时我们陷在激烈的讨论中，可能会当局者迷，非常需要有人来进行一些提醒。下面请李老师发言。

（三）旁听者感言

李日容：听了大家的讨论，我觉得可能要作一个区分，即至善是否能够被包含在康德的（狭义的）道德哲学中这个问题，并不等于我们可以在康德的道德哲学中谈论人的幸福（人的感性需要的满足）这个问题。当然，对后者的"证成"从某种程度上可为前者作铺垫，甚至是必须的。但证明了后者，却不一定等于证明了前者。因为从刚才大家的讨论来看，至善至少具有两种基本的意涵，即德福之间的精确配比，以及德和福各自达到一种极致完满的状态。就此而言，我们好像的确比较难以说明至善如何能够被包含进道德哲学之中，而且如果还要考虑到至善的其他意涵，则这个问题就变得更加复杂了。不过，我在这里首先想就第一个问题，即康德的道德哲学为什么必须要容纳对幸福的探讨，来说一下我的见解，然后再由此过渡到第二个问题或两个问题之关联的讨论。

首先，在康德那里，理性的有限性或人的双重存在性是人类之所以有道德或义务的"人性"根据，正是基于这一点，我们才能够"谈论"道德，也正是基于这一点，人的纯粹实践理性亦即人具有绝对超越感性偏好的"能力"（自由）才是道德的"规定根据"。换言之，道德的规定根据必须基于纯粹实践理性与感性之间的张力甚至矛盾才能被理解。否则就无法理解为什么道德的规定根据必然是纯粹实践理性。在得出道德的先天根据之后，再将人的感性存在（亦即需要幸福）的那一面"人为"地排除掉，显然是不妥的。从这个角度上说，人的感性幸福是可以被"内嵌"于狭义的道德哲学之中的。

其次，任何普遍性的道德法则都包含着质料，因为作为实践法则它首先是一条准则，虽然准则本身并不能成为道德的规定根据，毋宁说是准则所具有的普遍性的形式才能规定道德，但普遍性的形式只是对何种质料内容能够在形式上普遍化作了限定，而并没有取消质料本身。鉴于此，道德行动的后果事实上已经必然地被蕴含在道德行动的动机之中了（因为纯粹实践理性仅凭自身就能够是实践的，亦即它必然有行动这个后果，否则就不叫纯粹实践理性）。而"好心办坏事"亦即好的动机不能带来好的道德后果，其实既不是由道德法则中的"形式"也不是由它的"质料"决定的,而是由现象界(比如人类在其中的认知有限)及其可能存在的偶然性的因素导致的。而道德法则既然是"源于"准则,那么显然这个准则亦即它的质料是必然体现了人的自爱的目的的(只是这自爱不是狭隘的自爱,因为这样的自爱无法取得它的绝对的普遍性的形式,从而能够成为道德法则)。就此而言,人的感性需要已经被"内嵌"进道德律之中了(虽然它不能成为道德法则的规定根据),并且必然以后果的形式体现出来(虽然它不一定是原本期待的后果)。道德判断其实有点类似于鉴赏判断中的依存美的判断,在后者那里,质料(概念)也是被"包含"在美之中的,只是不能成为美之为美的规定根据。事实上,也正如美总是与感官内容相关(我们很难设想一个天生的聋子能够鉴赏乐曲),但后者却不能成为美之为美的规定根据一样,而这正是康德要将美与感官快适的愉悦区分开来的原因。而既然道德法则中的质料性内容都源于人的感性需要,那么从理想的角度上说,比如在一个理想的社会里(各方面都达到了完满的状态,人自身包括人对自然的认知和技术实践都是完满的),那么德福是必然一致的,即有"德"必有"福",有"多少"的德就会有"多少"的福(行动本身与行动所意向的内容或后果达到了直接的统一)。换言之,根据道德的普遍性形式得到"限定"的质料内容在一个理想的社会里是可以达到它的完全现实性的。就此而言,"幸福"甚至至善即使在狭义的道德哲学里也理应被探讨。

  再次,从某种意义上说,道德的纯粹性或许可以类比于纯粹鉴赏,两者都是一种理想的状态。但在现实中是否真有道德行动或纯粹的鉴赏判断,其实是"不可证实"的(大概只有上帝才能知道)。就此而言,德福一致是基于人的理性有限性而必须悬设的。也就是说,虽然我们可以设想人类的道德行动或纯粹鉴赏的可能性,但却不能"证实"这种可能性,或者从可能性中不能直接地推出它的现实性来(虽然鉴赏可从期待着别人的赞同中来"证实"这种可能性,但事实上我们谁都无法保证自己作出的就是一个纯粹的鉴赏判断,哪怕我们有再强大的理性力量来"悬置"质料性内容对我们鉴赏本身的影响,而经验性的普遍性与美的纯粹感性形式的普遍性是绝然不同的)。如此就只能悬设一个全知全能全善的"第三者"(上帝)的存在,假设它知道。没有这个"参照",人的道德也是不可设想的。但它并不因此而影响道德的自律性要求,因为它像质料一样,同样不能成为道德之为道德的规定根据。但由此不能反过来说,它们就是与道德全然无关的。

最后,康德用道德来规定最高(绝对)的善,而非用相对的善或感性的幸福来规定道德,并非是要将幸福从道德中"排除"出去,而是基于理性的普遍性(绝对性)的"寻求",将相对性的幸福从属于绝对的道德之下,在道德的形式主义框架中谈论质料性的幸福,并为后者奠定一个终极的价值评判标准。唯有如此,才能克服传统道德学说的相对主义,以免让道德沦为一种人类"私欲"(无论这种"私欲"是个体的还是群体的)的追求和满足,如此,一切又都陷入到由机械律所支配的相对主义的"旋涡"之中了。面对自然必然性世界的人类"出路"在于,确立人的自由(道德)的绝对价值(尊严),用理性"拯救"感性,由此人类才能构建("希冀")一个既合乎理性(逻辑)又能够"保证"全人类整体幸福之追求的理想社会。康德在道德的规定根据上舍弃"幸福",实质上是为了人类能够在纯粹实践理性或道德的"确保"之下获得更大、更完满和更和谐有序的幸福。换言之,"舍弃"是为了获得更大的"收益"或"回报"。

主持人结语

谢裕伟:非常感谢李日容老师分享她对我们整个讨论的感想,特别是从鉴赏判断和道德判断之间的类比关系来分析道德哲学中感性要素的位置的问题,特别富有启发。我们今天的讨论已经持续了三个小时,不得不暂时中止。我们刚好也可以先各自整理一下今天讨论的成果，待下次再与未讨论充分的其他问题一起探讨。在今天的讨论中，我收获很多，相信其他老师也是如此。非常期待这种平等无拘束的讨论的形式能够一直持续下去。今天谢谢各位老师奉献高见！

文献精汇　马克思的早期传记

栏目按语

凌菲霞
（中山大学哲学系）

本栏目所选的三篇文章来自20世纪20年代末和30年代初苏俄的两种马克思传，即梁赞诺夫的《马克思恩格斯合传》（1927年）以及尼古拉耶夫斯基（Boris Nicolaevsky）和马恩琴-赫尔芬（Otto Maenchen-Helfen）的《卡尔·马克思：普通人与斗士》（1933年）。文章《共产主义者同盟史与作为组织者的马克思》摘自《马克思恩格斯合传》，文章有删节。文章《马克思直面原始共产主义》和《马克思与共产主义者同盟》摘自《卡尔·马克思：普通人与斗士》。

20世纪30年代左右，在资本主义和社会主义两大阵营的对抗下，关于马克思的争论往往不再是围绕着历史唯物主义学说成立与否、劳动价值理论或边际效用理论的有效性等理论问题展开。争论的舞台常常是在工厂、议会和街垒上，马克思首先被视为无产阶级在推翻资本主义的斗争中的领袖。在这样的背景下，梁赞诺夫、尼古拉耶夫斯基等人的传记主要刻画马克思的斗士形象或无产阶级策略家的形象。

自梅林于1919年1月去世后，马克思主义研究的中心逐渐转移至梁赞诺夫创立和指导的莫斯科马克思恩格斯研究所，该所收集、编辑和整理了大量的新材料，在1927—1935年出版了《马克思恩格斯全集》历史考证版第一版（$MEGA^1$）。此外，在1918年后，政府、警察和其他部门的许多档案对外开放，而这些档案以前几乎不对外开放，或者只对那些反马克思主义的研究人员开放。这为梁赞诺夫、尼古拉耶夫斯基等新一代马克思传记作者提供重要的史料和文献基础。

学界普遍熟悉梁赞诺夫及其马克思主义研究，但对尼古拉耶夫斯基和马恩琴-赫尔芬以及他们的马克思传缺乏深入了解，因此有必要对后者加以介绍。据互联网资料，《卡尔·马克思：普通人与斗士》是尼古拉耶夫斯基所写，于1933年以德文首次出版，继而由马恩琴-赫尔芬翻译成英文并于1936年出版。然而，马恩琴-赫尔芬与尼古拉耶夫斯基在 1933 年共同写作了《马克思和燕妮：人生之路》[①] 第 1 卷（涵盖马克思夫妻 1818—1848 年生平），而且马恩琴-赫尔芬的作者排名在尼古拉耶夫斯基之前。这本书的内容也被纳入《卡尔·马克思：普通人与斗士》之中，因此，马恩琴-赫尔芬应该是《卡尔·马克思：普通人与斗士》的作者。而且《卡尔·马克思：普通人与斗士》的扉页上标明了该书是由格温达·戴维（Gwenda David）和埃里克·莫斯巴赫（Eric Mosbacher）从德文翻译过来的。

尼古拉耶夫斯基曾是俄国孟什维克成员，他在 1917 年的革命后成为一名专业档案员。1922 年，他被驱逐出境，移居柏林，随后在那里的马克思恩格斯研究所担任历史学专家和档案员，后来成为阿姆斯特丹国际社会历史研究所的主任，他在写作马克思传时利用了研究所的大量社会主义历史资料和工人运动档案。马恩琴-赫尔芬是奥地利历史学家，他于 1927—1930 年在莫斯科的马克思恩格斯研究所工作。尼古拉耶夫斯基和马恩琴-赫尔芬的传记与梁赞诺夫的传记相似，以档案研究和可靠文献（包括一些未发表的文本）为基础，其关于马克思生平研究的严谨水平远远超过了早期的大多数马克思传记。

本栏目的三篇文章主要讨论马克思与共产主义者同盟起源的关系，提供了关于正义者同盟以及共产主义者同盟的重要史料。特别地，梁赞诺夫在其《马克思恩格斯合传》（1927 年）里有一个尚未引起关注的重要观点，即他反对恩格斯关于共产主义者同盟起源的说法，他认为马克思是主动而非被动地对待 1940 年后受挫解散了的正义者同盟，而且共产主义者同盟不是由原正义者同盟重组而成，而是由马克思倡议成立的各地共产主义通讯委员会联合而成的。尼古拉耶夫斯基和马恩琴-赫尔芬关于共产主义者同盟起源的解释则跟恩格斯的说法类似。本栏目的文章只是呈现了这些彼此不同的解释和观点，而对争论的澄清则有待其他专题研究来解决。

[①] Otto Maenchen-Helfen, Boris Nicolaevsky, *Karl und Jenny Marx. Ein Lebensweg*, Berlin: Der Bücherkreis, 1933.

马克思直面原始共产主义

〔俄〕尼古拉耶夫斯基 〔奥〕马恩琴-赫尔芬

无论是过去的共产主义乌托邦，还是像赫斯关于不同国家在革命中扮演的不同角色的"理论"那种模糊的推测（顺便说一句，恩格斯自己有段时间也持有这种观点），在面对新的历史解释时都无法留存下来。德法共产主义和英国宪章运动不再被视作也许根本就不会发生的偶然事件；可与其他理念相比较的理念；可以从绝对的、永恒的、道德的或逻辑的立场来思考，从而接受或拒绝的制度。用恩格斯的话来说，它们现在表现为被压迫的无产阶级的运动，表现为无产阶级同统治阶级即资产阶级之间历史性斗争的或多或少发展了的形式。共产主义不再意味着想象一种尽可能完整的社会理想，而是意味着理解无产阶级斗争的性质、条件和预期达到的目标。

共产主义不再是一种教条，而是一种运动。它不再从原则出发，不再从青年黑格尔派或费尔巴哈的人本主义出发，而是从事实出发。就其作为一种理论而言，它是对无产阶级和资产阶级的阶级斗争中前者地位的理论性表达，是对无产阶级实现自由所需条件的理论性理解。

马克思和恩格斯在德国哲学理论的基础上科学地建立了他们的观点。现在他们同样必须争取欧洲工人阶级的支持，而这首先要从德国工人阶级开始。恩格斯说："我们明确了这一点以后，就立即着手工作了。"[1] 驳倒原始共产主义是首要和最紧迫的目标。

威廉·魏特林（Wilhelm Weitling）于1844年9月来到伦敦。他为共产主义理想所遭受的苦难和迫害，使他本已相当高的声望更加显赫。1843年夏，他被瑞士当局逮捕，罪名包括亵渎神明、侵犯财产权和组织秘密团体传播共产主义。他在候审期间被监禁了4个月，苏黎世法庭又判处他6个月监禁，在刑期结束时，他又被戴上镣铐押送到普鲁士边境。对他的审判以及官方的报告《瑞士的共产主义者：根据从魏特林那里发现的文件》[2]所引发的关注远远超出瑞士国界。对魏特林案件的广泛关注使许多人第一次听说了共产主义运动和共产主义。在共产主义文献无法发行传播的瑞士，大量摘录魏特林著述又人皆可购的官方报告是个不错的替代品。

这位才华横溢的年轻作家——既是诗人，又是富有哲理的裁缝助手——获得了普遍的同情。他在监狱里创作了《监狱诗》（Gaol Poems）。就连普鲁士政府也觉察到了这种普遍的情绪，尽管瑞士当局把他作为逃避兵役的逃犯交给了普鲁士，但当他身体不适时普鲁士当局立马释放了他。但几个月后，他再次不受警察的待见以致又一次被捕，并被送到汉堡，海涅（Heine）在那里见到了他。海涅写道："他给我看了那些伤痕，我的腿定无法承受那些铁镣铐。"[3]

魏特林从汉堡前往伦敦，在那里，他的德国同志热情地接待了他。1844年9月22日，他们同宪章主义者和法国流亡者一道为他举办了一场盛大的庆祝活动。但是欢呼和骚动消失了，不到6个月，运动内部长期以来形成的

---

[1] 《马克思恩格斯文集》第4卷，北京：人民出版社，2009年，第233页。（本文注均为译者添加，不另做说明。）
[2] 该报告详见约·卡·布伦奇里：《瑞士的共产主义者：根据从魏特林那里发现的文件——委员会给苏黎世州政府的报告书全文》，1848年苏黎世版。
[3] 海涅在其散文《自白》中叙述他和魏特林在汉堡相会（1844年）的事，并对魏特林作了若干描写。德文见《海涅全集》第6卷，1890年莱比锡版。译文见《海涅全集》第12卷，田守玉等译，石家庄：河北教育出版社，2003年，第172—173页。

矛盾导致了公开的决裂。

在魏特林写完《现实的人类和理想的人类》一书，并在他酝酿后来最成熟著作《和谐与自由的保证》的思想的那些年里，正义者同盟的所有领导者都住在巴黎。1839年5月12日起义后，他们离散了。魏特林去了瑞士，沙佩尔（Schapper）、亨利希·鲍威尔（Heinrich Bauer）和莫尔（Moll）则前往英国避难。瑞士的小型共产主义团体愈发迷失在感情用事的原始基督教共产主义和浪漫的密谋之中。在一个滞后的国家里，魏特林与昔日老友分离，周围都是思想落后的工匠，他很快就完全沉溺于原始乌托邦主义和极不理智的幻想中。而往西走的同盟成员就不一样了。他们受到当时世界上最先进的工人运动——宪章运动——的影响。他们与宪章运动领导者建立了友好关系，阅读宪章运动的出版物，并为之贡献了自己的力量。他们在英国生活得越久，就越发摆脱了原始的平均主义的共产主义。1843年，魏特林开始讨论共妻制（the communalisation of women），并构想了一个愚蠢的计划：要组建一支由4万名小偷和强盗组成的军队，用无情的游击战使剥削者屈服。在英国生活的昔日同盟成员坚决反对这种愚蠢的做法。

监禁使魏特林的思想比以往任何时候都更加混乱。苏黎世审判之后，他完全失去了分寸感。外在的赞誉似乎使他更加确信自己就是天选的人类导师、领袖和救世主，能够将人类从所有的挫折和苦难中解放出来。"伦敦人"和魏特林不得不分道扬镳。

争论在伦敦德意志工人教育协会[①]（the London German Workers' Union）爆发了。该协会于1840年2月由沙佩尔和正义者同盟的其他6名成员建立，

[①] 1840年2月在伦敦建立的德国工人的公开革命组织，成立时称德意志民主协会，曾多次改变名称，比较长期的正式名称是"德意志工人教育协会"，后通称"伦敦德意志工人共产主义教育协会"。由正义者同盟领导者卡尔·沙佩尔、约瑟夫·莫尔等活动家建立，1847年和1849—1850年，马克思和恩格斯积极参加了协会的活动。协会主要成员是旅居国外的德国侨民和工人，其宗旨是向工人进行政治教育和宣传社会主义思想，活动方式主要是为会员举办多方面的知识讲座和政治讲座。国际工人协会（第一国际）成立之后，伦敦德意志工人教育协会就加入了国际工人协会。该协会直到1918年被英国政府封闭。

是掩护正义者同盟的合法组织。正义者同盟到处都在利用这种组织。德意志工人教育协会将其章程印刷成特制的小册子，而后只要在有德国工人居住且类似的合法机构是可能的地方，该章程都成为同盟成员建立同类组织的范本。协会的主要目的是宣传，此外，他们还为生病的同志提供福利。没过多久，协会就成为德国工人在伦敦的聚集中心。除了德国人之外，成员中还有斯堪的纳维亚人、荷兰人、匈牙利人、捷克人、南部斯拉夫人和俄国人，这在德国人与其他国家人士的交往中起到了重要的作用。在1847年，身穿制服的英国掷弹兵是这里的常客。1848年革命前夕是协会的巅峰时期，当时协会内部有四五百名成员，这是一个相当可观的数字。政治经济学家雨果·希尔德布兰德（Hugo Hildebrand）曾于1846年4月拜访过协会，并在一封信[①]中描述了协会的生活。

"我们怀着几乎同样期待和急切的心情，于8点半到达协会所在地，"他写道，"这座房子的底层是一家普通酒店，出售黑啤酒和其他高级啤酒，我似乎没有看到专供顾客就座的位子。我们穿过店堂，拾级而上，来到一个类似大厅的房间，里面排列着桌椅，大约可容纳200人。人们20来个人一组，分散地坐着，共进简便的晚餐，或者用每张桌子上都有的陶制烟斗吸烟，他们面前都摆着啤酒杯，另外还有一些人在各处站着；大门不时地开启，让新来的人进来，因此很明显，大会要到很晚才能开始。从大多数人的外貌就可以看出，他们虽然穿得十分讲究，但都属于工人阶级；他们的一举一动虽然无拘无束，但气氛仍然很庄严。人们大多用德语交谈，有时也能听见讲法语和英语。在大厅的一角放着一架大钢琴，上面还摆着乐谱。这足以在并非音乐之乡的伦敦向我们证明，我们看到的是一个相当阔绰的房间。我们不认

[①] 信件原文见 C. Grinberg, "Bruno Hildebrand über den kommunistischen Arbeiterbildungsverein in London", *Archiv für die Geschichte des Sozialismus und der Arbeiterbewegung*, 1925, p. 455ff. 译文即《布鲁诺·希尔德布兰德关于伦敦工人共产主义教育协会的一次大会的报道》，中文信件详见《国际共产主义运动历史文献》第1卷，北京：中央编译出版社，2011年，第312—317页。

识前来开会的人，因此，我们就在大门对面黑板旁边一个不太显眼的地方坐下，要了一杯黑啤酒和一盒大众化的烟丝（每盒 1 便士），等待邀请我们来的熟人沙佩尔。过了不一会儿，进来一个人，他个子高大，体魄强壮，精神焕发，年纪在 36 岁左右，留着黑色的小胡子，两眼闪闪发光，炯炯有神，举止高傲。此人朝迪芬巴赫（Diefenbach，希尔德布兰德的同伴）走过来，后者向我介绍说，这就是沙佩尔，他原来是法兰克福的宣传家，后来参加了向瑞士和西班牙的进军，或者更确切地说，参加了革命。他会见我时显得非常矜持，但很友好。我暗中觉得，他有点自负，看不起我这个教授。"①

在这里，不妨也提一下四十年后，恩格斯在回顾运动初期时对沙佩尔、亨利希·鲍威尔和莫尔这三个在共产主义同盟的诞生中起到重要作用的人所作的评价。在恩格斯的记忆中，沙佩尔是个身材魁梧、刚毅而精力充沛的巨人，他随时准备拿自己的生命和资产阶级式享受去冒险，是 19 世纪 30 年代典型的完美职业革命家。尽管他的思想有些呆板，但他绝不会听不进更好的理论理解，作为补偿，他就只能更加顽固地抓住他业已理解的理论。因此，他的革命热情有时会冲昏他的头脑。但他总是能够在事后看到并坦率承认自己的错误。亨利希·鲍威尔来自弗兰克尼（Franconia）②，是一个鞋匠。他是一个活泼、机智、充满能量的小个子男人，他小小的身躯里满是精明和坚定。最后，来自科隆的钟表匠约瑟夫·莫尔，是一个身材中等的大力士，在精力和决心上他与他的同伴们不相上下，在智慧方面有过之而无不及。他是个天生的外交家，而且对于理论的理解能力更强。

希尔德布兰德继续写道：

他请我们同他一起坐在大厅的一角，并请我们看贴在房间里的一张纸，上面写着协会章程，标题是《德意志工人教育协会章程》

---

① 《国际共产主义运动历史文献》第 1 卷，第 313 页。
② 也叫弗兰肯（Franken 或 Franconia），德国葡萄酒产区。

(German Workers' Educational Union)。这个章程规定,每一个安分守己地挣钱糊口、没有干过见不得人勾当的人都可以加入协会,但是,在每次接收前,都必须听取一个会员的介绍并由第二个会员加以证实。协会领导由一名主席、一名书记、一名图书管理员和一名司库组成。会员分为两类:第一类是构成共产主义者协会本体的注册入会的会员;第二类是只参加教育课程学习的自由会员。只有第一类会员才能参加具有决定性意义的会议,选举理事会并在吸收新会员时进行表决;第二类会员没有被选举权,不能参加真正的共产主义者会议,只缴纳会费,如果耽误教育课程学习,还要受到处罚。整个协会的最高原则是,通过思想教育使人达到自由和自觉。因此,每天晚上都安排了课程。星期一:英语课;星期二:地理课;星期三:历史课;星期四:绘画和物理课;星期五:音乐课;星期六:舞蹈课;星期日:专门的共产主义政治课。课程内容每半年更换一次。

我们坐到指定的位子上;此时整个大厅已挤得水泄不通,主席(我不太认识他,不过有人告诉我,他是医生)宣布大会开始。全场顿时鸦雀无声,每个人都拿下叼着的烟斗,此后书记(一个裁缝帮工,他的口才实在令人钦佩不已)宣布,公民希尔德布兰德和公民迪芬巴赫是由公民沙佩尔介绍来的客人,并问是否有反对意见。接着就开始讨论当前的政治问题。公民沙佩尔作一周事件述评。他的报告真切动人、透彻全面和富有教益。可见,他和协会的对外通讯联系都是很广泛的:他特别对马德里的一封来信的内容作了述评,描绘了克里斯蒂娜[1]僧侣统治制度力图推翻军事专制政体的情况,信中所列举的事实比报上所披露的更详尽、更细致。报告中当然充满了强烈的共产主义色彩,而无产阶级问题则真正成了贯串整个报告

---

[1] 玛丽亚-克里斯蒂娜(María Cristina de Borbón-Dos Sicilias, 1806—1878),于1829—1840年和1843—1854年成为西班牙王后和摄政女王。

的一根红线。我坦率地承认,我虽然能容忍充分的自由主义,但有些地方我听了还是感到毛骨悚然……

整个报告给与会者留下了强烈的印象,报告结束时响起了经久不息的掌声。接着,书记宣读了上次共产主义者会议声讨基督教可耻行径的记录。

接着开始讨论一周前就已经发出通知的新题目,即"在共产主义国家中应当怎样安排儿童教育"的问题。当时我惊讶地获悉,在与会者中至少有一半人是已婚男子。可惜讨论没有超越常规,为了满足我的迫切心情,我只了解到,他们既抵制共妻制又抵制妇女解放,在他们看来,女人是男人的精神补充,而婚姻是一种道德规范,按照这种规范,男女双方虽然权利平等,但由于天赋、使命和活动范围各异,双方还是截然不同的。教育是物质的和精神的、个人的和政治的教育,而且务必要早在出生前就开始。

这时已是夜深人静,所以,有关这个问题的讨论推到下星期再继续进行。我同沙佩尔还就他仇视自由主义的态度问题私下进行了非常严肃的讨论;我还会见了另外几个会员,其中有一人是西里西亚的木匠帮工;我还参观了协会图书室,并买了几本共产主义的著作……与会者相互间亲密无间,以致"你"这个普遍的给人以信任感的称呼,看来不仅已应用于协会的章程中,而且已铭记在每个会员的心坎上。①

这些德国工人不仅密切关注他们身处的英国和家乡德国的政治事件,还将视野拓展到整个欧洲。而魏特林的王国不属于这个世界。他唯一认识到的区别是他完全拒绝的当下和光辉灿烂的未来之间的区别,其他一切都

---

① 译文出自《国际共产主义运动历史文献》第 1 卷,第 314—316 页。

是邪恶的。沙佩尔和他的朋友们在派系和制度冲突的荆棘道路上耐心地为自己寻找出路,理性是他们的向导。魏特林仅仅跟着自己的感觉走。他站在《圣经》、爱、高尚和善良的立场上。在他看来,人民早已成熟到可以接受新的社会秩序,剩下的唯一任务就是把他们从压迫者手中解放出来,而这只需要一个革命组织的坚定倡议和一小群坚定的兄弟。陈腐的旧世界必然被少数革命派的专政一击粉碎,这些人为了潜在的革命群众的利益行事,为了达到自己的目的而不惜一切代价。人们仿佛听到了巴枯宁的声音,而在二十年后马克思也曾被迫与巴枯宁进行过类似的斗争。魏特林在1845年说:"我认为,搞共产主义的一切条件都已成熟,至于罪犯,他们恰恰是现存社会制度的产物,在共有共享团体中是不会产生罪犯的。人类必将日益成熟,或者永远不会成熟。而后者是我们的敌人常弹的老调。如果我们听从他们,那就必然无所事事,坐等烤熟的鸽子自己飞进我们的嘴里。"[1]

这些话是魏特林在1845年6月底德意志工人教育协会的一次会议上说的。从年初开始,协会每周定期举行会议,讨论共产主义的基本问题。协会成员和他们的老战友之间的分歧变得越来越明显。协会成员发现与自己的过去决裂绝非易事。因为成员们依赖于他们的领袖,所以他们继续试图调和不相容的矛盾,想寻找一条中间道路。他们几乎为自己的分裂而道歉,但脱离的事情不能再推迟了。他们的发言人沙佩尔在给魏特林的回复中说,自己在八年前,甚至六年前也说过和魏特林相同的话。但在这么多痛苦的经历之后,现在的他不得不赞成相反的说法;人民尚未成熟,如果他们已经成熟了,这样的说法就不可能存在。他在演说结束时说到,真理不能用枪托敲进人民的头脑中。

伦敦的德国工人都很尊重魏特林本人和他坦率的意见,但他们中的绝大多数决定支持沙佩尔。魏特林无法接受他的失败。他甚至无法理解沙佩

---

[1] 《国际共产主义运动历史文献》第1卷,第211—212页。

尔的论证。他怀疑其中有阴谋和背叛，于是带着愤怒和痛苦离开了伦敦。

恩格斯在 1843 年会见了协会的主要成员。1845 年夏天恩格斯和马克思同在伦敦，恩格斯再次会见了协会成员，并把沙佩尔、鲍威尔和莫尔介绍给马克思。沙佩尔、鲍威尔和莫尔是恩格斯两年前所认识的第一批革命的无产者，他们给恩格斯留下了"深刻的印象"。从仅存的资料来看，我们无法确定马克思是否参加了协会的会议，但他肯定非常关注与魏特林争论的进展。他十分重视这一点，因为这能够为他把科学社会主义从感性的共产主义（sentimental Communism）、哲学和"原则"（principles）中分离出来的特殊任务扫清道路。他最迫切的实际目标是使运动走上正确的轨道并加速其发展。

协会中有一个与其他国家成员保持积极通信的机构，这对于实现马克思的这一目的非常有利。协会几乎定期收到有其成员迁入的国家发来的报告，内容是那些国家里与工人有关的政治事件。马克思认为，必须建立一个协会与其成员保持联络的永久性机构，然后将其扩展到与共产主义和社会主义运动有关的所有团体和代表，从而把它提高到一个更高的水平。虽然提交报告也是很好的，但更为重要的是澄清成员的认识。这一目的应通过各国之间和各国内部保持书面联系来实现。

马克思以布鲁塞尔为总部，于 1846 年春开始成立他的通讯委员会。作为补充，他还计划创办一份报纸，以便从各个角度讨论有关这场运动的问题。在一封几年前发现的马克思于 1846 年 5 月 5 日写给蒲鲁东的信[1]中，我们可以看出马克思希望通讯委员会实现的任务，长久以来委员会的目的和性质都是研究中的难题。马克思写道："我和我的两个朋友，即弗里德里希·恩格斯和菲利普·日果（他们两人都在布鲁塞尔）一起同德国的共产

---

[1] 马克思于 1945 年 5 月 5 日于布鲁塞尔给蒲鲁东写的信件，即《马克思致比埃尔·约瑟夫·蒲鲁东》，信件内容详见《马克思恩格斯全集》（第一版）第 27 卷，北京：人民出版社，1972 年，第 464—466 页。

主义者和社会主义者建立了经常性的通讯活动，借以讨论学术问题，评述流行的著作，并进行社会主义宣传（在德国，人们可以用这种办法进行社会主义宣传）。不过，我们这种通讯活动的主要目的，是要让德国的社会主义者同法国和英国的社会主义者建立联系，使外国人经常了解德国不断发展的社会主义运动，并且向德国国内的德国人报道法国和英国社会主义运动的进展情况。通过这种方式，可以发现意见分歧，从而得以交流思想，进行无私的批评。这是文字形式的社会运动为了摆脱民族局限性而应当采取的一个步骤。而在行动的时刻，当然每个人都非常希望对外国情况了解得像本国情况一样清楚。除了德国国内的共产主义者以外，住在巴黎和伦敦的德国社会主义者也将参加我们的通讯活动。我们已经同英国建立了联系；至于法国，我们一致认为，我们在那里不可能找到比您更合适的通讯人了。"[①]

然而，蒲鲁东拒绝了邀请。他说，等事情进展顺利时，他很愿意提供帮助，但同时他认为那是多余的。在法国社会主义者中，似乎只有路易·勃朗（Louis Blanc）一个人与布鲁塞尔委员有联络。英国的乔·哈尼（G. Harney）声称他愿意合作，然而他似乎对此并不积极。沙佩尔和他的朋友们与正义者同盟巴黎支部的几个成员进行了非常频繁的通信，特别是与艾韦贝克（Ewerbeck）进行了合作。与德国共产主义者的联络我们知道的不多，与西里西亚、伍珀塔尔有联络，画家克特根（Kottgen）在伍珀塔尔很活跃；与德国基尔也有联络，来自科隆的医生格奥尔格·韦伯（Georg Weber）在那里进行宣传。在马克思的私人朋友、医生罗兰特·丹尼尔斯（Roland Daniels）领导下的科隆共产主义者起初拒绝了成立通讯委员会的邀请，认为时机还不成熟，但后来便持续往布鲁塞尔发送报告。总的来说，这种非常松散的通讯委员会组织并没有取得多大的成就。它未能在德国共产主义圈子之外站稳脚

[①]《马克思恩格斯全集》（第一版）第 27 卷，第 464—465 页。

跟,通讯报告缺乏周期规划,对共产主义的理论进步几乎没有贡献。但它确实使马克思与德国共产主义者最重要的组织——德意志工人教育协会——有了更密切的联系,在这一层面上来说它也达到了目的。

沙佩尔和他的朋友们的观点越来越向马克思靠近。

魏特林拒绝与这种"新的宣传体制"有任何瓜葛。他眼看着自己的声望一天比一天低,心中无比愤懑。魏特林所持的基本理念仅是感性的千禧年主义(millenarianism)和阴谋论的密谋策略,除此之外他不认可任何事物。而这个新组织旨在在科学共产主义的基础上实现所有共产主义者的合作,其自由、松散的形式与魏特林的所有基本理念背道而驰。魏特林在英国的经历带给他的不仅仅是政治失意,更是接踵而来的个人失败。他尝试了许多方案,但没有一个成功。他那些浮夸的想法,比如通过"思想和言语的一般逻辑研究"来革新科学,以及创造一种新的通用语言,都没有引起人们的兴趣。这一切当然要归咎于令人不解的知识分子。他们阻断了魏特林与出版商及其"秘密资金来源"的联系。魏特林开始以控告者的身份声名鹊起。他的早期作品表达的是对他所处的受压迫阶级的强烈不满,但他没有受过多少教育,因而对"现实世界"(this world)的科学充满了不信任;作为制度的发现者,他堕入了荒谬之中。当伦敦的共产主义者越来越多地抛弃他转而追随马克思时,他无能为力。1845年夏,他曾在伦敦与马克思有过短暂会晤。1846年初,在返回欧洲大陆的途中,他曾在布鲁塞尔停留。那时布鲁塞尔通讯委员会刚刚成立,鉴于魏特林享有的声望,委员会仍然向他发起了合作邀请。马克思邀请了他。

现存有两份关于马克思和魏特林在1846年3月30日争吵的资料。一份是魏特林写给莫泽斯·赫斯的信[①],另一份是俄国作家安年科夫

---

① 即《威廉·魏特林(布鲁塞尔)给莫泽斯·赫斯(韦尔维耶)的信》,魏特林在这封信中描述了1846年3月30日布鲁塞尔共产主义通讯委员会的会议情况,在这次会上马克思和恩格斯同魏特林观点冲突,在如何以最好的方式在德国进行宣传这个问题上,会上争论得很激烈。详见《国际共产主义运动历史文献》第1卷,第309—312页。

(Annenkov)对此事的详细描述①。安年科夫当时与马克思关系密切,经马克思介绍认识了布鲁塞尔的共产主义者。安年科夫对那个年代的马克思作了唯一的生动描述,这份资料无可比拟地再现了当时的运动氛围。直到三十年后,安年科夫仍能回忆起1846年春天夜晚年轻马克思在布鲁塞尔的生动画面。

马克思是一个有毅力、有坚定意志的人,在外表上很引人注目。一头黑发浓密而蓬松,双手多毛,大衣上的纽扣歪扣着。然而,不论他在你面前是什么样子和做什么事,他好像总是一个很有威严的人。他的动作并不灵巧,却豪迈自恃,他待人接物完全不顾人间的烦琐礼节,而且有些骄傲,甚至有点轻视别人,他的声音非常洪亮,对人和对事物的判断斩钉截铁,异常坚决。当时他的语气非常严峻,比他的话更引人注意。这说明他有坚强的信念,不愧是人们的首领,是制定准则、左右全局的人。这个人真像是一个民主的专制者,与不久前我离开俄国时所见到的那些人迥然不同。②

与马克思相比,魏特林显得近乎俊俏——"一个漂亮的年轻人,穿一身很讲究的大礼服,留着风流的小胡子"。他极像是一位商业旅行者,而不像安年科夫想象中的那个被工作和思想的负担压迫的阴郁、痛苦的工人。

出席当时会议的有恩格斯、比利时人日果、马克思的内弟埃德加·冯·威斯特华伦(Edgar von Westphalen)、魏德迈(Weydemeyer)、逃离德国的书记官长载勒尔(Seiler)和记者海尔贝格(Heilberg)。他们在一张

---

① 安年科夫关于这次会议的回忆,起初用俄文发表于1880年《欧洲通报》杂志第1—5期,题为《美妙的十年》。这些回忆中谈到安年科夫同马克思会见的片断,曾转载于1883年《新时代》杂志第5期,题为《一个俄国人谈卡尔·马克思》(Eine russische Stimme über Karl Marx)。译文详见《回忆马克思》,北京:人民出版社,2005年,第272—275页。
② 译文出自《回忆马克思》,第272—273页,后文安年科夫的回忆均出自此处,不另做说明。

绿色的小桌旁坐下,马克思坐在桌子的最前面,手里拿着铅笔,"低着他那狮子般的头在看一张纸"。会议讨论的问题是在德国应该采取什么样的宣传形式。恩格斯"身材高大、气概轩昂、像英国人那样傲慢而严肃",他站起来说到,阐明对立观点和确定一个总纲领是十分必要的,但他还没说完,渴望加入讨论的马克思就不耐烦地打断了他,直接向魏特林提出了一个问题:"魏特林,请你讲一讲,"他说,"你根据什么来证明你的活动是正确的?你根据什么来确定将来的活动?"安年科夫强调,他对这个精确严谨、直截了当的问题记忆犹新,这个问题在绿桌子周围的一群人中引发了激烈的讨论。

在这些不同寻常的听众面前,魏特林失去了他一贯的自信和演说能力。他说话含糊不清,言辞混乱,不停地重复,不断地纠正自己所说的话,好不容易才把自己的观点表达出来。他的演讲内容全是"自由派的陈词滥调"。他拒绝创造新的经济理论,在他看来,法国人的理论已经足够成熟丰富了。工人们必须擦亮眼睛,把希望寄托在自己身上,不被任何许诺蒙蔽。

魏特林还想继续自己的长篇大论,但马克思皱着眉头生气地打断并讽刺地回复了他。马克思说,煽动人民却不给他们坚实的行动基础,是一种纯粹的背叛行为。美好愿景的觉醒并不会拯救人民于苦难之中,反而会导致人们的堕落。特别是在德国,如果缺乏具体的教育和强有力的科学思想却又想要影响工人,那将如同对牛弹琴,只会是空洞且徒劳的宣传。"马克思突然有力地指着我说,'看,我们中间有一个俄国人。魏特林,在他的国家你也许能找到恰当的归宿,因为或许只有在俄国,才能在不靠谱的使徒和不靠谱的年轻人之间创办成功的协会!'"接着他说,但是在德国这样的文明国家,如果没有确定而具体的教育,任何目标都无法实现。而且正是由于教育的缺失,目前的运动只给德国带来了喧闹、有害的躁动和行业破坏。

魏特林第二天写了一封信[①],总结了马克思的讲话。他提出,对于不合格

[①] 即上文注释中的《威廉·魏特林(布鲁塞尔)给莫泽斯·赫斯(韦尔维耶)的信》。

者必须立即阻断其"经济来源"。他关于一个知识分子联盟的旧幻想,使他彻底误解了马克思对党的"清理"要求。他并不理解马克思的话。马克思曾说过,根本不存在可以立即实现的共产主义。必须先由资产阶级来掌舵。作为一个相信可以用四万强盗大军摧毁旧社会,并且以基督教美德为基础建立新社会的人,魏特林怎么可能理解马克思的看法呢?他与马克思主义对历史发展的理解之间隔着一道无法逾越的鸿沟。在这次会议上,马克思第一次阐述了一些理论,并且在之后的三年里,由于总有缺乏耐心之人认为仅需意志就能实现整个经济和政治时代的飞跃,马克思不得不反复提及这些话语。马克思宣称,欧洲的下一次革命必须消灭封建主义的残余,使自由、激进的资产阶级掌权,从而第一次为无产阶级的行动创造政治条件。正是出于这个原因,马克思要求对党进行筛选,反对"哲学的"共产主义和手工业者的共产主义。魏特林只理解到,必须把伤感轰下台。他不理解的是,马克思用科学的理解取代了原始的情感。对魏特林来说,当马克思要求结束"秘密宣传"时,那就意味着运动本身的结束。他只认可一种宣传形式,即密谋的地下社团。因为他坚信大众是尚未成熟且永不可能成熟的,他想要而且可以想要非群众运动。

马克思的批评正中魏特林的弱点。马克思带着对自学成才者的不信任,魏特林又一次感受到了知识分子那种令人畏惧和憎恨的骄傲。他回答说,脱离苦难的世界和人民的痛苦而进行研究和批判,这样的分析毫无意义。"马克思听到最后几句话时,气得再也忍不住了,他使劲捶了一下桌子,桌上的灯都震得摇晃了,他跳起来说:

'无知从来也不能帮助任何人!'

我们也都跟着他站起身来。会议结束后,马克思在房间里走来走去,简直是怒不可遏。我很快就同他和他的交谈者们告别回家,所看到和听到的这一切使我万分惊讶。"[①]

---

① 《回忆马克思》,第 274 页。

不过，1848 年 5 月之前，马克思和魏特林并未真正决裂。魏特林甚至给马克思寄去了他当时即将创刊的报纸的初稿，并且魏特林毫不反对接受这位"坐拥金钱"但实际却并不富裕的"知识分子的领袖"继续给予他的帮助。

但马克思坚持要进行党内筛选，第一拳就落在了海尔曼·克利盖（Hermann Kriege）身上，他是魏特林的密友，并且和魏特林有着相同的想法。克利盖是一个年轻且有天赋的人，恩格斯于一年前把他引荐给了马克思，说他是一个"杰出的煽动者"，他当时已移民美国，并在美国出版了周刊《人民论坛》（The People's Tribune）。他所持的"感性的"共产主义没什么实质内容，在美国更是堕落成了最浮夸的情感主义（sentimentalism）。《人民论坛》让共产主义变成了一个笑话。最严重的是，克利盖不加区别地向那些与共产主义毫无关系的人申请资金支持。布鲁塞尔组织的人认为，是时候向全世界公开宣布此类活动和他们无关。但组织中的许多人发现，剔除一个直到最近还是他们同志的人是一件难事。然而，正如马克思和恩格斯在他们起草的通知中所说的那样，革命事业高于一切，党不能沦为一个小团体，党的整体高于任何属于它或曾属于它的个体。经过长时间的讨论，5 月 11 日，组织决定公开反对克利盖的言行。只有魏特林拒绝在抗议书上签字。5 月 16 日，刻印的通知分发给了德国、巴黎、伦敦和纽约的通讯委员会。同一天，魏特林要求马克思立即归还他的报刊手稿。马克思与魏特林最终决裂了。

（译者：杨振烜／中山大学哲学系；
校者：刘畅／中山大学哲学系、凌菲霞／中山大学哲学系）

马克思与共产主义者同盟

〔俄〕尼古拉耶夫斯基　〔奥〕马恩琴-赫尔芬

德国共产主义者虽然批评了通告①中的严厉措辞，但他们还是站在了马克思的一边。布鲁塞尔委员会因此要求与"哲学的和多愁善感的"共产主义斗争到底。这伤害了沙佩尔（Karl Schapper）及其追随者们的感情，他们反感于布鲁塞尔委员会的"知识分子的傲慢"。他们宣称自己没有多愁善感的想法，但认为对"多愁善感的"共产主义者采取温和的态度比马克思攻击他们的强硬态度更为可取，因为这毕竟是出于好意。马克思没有让步也不可能让步。如果小规模的共产主义精英没有清晰明确的观点，那么任何影响广大劳动群众的尝试就注定要失败。马克思与伦敦的德国共产主义者保持通信，他对这些通信极为重视，正如他后来所写的那样，他利用这些通信"出版了一系列抨击性小册子，有的是铅印的，有的是石印的；我们在这些小册子里，对构成当时'同盟'的秘密学说的那种法英两国社会主义或共产主义同德国哲学的混合物进行了无情的批判；为了代替这种混合物，我们提出把对资产阶级社会经济结构的科学认识作为唯一牢靠的理论基础，最后并用通俗的形式说明：问题不在于实现某种空想的体系，而在于要自觉参加我们眼前发生的改造社会的历史过程"②。

---

① 指《反克利盖的通告》。（本文注均为译者添加，不另做说明。）
② 《马克思恩格斯全集》（第二版）第19卷，北京：人民出版社，2006年，第137页。

可能的情况是，书面宣传得到了口头宣传的补充。恩格斯在巴黎特别活跃，他于1846年8月中旬在那里定居。

伦敦和巴黎的正义者同盟的成员起初不愿意面对马克思向他们提出的两难问题，即在科学社会主义和空想社会主义之间做出选择。尽管很难放弃自己多年以来所珍视的东西，但他们还是克服了疑虑，追随了马克思。这些正义者同盟的成员从马克思那里学到的东西证实了他们自己对事情的洞见，给他们自己的经验带来了合理性和连贯性，使他们能够理解英国工人运动的历史意义，并为他们提供了他们所需要的坚定立场。当然，这并不意味着他们当中没有人在后来的岁月中再次退缩。但在这两年里，马克思为科学社会主义赢得了阶级先锋。

正义者同盟的总部按传统惯例设在巴黎。但到了1846年秋，由于其绝大多数成员不再居住于法国，所以真正的总部在伦敦。沙佩尔和他的同志们在伦敦建立的那种工人合法组织在巴黎则是不可能的，法国没有像英国宪章运动那样的群众运动，甚至没有这种运动的雏形。巴黎仍然存在着操纵阴谋的秘密社团的旧形式，它们并不符合正在兴起的工人阶级运动的需要。马克思批判的第一个结果就是改组正义者同盟。1846年秋季重新选举了该同盟会的委员。沙佩尔和莫尔（Joseph Moll）以及其他"伦敦人"成为领导者。

他们感受到了革命的来临，用他们在一份通告中的话说就是："这可能会决定这个世界接下来几个世纪的命运。"他们意识到，当下的任务必须是执行马克思在一年前发出的指令。他们必须制定一个共产主义党派的纲领并决定他们的策略。他们打算在伦敦举行一次代表大会来完成这些事情。1846年夏，伦敦通讯委员会提出了召开大会的建议。1846年11月，他们发出了一封特别通告信，以召集该同盟所有分部的代表参加将于1847年5月1日举行的代表大会。

约瑟夫·莫尔被委派了一个任务，即与马克思取得联系，并邀请他加入同盟。莫尔于 1847 年 2 月初抵达布鲁塞尔。他被授权向马克思做一个"口头报告来陈述（正义者同盟的）情况，并从马克思那里得到信息作为回报"。在布鲁塞尔访问完马克思之后，莫尔去了巴黎，访问了恩格斯。他以自己和同志们的名义解释说，他们相信马克思观点的正确性，并同意他们必须摆脱旧的阴谋形式和传统。马克思和恩格斯将被邀请合作进行同盟的改组和理论上的重新定位工作。

对马克思来说，加入同盟的邀请在意料之中。如果说他在接受邀请时是有所犹豫的，那是因为他对传统的力量有所认识，因此他对正义者同盟从根本上改组自身的决心的真实性不可避免地感到怀疑。马克思一直远离巴黎的秘密社团。他曾被后者的浪漫主义吓退，这种浪漫主义时常以非常荒谬的形式表现出来。马克思的学说与暴动者和乌托邦主义者的学说完全是两个世界，现在马克思已经认识到无产阶级全部的历史使命，他别无选择，只能果断地、永远地拒绝把秘密社团的阴谋论作为阶级运动的组织方案。但莫尔表示，如果同盟真的要摆脱所有陈旧的枷锁，那么马克思和恩格斯就必须加入同盟。最后，马克思克服了疑虑，在 1847 年 2 月或 3 月加入了正义者同盟。

代表大会于 1847 年 6 月 1 日（已经推迟了一个月）在伦敦举行。恩格斯是巴黎支部的代表，威廉·沃尔弗（Wilhelm Wolff）来自布鲁塞尔。马克思留在了布鲁塞尔。他的官方理由是缺乏旅程的资金。一封信件透露出他事实上确实试图筹集必要的资金却没有成功。但金钱不可能是决定性因素。如果马克思真的决心参加大会，那么他完全可以说服支部派遣他自己，而不是派遣那位虽然优秀但并不出众的沃尔弗。毫无疑问，真正的解释是这样一种假设：在确定加入同盟之前，马克思想看看大会的结果。

大会决定对同盟进行全面改组。一个新的名字——"共产主义者同盟"——出现了，它取代了旧的名字，任何人都可以赋予原来的名字以任何意义，新名字实质上获得了支持，因为真正懂内情的人寥寥无几。同盟的章程被完全重新修订。第一句话是:"同盟的目的:推翻资产阶级政权,建立无产阶级统治,消灭旧的以阶级对立为基础的资产阶级社会和建立没有阶级、没有私有制的新社会。"[①] 这就是马克思的话。整个组织是以马克思的精神建立起来的。它始终是民主的。在加入同盟之前,马克思和恩格斯明确要求:"摒弃章程中一切助长迷信权威的东西。"[②] 同盟的所有委员都是通过选举任命的,选举者可以在任何时候罢免他们。仅仅这一点就构成了一个有效的屏障,以防止那种导致独裁的阴谋诡计,并且,同盟要转变成——至少在和平时期——一个直接的宣传组织。起草完毕后,章程被送回各支部进行讨论。在12月的第二次代表大会上,经过进一步审议,这些章程被接受。

从现在起到下一次大会期间,需要制定出一份关于同盟纲领的声明,即同盟的"信仰宣言"。临别前,各位代表们还决定出版一份杂志。1847年9月,《共产主义杂志》的"试刊号"出版了,这是唯一一份出版的刊物。它是由伦敦的德国共产主义者编辑的,毫无疑问,恩格斯参与了合作。正义者同盟的旧口号是"人人皆兄弟"。根据恩格斯的提议,这一口号被修改了。他认为这一改变是必不可少的,其理由是否与马克思的理由相同,我们不得而知。马克思宣称,一大群人想要得到的绝不仅仅只是成为兄弟。由恩格斯提出并被共产主义者同盟大会接受的这句话,曾在1847年秋德鲁里巷的白鹿旅馆以两便士的价格向德国工人出售的印刷粗糙的小纸片上第一次出现,它就是:"全世界无产者联合起来!"

马克思长期以来一直试图在德国掌控一份合法的报纸,并通过它来表达自己的观点。他想出了无数的方案,进行了漫长的谈判,但都没有成功。德国社会主义者的报纸都抢着要马克思和他的朋友们的供稿,还有一些稿子也发表在《莱茵年鉴》《德国公民手册》《社会明镜》《威斯特伐里亚汽船》和其他报纸上。尽管马克思备受赞誉,但他仍然只是一个偶尔的供稿

[①] 《国际共产主义运动历史文献》第2卷,北京:中央编译出版社,2011年,第209页。
[②] 译文出自《马克思恩格斯文集》第10卷,北京:人民出版社,2009年,第422页。

者。他没有权力对任何报纸发号施令。除了恩格斯的文章和他自己的文章之外，当时还出现了其他支持"真正的"社会主义的文章，这恰恰是马克思所反对的。马克思阵营和其他阵营之间的分歧越大、他们的组织性越强，就越需要有一份机关报，其政策应该由他们决定，而且只能由他们决定。

德国的书报检查制度使马克思不可能在德国创办报纸。它必须创办于国外，而不是在马克思居住的城市。只有在马克思的亲自掌握之下，一份报纸才有可能完全代表他的观点。但这可能需要使用到马克思和他的朋友们都无法操控的方式。

虽然马克思不可能创立一个属于自己的机关报，但1847年出现了一个机会，使他可以对一份现存的报纸施加影响，这实际上就和他自己办了一份报纸一样。从这一年的年初开始，阿达尔贝特·冯·伯恩施太德（Adalbert von Bornstedt）在布鲁塞尔发行周报《德意志—布鲁塞尔报》，他曾经为巴黎的《前进报》作过贡献。伯恩施太德非常急切地想让马克思成为撰稿人。但是，伯恩施太德的过往经历和人际关系都非常值得怀疑。人们在言谈和文字中公开表明——他在为政治警察服务。人们唯一怀疑的是，他究竟拿了谁的钱。有些人认为他是奥地利的间谍，有些人认为他是普鲁士的间谍，还有人认为"俄罗斯的卢布似乎在向他微笑"。毫无疑问，马克思是了解这些罪名指控的。在他与海涅关系友好的时期，他们之间的信件经常会提到这些指控。甚至连弗莱里格拉特（Freiligrath）——马克思在流放布鲁塞尔的头几个月里几乎每天都能见到他——也认为，伯恩施太德是一个间谍，他来到布鲁塞尔的特殊目的就是监视那里的"移民"。

起初，《德意志—布鲁塞尔报》与马克思没有任何联系，如果没有其他原因的话，那么它在政治上根本就是默默无闻的。1847年1月20日，普鲁士大使向柏林报告称："到目前为止，它没有任何意义。"但是，这份报纸每刊发新的一期，都会变得更加反动、更加革命。普鲁士国王是它特别的攻击对象。4月3日，大使报告称，该报"以令人反感的刻薄和野蛮态度攻击陛下的政府"。这位大使并不满足于指出该报的"刻薄",他还向比利时警方提出交涉,要求他们"禁刊"该报。然而那时的比利时警方并不愿意听从普鲁士人的要求。普鲁士大使的尝试只产生了一个效果,那就是使比利时的报纸也开始讨论这个问题,并为《德意志—布鲁塞尔报》提供了新的材料。它"甚至使人们对外国政府和王公的攻击变得更加刻薄和猛烈"。

这样一来,曾经针对伯恩施太德的猜疑就必然有所减少了。马克思于1847年4月开始为《德意志—布鲁塞尔报》撰稿。伯恩施太德"表示愿意在各方面都适应我们"[1]。毫无疑问,马克思已经得出结论,即人们对伯恩施太德的指控是没有根据的。当时,在德国流亡者中散布猜疑,就像在波兰人中一样容易。在波兰人看来,每一个政治对手——正因为他是一个对手——都被认为是一个间谍。

如今,根据秘密警察的档案,我们知道针对伯恩施太德的控诉是真实可信的。他曾为奥地利和普鲁士,也许还为德国的一些小国做过间谍工作。他的报告被保存在柏林的国家秘密文件中,其中包含大量关于德国流亡者的材料。但他的所有报告都是在19世纪30年代和40年代初做的。当然,没有证据表明他随着报告的停止而放弃了邪恶的活动,但另一方面也不排除他成为一个真正革命者的可能性。他是一个冒险家。1848年,他参加了海尔维格(Herwegh)的远征,与巴登的军队作战并被俘虏,最终精神错乱而死。

从马克思为《德意志—布鲁塞尔报》撰稿开始,他就试图说服其他人也这样做。他写信给海尔维格,抱怨德国人总是在报纸上寻找新的缺点。他们不但没有利用报纸的优势,反而"白白地放过这种机会。任何一个有所作为的机会,都只是使他们感到进退两难。我的手稿的情况也和《布鲁塞尔报》差不多,而蠢驴们天天写信问我为什么一点也不让付印,甚至指责我

---

[1] 《马克思恩格斯全集》(第二版)第47卷,北京:人民出版社,2004年,第468页。

宁肯写些法文的东西,否则什么都不写。生为条顿人,就还得为此而长期吃苦头!"①

鉴于马克思在1847年7月发表的蒲鲁东批判,用法语写作的建议让马克思很恼火。蒲鲁东收到来自巴黎的开展通讯委员会活动的合作邀请,他在回复中答应写一本书,来提出他自己关于社会问题的解决方案。他信守诺言,写下了《经济矛盾的体系,或贫困的哲学》。这个"解决方案"被证明不过是基于被误解的黑格尔辩证法公式而包装起来的"小资产阶级的改良主义"。作为回应,马克思用法语写下了《哲学的贫困》,好让蒲鲁东的读者能够理解它。在其中,马克思毫不留情地将蒲鲁东所期待的"批判之鞭"抽打在蒲鲁东的"永恒理念"和"永恒法则"、他的哲学困惑、他关于经济状况的"道德的"和"哲学的"解释上。正如马克思一生都要与魏特林的学生——他们中的大多数人都不知道自己的老师是谁——作斗争一样,他也要与蒲鲁东主义作一辈子的斗争,尤其是在法国,当然在德国也是如此。

《德意志—布鲁塞尔报》是一个非常有用的平台,它限制了各种可能的伪社会主义者和伪激进分子,很快就在国际的民主运动中占据了重要地位。1847年9月,伦敦宪章派大会称赞《德意志—布鲁塞尔报》、巴黎的《改革报》和《北极星报》是"欧洲最伟大和最民主的三大机关报"。根据警方报告中存在的众多控告可以看出,即使存在种种障碍,人们也要把《德意志—布鲁塞尔报》大量地偷运到德国。而且布鲁塞尔的所有德国工人都在阅读它。

马克思已经与他们建立了良好的关系。在布鲁塞尔通讯委员会转变为共产主义者同盟的一个区部之后,马克思和他的朋友们成立了布鲁塞尔德意志工人教育协会。无论正义者同盟和后来的共产主义者同盟的成员走到哪里,只要有可能,他们就会建立这样的法律组织。布鲁塞尔协会在各个方

---

① 《马克思恩格斯全集》(第二版)第47卷,第468—469页。

面——包括目标、规则和章程——都以伦敦德意志工人教育协会为模板。

定期会议每周举行两次。周三有演讲,主讲人通常是马克思。他关于经济学的所有演讲内容后来都以《工资、劳动和资本》为题被刊登在《新莱茵报》上。周日用来娱乐,在此之前,威廉·沃尔弗"每星期都到那里做时事评论。这些评论每次都是一篇叙述通俗、幽默,而又十分有力的杰作,对德国的统治者和臣民的渺小和卑鄙,进行了特别强烈的抨击"[①]。之后就是朗诵——有时是马克思的妻子朗诵——和唱歌跳舞。

警方的间谍们很快就兴冲冲地对报纸和俱乐部展开了工作。一份提交给美因河畔法兰克福警方当局的秘密报告指出:"毫无疑问,这份毒害人心的报纸败坏了它所面向的那些未受过教育的公众。充满诱惑的财富分配理论被认为是工厂工人和日工们与生俱来的权利。这份报纸还向他们灌输了对统治者和社会其他人的深切仇恨。如果这种活动成功地摧毁了宗教和对法律的尊重,并通过报刊和俱乐部大范围地感染了最底层的人民,那么祖国和文明的前景就会非常黯淡……值得注意的是,(该工人协会的)成员人数在几天内从 37 人增加到 70 人。"

共产主义者同盟的布鲁塞尔区部与比利时民主党的左派人士紧密联合,当然,这一联合不是官方的,而是出于密切的个人关系。《民主作坊》是一份在布鲁塞尔郊区出版的小报纸,它的编辑是 L. 赫尔伯格(L. Heilberg),一位早逝的德国难民。因此,共产主义者同盟的布鲁塞尔区部很自然地积极参加了在布鲁塞尔成立的国际民主联盟。

在 19 世纪三四十年代,人们曾多次尝试将欧洲的所有革命组织联合起来,并建立一个人民的神圣联盟,以反对国王的神圣联盟。法国人、德国人、希腊人和其他国籍的人聚集在瑞士的烧炭党(Carbonari)总部。马志尼(Mazzini)的"青年欧洲"为"青年"意大利人、德国人、波兰人、法国人等设

[①] 《马克思恩格斯全集》(第二版)第 25 卷,北京:人民出版社,2001 年,第 71 页。

立了各国分部。举办公开宴会——警方很难对其加以禁止——是把革命运动的代表们聚集在一起的一个最受欢迎的方法。1844年春,马克思参加了在巴黎举办的这种宴会。但除了它的举办以及法国人、德国人和俄国人利用这个场合讨论民主宣传以外,我们没有任何关于它的其他信息。

然而,根据1844年9月22日在伦敦为魏特林举办的庆祝会,我们了解到更多的信息。在这个场合,卡尔·沙佩尔提议成立一个宣传组织以联合所有国家的民主人士。人们对此抱有一致的热情,但一年之后才有可能采取措施来执行这一提议。1845年9月22日,一千多名各个国籍的民主人士聚集在伦敦,庆祝法国大革命的周年纪念。这次集会的发起人是G. J. 哈尼(G. J. Harney),他是仅次于欧内斯特·琼斯(Ernest Jones)的最热情的宪章派领导人,已经超越了普遍的狭隘性。哈尼说道:"我们拒绝使用'外国人'这个词。它不能再出现在我们民主人士的词典中。"这句话在1846年3月15日成立的民主派兄弟协会中成为现实。最初,这是一个相当松散的协会,目的是使生活在英国的外国人与他们志同道合的英国朋友更加接近。1847年夏,该协会在一个更为正式的基础上被组织起来。每个国籍的人都有一个自己的总秘书处。哈尼是英国的代表,革命家米什莱(Michelet,其真名是Juin d'Alias)代表法国人,卡尔·沙佩尔代表德国人。他们的座右铭——"人人皆兄弟"——就是伦敦德意志工人教育协会的座右铭。

1847年,民主派兄弟协会极为活跃。对于国际政治中的任何重要事件,他们都会在小册子或报刊上表明自己的态度。1847年秋,他们面向所有国家发布了一则宣言,其中概述了一个广泛的组织计划,即一个"所有国籍的人都有资格加入的国际组织,并在尽可能多的城镇中设立国际委员会"。在比利时,这一呼吁受到特别热烈的反响。1846年7月,布鲁塞尔通讯委员会祝贺宪章派的费格斯·奥康纳(Feargus O'Connor)在诺丁汉选举中胜出。《北极星报》刊登了一篇由"德国民主共产主义者"寄来的,由马克思、恩格斯和日果(Gigot)署名的文章,民主派兄弟协会将其视为"兄弟情谊的进步以及所有国家的民主人士在争取政治和社会平等的伟大斗争中即将联合起来的又一证明"。

1847年9月27日,"民主协会(以促进各国人民的联合与团结为目标)"在布鲁塞尔成立。奇怪的是,它的成立最初是为了反击共产主义者同盟的当地分部,目的是抵制马克思在德国难民和比利时激进分子中日益增长的影响。伯恩施太德被雄心壮志吞噬,他在任何情况下都想发挥政治影响力,好在马克思阻止了他直接参与政治活动。当马克思不在布鲁塞尔的时候,伯恩施太德利用这个机会召集各个国家的民主人士举行了一次会议,会上决定成立一个新的组织。

马克思的朋友——特别是聪敏的恩格斯——毫不费力地绕过了伯恩施太德。在马克思回来之前,恩格斯就一直亲自担任着副主席的职务。11月中旬,马克思正式当选为德国代表。1830年的民族英雄、老将安托万-弗朗索瓦·梅利内特(Antoine-François Mellinet)当选为名誉主席。比利时的代表是身为律师和布鲁塞尔《社会辩论报》编辑的吕西安-莱奥波德·约特朗(Lucien-Leopold Jottrand),法国的代表是拥有著名革命经历的布朗基主义者雅克·恩贝尔(Jacques Imbert),波兰的代表是著名历史学家约阿希姆·莱利夫(Joachim Lelevel)。

在随后的几个月里,马克思为民主协会竭尽所能地工作。在布鲁塞尔的一次公开会议上,他就自由贸易问题作了发言,该协会将他的发言作为小册子出版。接着,他去了根特,在那里举行着一场三千多人(主要是工人)的会议,他们决定成立一个协会分部。这似乎为该组织发展为一个强大且组织良好的民主党派确立了坚实的根基。

共产主义者同盟、工人协会、民主协会,为布鲁塞尔的报纸撰稿,与德国、英国和法国的大量通信,更不用说书面作品,全都充分体现了马克思所付出的心血。但是,最严重的错误是把青年马克思——1848年革命爆发的时候他还不到30岁——想象成一个阴郁的禁欲主义者和狂热分子。

马克思和恩格斯在 1844 年至 1847 年间的信件是了解其生平的绝佳传记资料。但我们手头只能找到一封属于那个时期的马克思信件。同样，只有少许文件揭示了马克思在布鲁塞尔的个人生活。

他的内弟埃德加·冯·威斯特华伦（Edgar von Westphalen）在布鲁塞尔一直住到 1847 年的深秋。燕妮非常喜欢他。她在给李卜克内西（Liebknecht）夫人的信中称他为"我唯一的、心爱的兄弟"、"我童年和青年时期的理想型，我亲爱的和唯一的朋友"。他是一名共产主义者，但显然并不十分活跃。他是庸俗主义的敌人，而不是资产阶级社会的敌人，他是一个容易情绪失控和优柔寡断的人，但他心地善良，是一个欢快的同伴。马克思也非常喜欢他。魏德迈（Weydemeyer）在 1846 年 2 月给他未婚妻的信中写道：

> 如果我告诉你我们在这里过的是什么样的生活，你一定会对共产主义者刮目相看。为了给这种愚蠢的行为加分，马克思、魏特林、马克思的姐夫和我整晚都坐在那里玩耍。魏特林第一个感到疲惫。我和马克思在沙发上睡了几个小时，第二天在他妻子和他姐夫的陪伴下以最有趣的方式消磨了一整天。我们一大早就去了一家小酒馆，然后坐火车去了维勒沃德，那是附近的一个小地方，我们在那里吃了午饭，然后以最愉快的心情乘坐最后一班火车返回。

前往布鲁塞尔的德国人根本没有像去巴黎的那么多。但即使一个人对共产主义完全没有兴趣，他也会去拜访马克思。斯蒂芬·博恩（Stephan Born）在 10 月底访问了"共产主义的精神中心"。这位年轻的印刷商在巴黎与恩格斯成为朋友，转而成为共产主义者，并为共产主义进行了有力的辩护，以反对共和主义者卡尔·海因岑（Karl Heinzen），这位"德国雅各宾派的漫画家"后来在美国被称为"王子杀手"。1848 年，博恩是柏林工人运动的领导人之一,但当他晚年在巴塞尔写下回忆录时,他已经是一个沉闷的社会改革派的大学教授。但他始终保留着对马克思的一丝崇拜。"我找到了他,"博恩在关于1847年秋季的回忆中写道:

> 在布鲁塞尔郊区的小房子里,那个房子极其简陋,几乎可以说是家徒四壁。他友好地接待了我,询问我的宣传工作是否成功,并称赞了我反对海因岑的小册子,他的妻子也这么认为。她非常友好地欢迎我。在她的一生中,她对涉及和占据她丈夫的一切都有着最强烈的兴趣,因此,她不可能不对我感兴趣,因为我被马克思认为是充满希望的年轻人之一……马克思爱他的妻子,她也分享他的激情。我从未见过如此幸福的婚姻,在这种婚姻中,快乐和痛苦都是极其丰富的,但所有的痛苦都在这种相互奉献的精神中得到克服。我几乎没有见过一个女人能够在外貌、内心和思想上都如此和谐,而且第一次见面就给人留下如此深刻的印象。马克思夫人很美丽。她的孩子们还很小,和他们的父亲一样都是黑发黑眼。

马克思的第二个女儿劳拉(Laura)于1845年9月出生,他的儿子埃德加(Edgar)于1846年12月出生。他通过写作获得的不定期收入不足以维持人口不断增长的家庭,马克思被迫借款。1848年2月,他的物质状况有所改善,不过只是短暂的。因为他的母亲经过长期谈判,终于从他父亲的遗产中支付给他六千法郎,这些钱被用于政治目的,所有的个人需要都必须放在第二位。第二次共产主义者代表大会定于1847年秋季举行,到那时,同盟的"信仰宣言"必须准备就绪。沙佩尔尝试撰写了一个初稿,莫泽斯·赫斯(Moses Hess)也做了尝试,但同盟的巴黎区部拒绝了这两者。然后,恩格斯决定亲自完成这项任务。他为它选择的形式是当时共产主义者和其他左派团体发布此类声明的常规形式,即问题和回答的形式,如同问答对谈

（catechism）一般。恩格斯的问答对谈是用直截了当、容易理解的语言写成的，简明扼要且清楚明白地阐述了科学社会主义的基本思想。但恩格斯对它并不满意。他认为自己写得很糟糕，最好完全放弃问答对谈的形式，因为这个稿子有必要包含一定数量的事件描述。他向马克思推荐了"共产党宣言"这个标题。

巴黎区部任命恩格斯为大会代表，这一次布鲁塞尔区部派出了马克思。这两位朋友在奥斯坦德会面并讨论了草案。作为共产主义者同盟的成员和领导人，他们一致同意，该同盟的第一份声明决不能是常规的通俗小册子，不管它在同类作品中有多么出类拔萃。

马克思不仅是布鲁塞尔共产主义者的代表，他还被授权代表民主协会参加 11 月 29 日的民主派兄弟协会会议。民主派兄弟协会组织了一些庆祝活动，以纪念 1830 年的波兰起义。这些庆祝活动是那个年代在西欧疆土上彰显国际团结的典型形式。共产主义者代表大会被安排在前一天刚刚举办过伦敦德意志工人教育协会会议的大厅里，共产主义者的代表们将在此参加纪念波兰革命者的庆祝活动。马克思与讲英语、法语、德语、比利时语和波兰语的人一同发言。他谈到了即将到来的革命，"旧波兰已经死亡了，"他说，"我们绝对不希望它复活。不过死亡的不仅是旧波兰。旧德国、旧法国、旧英国——整个旧社会都已经过时了。旧社会的死亡对于在那个社会里没有什么东西可以丧失的人们来说并不是一种损失，而一切现代国家里的极大多数的人所处的状况正是这样。而且，他们必须通过旧社会的灭亡才能获得一切；旧社会的灭亡将使一个不再以阶级对立为基础的新社会建立起来。"[①] 马克思宣布，民主协会提议在次年召开一次国际民主人士的代表大会。这与民主派兄弟协会的类似提议不谋而合。会议决定于 1848 年 10 月 25 日在布鲁塞尔举行代表大会。但大会没有举行，因为事态发展得太快了。

---

① 《马克思恩格斯全集》第 4 卷，北京：人民出版社，2009 年，第 409 页。

第二天，共产主义者的审议工作开始了。为期十天的工作对马克思和恩格斯来说是异常艰苦的。诚然，伦敦人已经被马克思征服了，但在消除对"知识分子"的最后一丝不信任之前，还需要许多人的努力和耐心的指导以及对旧有情绪的稍事放松。新组织的同盟——其章程已经确定——没有一丝阴谋论的特征，而这种特征是正义者同盟的一个基本要素。但显而易见的是，它仍然必须作为一个秘密社团而存在。即使在德国以外的自由英国，共产主义者也不可能在警方那里登记他们的组织。但是，这种限制主要是受到外部必要性的规定，而不是像正义者同盟或法国的秘密社团那样自我设限，因为共产主义者同盟不存在只针对入会人士的秘密教育，也没有阴谋，而且"共产党人不屑于隐瞒自己的观点和意图"[①]，因此，就算存在这种限制，它仍然是一个有着民主基础的宣传组织。

恩格斯是否在大会上提出了他的问答式信条草案，我们不得而知。代表们决定委托马克思和恩格斯起草他们的纲领。同盟的总部仍设在伦敦，沙佩尔、海因里希·鲍威尔（Heinrich Bauer）和莫尔仍是同盟的领导人。他们一致认为，同盟的理论指导工作必须交给马克思。

马克思从12月中旬到1月底一直在撰写《共产党宣言》。这对在伦敦的德国共产主义者来说太慢了。1月24日，他们告诫他要加快速度。他们相当严厉地写道，如果2月1日之前不能把手稿交到他们手中，那么他们将对公民马克思采取纪律措施。但最后通牒是多余的，因为马克思在规定的日期之前就把手稿送到了伦敦。

《共产党宣言》是马克思和恩格斯的共同作品。我们不可能区分出他们各自的贡献所在。但是，正如恩格斯经常重复的那样，基本思想和基础工作只属于马克思。它的形式也是马克思赋予的。每个字都流淌着马克思的巨大力量。正是他的火焰，让这本世界文坛中最辉煌的作品照亮了那个时

---

① 《马克思恩格斯文集》第4卷，第504页。

代——从它完成的那一天开始。

《宣言》准确无误地领导了无产阶级的斗争。这不是教条主义者那种狭隘意义上的准确无误，也不是每个字永不过时那种意义上的准确无误。这份宣言是在1848年欧洲革命爆发前几周写的。在四分之一个世纪后，根据当时经济、社会和政治条件的发展情况，马克思和恩格斯称《宣言》中提出的革命措施已经过时了。毋宁说，它之所以准确无误，是因为它考察了整个历史发展的进程，使工人们能够具体地了解他们的历史处境。《宣言》中巨大的革命感染力并没有使人眼花缭乱，反而让人们对迎面而来的直接任务有了更清晰的认识。因为它看到了最遥远的未来，也看到了最直接的现在。作为纲领，它为无产阶级的革命斗争这一历史时期而写，同时也为幻想破灭后继续清醒地参加战斗而写。

当《共产党宣言》的最后一页纸离开印刷厂时，马克思正身处革命的巴黎。

（译者：周凯/中山大学哲学系

校者：李敏睿/中山大学哲学系、凌菲霞/中山大学哲学系）

共产主义者同盟史与作为组织者的马克思

〔俄〕达·波·梁赞诺夫

现在，我们将着手研究马克思在多大程度上参与了共产主义者同盟的组织，应其要求撰写《共产党宣言》。在研究了马克思和恩格斯著作中与该问题相关的所有能获取的资料后，我们肯定会得出结论：他们关于同盟起源的看法不是完全正确的。马克思仅在其极少被提及的、发表于1860年的作品《福格特先生》中提了一次这段经历。这本书中有许多错误。人们通常通过恩格斯在1885年的记述来了解共产主义者同盟的历史。恩格斯的记述可以概括如下：

曾经有两位德国哲学家和政治家——马克思和恩格斯——受逐被迫离开自己的祖国。他们在法国和比利时生活过。他们饱含学识的著作最先吸引了知识分子的目光，接着流入工人群体手中。一个晴朗的早晨，工人们转向了这两位坐在学院里、远离尘俗实践的学者。他们作为科学思想的忠实守卫者，一直自信地（proudly）等待工人们的到来。这一天终于到了：工人们邀请马克思和恩格斯加入他们的同盟。但是马克思和恩格斯宣称，只有同盟接受他们的纲领，他们才会加入同盟。工人同意了，并组织起共产主义者同盟，随即委任马克思和恩格斯起草《共产党宣言》。

这些工人是属于正义者同盟的，该同盟与英法工人运动史有关。正义者同盟在巴黎成立，1839年5月12日布朗基主义者起义失败后，同盟遭遇了严重打击，其成员逃到伦敦，其中包括在1840年[①]2月组织了工人教育协会的沙佩尔（Karl Schapper, 1812—1870）。

尤里·米哈伊洛维奇·斯切克洛夫（U. Steklov, 1873—1941）在他关于马克思的著作中，对共产主义者同盟的起源也提出了类似的说法。

> 在巴黎生活期间，马克思与由德国政治移民和工匠组成的正义者同盟的领导者保持着私人联系。马克思没有加入同盟，因为同盟的计划充斥着唯心主义色彩和阴谋论精神，这对马克思而言缺乏吸引力。然而，同盟成员的立场逐渐向马克思和恩格斯靠近。两人通过个人的和书面的联系，也通过报刊，影响了同盟成员的政治观点。他们有时通过印刷传单向通讯员传达他们的意见。在与密谋叛逆的魏特林决裂后，在系统地"严厉批判无用的理论家"之后，马克思和恩格斯加入同盟的时机比较成熟了。恩格斯和威廉·沃尔弗（Wilhelm Wolff）出席了同盟——此时已更名为共产主义者同盟——的第一次代表大会；在1847年11月底举行的第二次大会上，马克思也出席了会议。大会在听了马克思关于新社会主义哲学的详尽讲演后，委任马克思和恩格斯起草同盟的纲领。这正是著名的《共产党宣言》的由来。

斯切克洛夫只叙述了马克思写下的东西，梅林则重复了恩格斯早已告诉过我们的事情。人们不得不相信恩格斯，因为谁能比亲身参与一项事业的人更有资格论述该事业的历史呢？但即使在涉及恩格斯的地方，我们也必须持一种批判的态度，特别是因为他所描述的事件发生在四十年前。在

[①] 1928年的版本错译为1844年。（本文注均为译者添加，不另做说明。）

间隔如此久之后，尤其是当一个人在全然不同的环境和心情下写作时，他是很容易遗忘事情的。

我们掌握着与上述说法不完全一致的事实。马克思和恩格斯绝非斯切克洛夫所描述的那种纯粹理论家。相反，自从马克思形成这样的观念，即现存社会秩序的任何必然的和彻底的变革都完全依赖于工人阶级——无产阶级，他们在其生存条件本身中就能找到迫使他们与现存制度相对立的刺激和冲动；马克思确信了这种观念，就即刻走进工人中间；他和恩格斯试图加入工人们已受到其他思潮影响的所有地方和组织。这样的组织在当时已经存在了。

我们来看19世纪40年代初的工人运动历史。正义者同盟于1839年5月溃败之后便不再拥有中央机关。1840年后，人们便无法再看到其中央机关的存在与活动的痕迹。只留下由前同盟成员组织的单独团体。其中一个这样的团体在伦敦组织起来了。

正义者同盟的其他成员逃亡到瑞士，其中最有影响力的是威廉·魏特林（Wilhelm Weitling, 1809—1864）。魏特林是个裁缝，是第一批出身工匠无产阶级的德国革命者之一，像当时的许多其他德国工匠一样，他在城镇间奔波。1835年他来到了巴黎，但直到1837年才在巴黎定居。在巴黎，他成为正义者同盟的成员，并熟习基督教社会主义宣传者于格·德拉梅内（Hugues Lamennais）、圣西门和傅里叶的言论。他还遇见了布朗基及其追随者。1838年底，应其同志的要求，他写了一本小册子，即《现实的人类和理想的人类》（Mankind As It Is and As It Ought To Be），他在其中拥护共产主义思想。

在瑞士，魏特林和一些朋友在向瑞士人宣传无果后，开始在德国工人和移民中组织团体。1842年他出版了主要著作《和谐与自由的保证》（Guarantees of Harmony and Freedom），其中他更详细地阐述了他在1838年时曾表达的观点。

受布朗基的影响，魏特林的观点不同于其他同时代的乌托邦主义者，他不相信向共产主义的和平过渡。对这个新社会，他制定了一个非常详细的、只能通过使用武力实现的计划。现存社会越早被废除，人民就越早被解放。最好的办法是将现存社会的混乱秩序导向最后的极端混乱状态。越糟糕越好！根据魏特林的观点，能赖以摧毁现存社会的、最值得信赖的革命力量是最低等级的无产阶级，也即甚至包括强盗在内的流氓无产阶级。

同样是在瑞士，米歇尔·巴枯宁（Michael Bakunin, 1811—1876）结识了魏特林并吸收了他的部分思想。由于针对魏特林及其追随者的抓捕和司法起诉，巴枯宁也被连累，并被自己国家永久流放。

在一段牢狱时光后，魏特林于1841年被引渡回德国。漂泊一段时间后他定居在伦敦，在那里受到热烈欢迎。人们为他组织了一场大型集会。英国社会主义者、宪章派（Chartists）、德法移民都参与其中。这是在伦敦举行的第一次大型国际会议。此次会议启发了沙佩尔，使他在1844年10月组织了一个国际协会——"万国民主主义友爱协会"。该组织旨在使各国革命者和睦相处，加强各国人民的兄弟情谊，并争取社会的和政治的权利。其领导者是沙佩尔及其伙伴。

魏特林在伦敦住了约一年半。在劳工界，人们正热烈讨论着各种时事话题，魏特林最初产生了巨大影响。但他很快遭遇了强烈反对。他的老战友，沙佩尔、海因里希·鲍威尔（Heinrich Bauer）和约瑟夫·莫尔（Joseph Moll, 1813—1849），全盘接受了英国工人运动和欧文的思想。

根据魏特林的说法，无产阶级并非一个具有特殊阶级利益的独立阶级；无产阶级只是受压迫的贫困人民中的一部分。在这些穷人中，流氓无产阶级是最具革命性的力量。他仍在大肆宣扬他的观点，即强盗和土匪是反对现有秩序的战争中最可靠的力量。他并不太重视舆论宣传。他认为未来社会是一个由少数智者领导的共产主义社会。他认为，要吸引群众就必须诉诸宗教的帮助。他把基督作为共产主义的先驱，基督教减去其后来的附加物就是共产主义。

为了更好地理解他与马克思和恩格斯后来的冲突，我们必须牢记魏特林是一个非常有能力的工人，他自学成才并且有文学天赋，但却有着自学成才者所具有的一切缺陷。

自学成才者的倾向是试图从自己的头脑中想出全新的东西，发明一些复杂的计划。他注定会经常发现自己处于一种愚蠢的困境中，就好像他在大费周章之后，发现了一个早已被发现的美洲。

一个自学成才的人可以研究永恒运动（perpetuum mobile），可以发明一种智慧漏斗，使人立刻就成为一名学者。魏特林就属于这类自学成才者。他想设计一个教学系统，使人能够在很短时间内掌握所有科学。他想设计出一种通用语言。类似地，另一位工人自学者皮埃尔·蒲鲁东（Pierre Proudhon, 1809—1865）也在为解决这个问题而努力。至于魏特林，我们有时很难确定他更喜欢什么，什么对他来说更重要——共产主义，还是通用语言。作为一个名副其实的预言家，他不接受任何批评。他对曾以怀疑态度看待他的爱好的学者特别不信任。

1844年，魏特林不仅在德国工人中，而且在德国知识分子中，都是最受欢迎和最有名的人之一。这里有一段关于这位著名的裁缝和著名诗人海涅之间会面的经典描述。海涅写道：

> 最伤我自尊心的莫过于这家伙同我说话时极不尊敬的态度。他没有脱帽，我站在他前面，他却坐在一只矮凳上，一只手握住高高翘起的右脚，下巴几乎触及膝盖，另一只手不停地搓揉右脚踝骨上部。起初我把这无礼的姿势归结于工匠下蹲的习惯。但他却纠正了我的想法。我问他，为什么用上述姿势不停地搓他的腿，他用满不在乎的口气，好像事情理应如此似的，对我说，他蹲过各个德国监狱，一般都戴着镣铐，套在脚上的铁环有些紧，所以他觉得那个地方总发痒，得不时搓揉……我承认，当这位裁缝以令人反感的随随便便的

口气说起他蹲班房时德国看守有时用链子对付他时，我不禁倒退了几步。①

（然而，诗人海涅却显示了激发人类博大情感的矛盾本质）。我，曾经在明斯特用灼热的嘴唇亲吻过莱顿裁缝约翰的遗物——他戴过的锁链、折磨过他的钳子，这些都保存在明斯特市政厅。我，曾对死去的裁缝表达过崇高的崇拜，现在对这个活着的裁缝威廉·魏特林感到无法克服的厌恶，尽管两者都是同一事业的使徒和烈士。

尽管海涅表示了并不赞赏的态度，但我们还是可以看到，魏特林给这位受人敬仰的诗人留下了深刻的印象。革命者可以很容易地在海涅身上分辨出他知识分子和艺术贵族的身份，海涅是以一种好奇而夹杂反感的态度，来看待对他而言是很陌生的革命战士。马克思也是一个知识分子，但马克思对魏特林的态度相当不同。对他来说，魏特林天才地表述了无产阶级的诉求，而彼时马克思也正在构想无产阶级的历史使命。以下是他在遇到魏特林之前写的内容：

资产阶级及其哲学家和科学家哪里有一部论述资产阶级解放（政治解放）的著作能和魏特林的《和谐与自由的保证》一书媲美呢？只要把德国的政治论著中的那种俗不可耐畏首畏尾的平庸气拿来和德国工人的这种史无前例的光辉灿烂的处女作比较一下，只要把这双无产阶级巨人的童鞋拿来和资产阶级侏儒的政治烂鞋比较一下，我们就能够预言这位灰姑娘将来必然长成一个大力士。②

---

① 《海涅全集》第 12 卷，田守玉等译，石家庄：河北教育出版社，2003 年，第 172 页。海涅在其散文《自白》中叙述了他与魏特林的汉堡相会（1844 年），并对魏特林作了此番描写。德文见《海涅全集》第 6 卷，1890 年莱比锡版。
② 《马克思恩格斯全集》（第一版）第 21 卷，北京：人民出版社，1965 年，第 244 页。

相当自然地，马克思和恩格斯会设法结识魏特林。1845年在伦敦短暂逗留期间，他们结识了英国宪章派和德国移民。虽然魏特林当时还在伦敦，但是我们不能确定马克思和恩格斯是否见过他。他们在1846年建立了密切的关系，当时魏特林来到了布鲁塞尔，马克思在1845年被赶出法国后也在那里定居。

那时马克思完全沉浸在组织工作当中。在布鲁塞尔开展组织工作是非常便利的，因为它是法国和德国之间的一个中转站。德国工人和知识分子在前往巴黎的途中总是会在布鲁塞尔停留几天。被禁的出版物正是从布鲁塞尔走私进德国并在各地传播。在布鲁塞尔临时逗留的工人中有少数几个非常能干的人。

马克思很快就提出召开一次全是共产主义者参与的大会，旨在建立第一个完全的共产主义者组织。靠近德国边境的比利时城市韦尔维耶被选为会议地点，十分方便德国共产主义者。我们不确定该大会是否举行过，但据恩格斯说，早在正义者同盟的代表从伦敦赶来并邀请两人加入同盟之前，马克思就构思好了大会所有的准备工作。

很显然，马克思和恩格斯认为受魏特林影响的团体是至关重要的。他们为在公共场合接近他花费了大量精力，但这整个事件却以决裂告终。俄国评论家安年科夫（Annenkov）记录了这段决裂的历史，1846年春天他碰巧在布鲁塞尔。安年科夫留下了奇怪的描述，其中包含大量的不实之词，但也有一点事实。他说在一次会议上，马克思和魏特林之间发生了激烈的争吵，马克思用拳头敲打着桌子，对魏特林高喊道："无知对任何人都没有帮助，也没有任何好处。"这是完全可以想象的，特别是因为魏特林和巴枯宁一样，反对宣传和准备工作。他们坚持认为，贫民总是准备造反的，因此，只要有坚定的领导人出现，随时都可以策划一场革命。

从魏特林关于这次会议的信件中，我们了解到，马克思强调了以下几点：彻底廓清共产主义者队伍；批判无益的理论家；拒绝任何单纯建立在善良意愿基础上的社会主义；实现在由资产阶级掌舵的时代之后出现的共产主义。

1846年5月，最后的决裂到来。魏特林很快就去了美国，在那里他一直待到1848年革命时期。马克思和恩格斯在一些朋友的帮助下，继续从事组织工作。在布鲁塞尔，他们建立了工人教育协会（Workers' Educational Society），马克思在那里向成员们讲授政治经济学。其成员除了有像威廉·沃尔弗（Wilhelm Wolff, 1809—1864）这样的知识分子（马克思后来把《资本论》第一卷献给了他），还有许多工人，如斯蒂凡·波尔恩（Stefan Born, 1824—1899）等。

以工人教育协会为基础，并依靠他们在布鲁塞尔和其他地方之间来往的同志的帮助，马克思和恩格斯努力建立并巩固与德国、伦敦、巴黎和瑞士的团体的联系。恩格斯本人在巴黎完成了这项任务。逐渐地，倾向于马克思和恩格斯新观点的人越来越多。然后，为了联合所有的共产主义力量，马克思决定了以下计划：建立一个国际组织，而不是一个单纯的德国组织。首先，必须在布鲁塞尔、巴黎和伦敦建立一些由较成熟的共产主义者组成的核心团体。从这些团体选出委员会，以便与其他共产主义组织保持沟通。这样就奠定了未来国际协会的基础。在马克思的建议下，这些委员会被命名为共产主义通讯委员会（通讯委员会）。

此后，文学家和新闻记者在有机会为报刊写作，或是作为通讯局或新闻局的成员写作德国社会主义和劳工运动的历史时，得出结论说，"通讯委员会"只不过是普通的通讯机构。在他们看来，马克思和恩格斯在布鲁塞尔设立一个通讯机构，是为了发布印刷的通告和信件。或者，正如梅林在其马克思传中所写的那样："由于没有自己的机关报，马克思和他的朋友们就发行铅印的或石印的通告，来尽可能地弥补这个缺陷。同时，他们竭力在有共产党人居住的那些大城市设置常任的通讯员。布鲁塞尔和伦敦已经有这样的通讯委员会，在巴黎也准备设立。马克思请求蒲鲁东同他合作。"①

然而，只要仔细阅读一下蒲鲁东的回信，就会发现他所谈的东西与通常的通讯局完全不同。如果我们回顾一下，这封给马克思的信是 1846 年夏天写的，那么我们必然会得出结论，早在马克思收到伦敦代表团的邀请、加入已经消失的正义者同盟之前，在伦敦、布鲁塞尔和巴黎已经存在着一些组织，其倡议无疑来自马克思。

因此，在 1846 年下半年，在布鲁塞尔有一个组织良好的中央通讯委员会，可以向各处发送报告。它由相当多成员组成，其中一部分是工人。还有由恩格斯所组织的巴黎委员会，在德国工匠中开展了非常积极的工作。然后是由沙佩尔、鲍威尔和莫尔领导的伦敦委员会。莫尔在半年后来到布鲁塞尔，据推测是为了促成马克思加入正义者同盟。但正如 1847 年 1 月 20 日的一封信所显示的那样，莫尔不是代表正义者同盟，而是代表共产主义通讯委员会来的，他来亲自报告伦敦社会状况。

因此我们必须得出结论，发端于恩格斯的、至今仍在书中流传的共产主义者同盟成立史，只不过是一个故事而已。

马克思的组织工作几乎被研究者们完全忽略了；他被描述成一个避世隐居的思想家。他个性中最有趣的一面被忽视了。如果我们不能意识到，在 19 世纪 40 年代后半期，是马克思而不是恩格斯，作为所有准备工作的指导者和启发者所发挥的重要作用，我们就难以理解他后来在 1848—1849 年和第一国际时期作为组织者所发挥的巨大作用。

可能就在莫尔访问布鲁塞尔之后，当时马克思确信大多数伦敦人已经摆脱了魏特林的影响时，布鲁塞尔委员会倡议并决定在伦敦召开一次会议。预备会议上的讨论和辩驳出现了各种冲突倾向。在恩格斯工作的巴黎，情况最为糟糕。当人们读到恩格斯的信件时，就会相信他是一个有能力的政

---

① 弗·梅林：《马克思传》，樊集译，北京：人民出版社，1985 年，第 158 页。

治家。例如，他郑重地告诉布鲁塞尔委员会，他不仅成功地说服了那些摇摆不定的人，而且他把一些人的不利影响"扫清"了，他的议案获得"一致"的通过，所以他成功了。

1847年夏天，大会在伦敦召开。马克思没有出席。威廉·沃尔弗是布鲁塞尔的代表，恩格斯是巴黎共产主义者的代表。当时只有几个代表，但这并未让任何人感到不安。他们决定联合起来成立共产主义者同盟。这并不是像恩格斯（他显然忘记了他所代表的是他自己创立的巴黎共产主义委员会）告诉我们的那样，对旧的正义者同盟进行重组。会议通过一个章程，其第一条清楚明确地表述了革命共产主义的基本思想。

> 同盟的目的：推翻资产阶级政权，建立无产阶级统治，消灭旧的以阶级对立为基础的资产阶级社会和建立没有阶级、没有私有制的新社会。①

该章程被临时通过。它需要提交给各个委员会讨论，并在下次大会上最终通过。

"民主集中制"原则被认为是同盟的基础。成员有义务公开宣传共产主义信条，并依照同盟的目标生活。一组固定成员构成了组织的基本单位——支部。这些支部与它们的区部委员会一起被合并为区部。本国或本省内的各区部隶属于一个总区部。总区部对中央委员会负责。

这种组织架构成为后来所有共产主义工人阶级政党在最初发展阶段的样板。然而，虽然它后来消失了，但19世纪70年代初期的德国，依然在应用这样的样板。共产主义者同盟中央委员会不是由大会选举产生的。主要的领导中心机关的权限，是委托给大会指定为中央委员会所在地的任意城

---

① 《国际共产主义运动历史文献》第2卷，北京：中央编译出版社，2011年，第209页。

市的地区委员会。如果伦敦被指定，那么伦敦地区的组织就会选出一个至少有五名成员的中央委员会。这保证了它与一个庞大的全国性组织的密切联系。

大会还决议制定一个共产主义的"教义问答"（catechism of faith）草案[①]，它将成为同盟的纲领。每个地区都将在下一次大会提出自己的草案。会议还决定出版一份大众杂志。这是第一个公开自称为"共产主义者"的工人阶级机关报[②]。它比《共产党宣言》早半年出版，但它的口号已经是"全世界无产者，联合起来！"

这本杂志印了试刊号就停刊了。文章主要由居住在伦敦的共产主义者同盟成员撰写和印刷。主要文章的风格非常大众、通俗。它用简单的语言指出了新的共产主义组织的特殊性，新组织与魏特林的组织和法国组织的不同之处，且并未提及正义者同盟。有篇文章介绍了法国共产主义者埃蒂耶纳·卡贝（Etienne Cabet, 1788—1856），著名的乌托邦小说《伊加利亚旅行记》（Icaria）的作者。1847年，卡贝开始活跃地鼓动活动，旨在召集愿意移居美国的人，在那片处女地上按照他在《伊加利亚旅行记》中描述的方式建立一个共产主义殖民地。他甚至专门去了一趟伦敦，企图吸引伦敦的共产主义者。文章对该计划进行了非常彻底的批评并敦促工人不要放弃欧洲，因为共产主义将首先在欧洲建立。还有一篇显然是恩格斯写的长文章。卷末是一篇社会和政治的调查报告，无疑出自布鲁塞尔的代表威廉·沃尔弗。

1847年底，在伦敦召开了第二次大会。这次马克思出席了会议。甚至在他准备去伦敦之前，恩格斯就从巴黎写信给他，说自己已经写下了共产主义教义问答的大纲，但恩格斯认为把它称为《共产党宣言》更为可取。马克思可能给大会带来了他完全成熟的主张。一切并非像斯切克洛夫所描述的那样都很顺利，因为出现了激烈的分歧。辩论持续了好几天，马克思花费了

---

① 即《共产主义信条草案》。
② 杂志名称为《共产主义杂志》。

大量的精力来说服大多数人相信新纲领的正确性。纲领被通过了,大会委任马克思——这一点很重要——以同盟的名义写一份宣言。的确,马克思在撰写宣言时利用了恩格斯准备的计划。但马克思是唯一在政治上对同盟负责的人。如果《宣言》给人的印象是一整块钢铁铸成的庄严的纪念碑,那完全是因为它是由马克思独自撰写的。当然,它包括了马克思和恩格斯共同发展的许多思想,但它的主要思想,正如恩格斯在下文所说的,完全属于马克思。

> 贯穿《宣言》的基本思想:每一历史时代的经济生产以及必然由此产生的社会结构,是该时代政治的和精神的历史的基础;因此(从原始土地公有制解体以来)全部历史都是阶级斗争的历史,即社会发展各个阶段上被剥削阶级和剥削阶级之间、被统治阶级和统治阶级之间斗争的历史;而这个斗争现在已经达到这样一个阶段,即被剥削被压迫的阶级(无产阶级),如果不同时使整个社会永远摆脱剥削、压迫和阶级斗争,就不再能使自己从剥削它压迫它的资产阶级下解放出来。——这个基本思想完全是属于马克思一个人的。①

我们应该注意这个情况。共产主义者同盟和恩格斯都知道,制定新纲领的主要责任落在了马克思身上,是他负责撰写《宣言》。一封有趣的信证明了我们的论点。这封信揭示了马克思与同盟之间的关系,而同盟在精神上、在倾向上——认为"知识分子"仅仅是纲领制定专家——都是无产阶级的。为了更好地理解这封信,我们必须知道,伦敦被指定为中央委员会的所在地,根据章程,中央委员会是由伦敦区部委员会选定的。

这封信是1848年1月26日由中央委员会寄给布鲁塞尔区部委员会、转

---

① 《马克思恩格斯全集》(第一版)第21卷,第3页。

交给马克思的。它包含了中央委员会在 1 月 24 日通过的一项决议。

中央委员会决定委托布鲁塞尔区部委员会通知卡尔·马克思：如果今年 2 月 1 日（星期二）之前，他不把在上次代表大会上受托起草的《共产党宣言》寄到伦敦，那就要对他采取进一步的措施。如果他不打算起草《宣言》，中央委员会就要求他立即退还代表大会提供给他的各种文件。

代表中央委员会并受其委托

签名：沙佩尔 鲍威尔 莫尔[①]

我们从这封愤怒的决议中看到，即使到了 1 月底，马克思也没有完成 12 月交给他的工作。这也是马克思的一个典型特征。就其写作才华来说，他的行动有点迟缓。他一般在其著作上花费很长时间，况且那是一份重要的文件。他希望这份文件能接近完美的形式，从而能经受住时间的考验。我们有一张马克思最初起草的手稿，它表明马克思一字一句的斟酌都是费尽心思的。中央委员会不必采取任何进一步的措施。显然，马克思在 2 月初成功地完成了他的任务。《宣言》是在二月革命的前几天发表的。当然，由此我们可以推断，《宣言》对二月革命的准备几乎不可能发挥任何作用。我们发现《宣言》的第一版在 1848 年 5 月或 6 月之前没有进入德国，据此可以进一步推断，德国革命也没有受到这份文件的什么影响。它的内容只有布鲁塞尔和伦敦的一小群共产主义者知道。

《宣言》是国际共产主义者同盟的纲领。同盟包括少数比利时人、几位具有共产主义思想的英国宪章主义者和大多数德国人。《宣言》必须考虑到的不是任何一个特定的国家，而是整个资产阶级世界，共产主义者借此第一

[①]《国际共产主义运动历史文献》第 2 卷，第 243 页。

次在这样的世界面前公开阐述了他们的目标。

《宣言》的第一章对资产阶级的资本主义社会,对已出现并仍在社会中继续发展的阶级斗争做了惊人的、清晰的描述。我们看到资产阶级在古老的中世纪封建制度的子宫中不可避免的发端。我们看到资产阶级的存在条件随着经济关系的变化而变化。我们看到它在与封建制度的斗争中曾发挥的革命作用,以及它曾在多么大的程度上促进了人类社会生产力的发展,从而在历史上第一次为全人类的物质解放创造了可能性。

然后是无产阶级演变的历史简述。我们看到,无产阶级是如何与资产阶级一样不可避免地发展起来的,而且是伴随着资产阶级发展起来的。我们看到它如何逐渐成为一个独立的阶级。在我们面前出现的,是在无产阶级成为自为阶级、创造自己的阶级组织之前,无产阶级和资产阶级斗争的各种形式。

《宣言》进一步呈现了资产阶级思想家对共产主义提出的所有反对意见,并对它们进行了彻底的批判。

马克思进一步解释了共产党人对其他工人政党的策略。这里有个有趣的细节。《宣言》宣称,共产党人并不构成与其他工人政党相对立的特殊政党。他们只是工人的先锋队,他们胜过其余无产阶级群众的地方在于他们了解无产阶级运动的条件、进程和一般结果。

既然我们已经了解共产主义者同盟的实际历史,这种对共产党人问题的说法就更好解释了。这是由当时的劳工运动状况,特别是英国的劳工运动状况决定的。那些同意加入同盟的宪章派,其加入条件是允许他们保持与旧党的联系。他们承担的义务只是在宪章主义框架内组织一些符合共产主义支部性质的活动,其目的是在那里传播共产主义的纲领和思想。

《宣言》详细分析了社会主义者和共产主义者之间激烈争辩的众多主张;它对这些主张进行了最尖锐的批评,并明确地拒绝了他们,除了马克思和恩格斯在某种程度上采用并修正他们的学说的伟大的空想主义者圣西门、傅立叶和欧文。《宣言》接受他们对资产阶级秩序的批判,但把新无产阶级批判的共产主义的革命纲领与和平的、空想的、非政治的社会主义对立起来。

最后,《宣言》探讨了革命初期的共产主义策略,特别是针对资产阶级政党的策略。每个国家依据本国的具体历史条件而采取不同的措施。在资产阶级已经占统治地位的地方,无产阶级专门对它发起战争。在那些资产阶级仍在争取政权的国家,例如在德国,只要资产阶级与君主制和贵族做斗争,共产党就与资产阶级携手合作。

然而,共产党人从未停止向工人的头脑中灌输一种越发强烈的对真理的意识:资产阶级的利益与无产阶级的利益截然相反。关键的问题始终是私有财产问题。这是马克思和恩格斯在 1848 年二月革命和三月革命前夕制定的斗争策略。我们随后将看到这些策略是如何在实践中应用的,以及它们是在革命经验的结果上变革的。

现在我们对《宣言》的内容有了一个大致的了解。我们必须记住,它包含了恩格斯,特别是马克思从 1845 年到 1847 年底进行的所有科学工作的成果。在这期间,恩格斯成功地将他为《英国工人阶级状况》收集的材料整理成形,而马克思则努力研究政治和经济思想的历史。在这两年中,在与各种唯心主义教条的斗争中,他们相当充分地发展了唯物史观,这使他们在研究物质关系,与通常决定社会关系的生产和分配条件时,能够很好地确定自己的方向。

(译者:李霞/中山大学哲学系;

校者:刘畅/中山大学哲学系、凌菲霞/中山大学哲学系)

古典新刊 《中庸》解义

欄目按語

賴區平
（中山大學哲學系）

本欄目所選的三個文本均爲對《中庸》的注解作品，即《四書朱子文集纂·中庸》（清儒陳鏦編）、《王陽明〈中庸〉詮釋文獻輯要》（郭亮、王文媛編）以及狄生徂徠的《中庸解》。關於所選文本及其作者的基本情況，請參考每位點校者在文本開篇前所作的說明，此不贅述。

《四書朱子文集纂》是清儒陳鏦從《晦庵先生朱文公文集》中彙集朱子有關四書的解釋而編成的一部著作，可與朱子的《四書章句集注》《四書或問》及《朱子語類》四書部分對照而讀。作爲朱子本人寫下的文字，此編有助於我們完整把握朱子的四書學。此次整理了其中的《中庸》部分。

《王陽明〈中庸〉詮釋文獻輯要》吸收了近年來對王陽明文獻整理的相關成果，是郭亮副教授、王文媛副研究員對王陽明論述《中庸》相關文本的一次系統而全面的整理。我們知道，除《大學》注本外，王陽明沒有留下更多完整的解經作品。此編輯錄王陽明的《中庸》解釋，可以作爲王陽明中庸學及四書學研究的基礎文獻。

《中庸解》是日本大儒狄生徂徠的大作。荻生徂徠認爲自思孟以下，先王之道降而爲儒家者流，儒學實質上從經學轉爲子學，理學和心學均延續的子學式的解經思路。爲此，狄生徂徠倡導古文辭學，並基於此解構"四書"之學，重構儒家者流出離六經之教的過程和思路，旨在恢復經學原貌。《論語征》《大學解》《中庸解》《孟子識》之作，宗旨在此。學者或不盡同意其主張，但其著作體大思精，洞見迭出，啟人深思。由此次整理的《中庸解》，亦可窺一斑。

一言以蔽之，以上三個文本分別代表了理學、心學和域外復古的經學三種對《中庸》的解釋進路。

四書朱子文集纂·中庸

[宋]朱熹 著　[清]陳鏦 編

點校説明：《四書朱子文集纂》三十二卷，清陳鏦編，清康熙己巳行恕堂刊。陳鏦字太始，湖州清溪人。陳鼎《留溪外傳》卷四有《陳太始傳》，稱其"博學通詩古文辭，善書法。舉諸生，從吕晚村講程朱學，有所得。性耿介，疾惡甚嚴"。

按朱子平生於《四書》用功至深，其所述作，有《四書章句集注》《四書或問》之書，《論孟精義》《中庸輯略》之編，另《朱子語類》有關《四書》之論説亦以類相從，易於檢閲。而《晦庵先生朱文公文集》中之《四書》論説，則散見各處，不便參考，初學者畏於《文集》卷帙浩繁，亦罕深考。編者陳氏乃從《晦庵先生朱文公文集》中搜羅有關《四書》之論説，纂輯而成是書，依次爲《大學》二卷、《論語》二十卷、《中庸》三卷、《孟子》七卷。纂輯之功，頗便學者。據書名葉有加框朱字"五經嗣出"字樣，則編者尚欲於朱子《文集》中纂輯有關五經之論説，今未見其書，殆未成也。

本文爲《四書朱子文集纂》有關《中庸》部分之點校，并以《朱子全書》（上海：上海古籍出版社；合肥：安徽教育出版社，2002年）所收《晦庵先生朱文公文集》（以下簡稱《文集》），加以參校。按，原書小注爲雙行小字，今改爲楷體小字。原書僅標有《中庸》章數，今於其後另加括號標出每章開頭數字，以便讀者。原編者於所引文字只標題目，今補充《文集》所在卷數，如《答包定之》後標明"卷五十四"；若引自《別集》《續集》，則另加標示，如《答林澤之》後標明"《別集》卷六"。又，朱子與同一人書信往來常有多封，今於所引書信後標出書信開頭數字，如《答林澤之》後加上"聞縣庠始教"數字；若《辨蘇氏易解》等引自《雜學辨》，則在其後另標"雜學辨"之名。

朱子文集纂卷之二十三

中庸

近看《中庸》，於章句文義間，窺見聖賢述作傳授之意極有條理，如繩貫棋局之不可亂。因出己意，去取諸家，定爲一書，與向來《大學章句》相似。**答林擇之**（聞縣庠始教。《別集》卷六）

《中庸》實未易讀，更且①虛心玩味，久當自得。大抵其說雖無所不包，然其用力之端，只在明善謹獨。所謂明善，又不過思慮應接之間辨其孰爲公私邪正而已，此窮理之實也。若於此草草放過，則亦無所用其存養之力矣。若更如此用力，必自見得。**答包定之**（卷五十四）

嘗妄謂《中庸》雖七篇之所自出，然讀者不先於《孟子》而遽及之，則亦非所以爲入道之漸也。**書臨漳所刊四子後**（卷八十二）

《中庸序》曰："人莫不有是形，故雖上智不能無人心。"人心只是就形氣上平說天生如此，未是就人爲上說。然上文又曰"或生於形氣之私"，乃却下"私"字，何也？"私"恐或涉人爲私欲處說，似與"上智不能無人心"句不相合。不審如何？陳安卿問。如飢飽寒燠之類，皆生於吾之血氣形體，而他人無與焉，所謂私也，亦未便是不好，但不可一向徇之耳。**答陳安卿**（大

---

① 且，《文集》作"宜"。

學舉吾十有五章。卷五十七）

人心自是不容去除，但要道心爲主，即人心自不能奪，而亦莫非道心之所爲矣。然此處極難照管，須臾間斷，即人欲便行矣。答鄭子上（道心之說。卷五十六）

以道心爲主，則人心亦化而爲道心矣。如《鄉黨》所記飲食衣服，本是人心之發，然在聖人分上，則渾是道心也。答黃子耕（所論二先生。卷五十一）

道心雖微，然非人欲亂之，則亦不至甚難見。惟其人心日熾，是以道心愈微也。答趙恭父（道心雖微。卷五十九）

中庸一　第一章至第十一章

第一章（天命之謂性）

"天生烝民，有物有則"，只生此民時，便已是命他以此性了。性只是理，以其在人所稟，故謂之性，非有塊然一物可命爲性而不生不滅也。蓋嘗譬之，命字如朝廷差除，性字如官守職業。故伊川先生言："天所賦爲命，物所受爲性。"其理甚明。故凡古聖賢說性命，皆是就實事上說。如言盡性，便是盡得此君臣父子、三綱五常之道而無餘；言養性，便是養得此道而不害。至微之理、至著之事，一以貫之，略無餘欠，非虛語也。答陳衛道（疏示所見。卷五十九）

蓋理便是性之所有之理，性便是理之所會之地。答馮作肅（敬義之說甚善。卷四十一）

"天命之謂性"，有是性，便有許多道理總在裏許，故曰"性便是理之所會之地"，非謂先有無理之性，而待其來會於此也。但以伊川"性即理也"一句觀之，亦自可見矣。答何叔京（人之本心。卷四十）

明道先生云："人生而靜以上不容說，才說性時，便已不是性。"人生而靜以上，何故不容說？才說性時，何故已不是性？未明其旨。劉韜仲問。

"不容説"者，未有性之可言；"不是性"者，已不能無氣質之雜矣。**答劉韜仲問目**（無求生以害仁。續集卷九）

纔説性字，便是以人所受而言，此理便與氣合了。但直指其性，則於氣中又須見得別是一物始得，不可混并説也。**答李晦叔**。下同（所論持敬讀書。卷六十二）

就原頭定體上説，則未分五行時，只謂之陰陽；未分五性時，只謂之健順。及分而言之，則陽爲木火、陰爲金水，健爲仁禮、順爲智義。（大學或問。卷六十二）

陰陽之爲五行，有分而言之者，如木火陽而金水陰也；有合而言之者，如木之甲、火之丙、土之戊、金之庚、水之壬皆陽，而乙、丁、己、辛、癸皆陰也。以此推之，健順五常之理可見。**答黄商伯**（大學知止能得。卷四十六）

聖人以爲猶有性者存乎吾心，則是猶有是心也。有是心也，僞之始也。於是又推其至者而假之曰命。命，令也，君之命曰令，天之令曰命。性之至者，非命也，無以名之而寄之命耳。**蘇氏解乾象傳**。愚謂蘇氏以性存於吾心則爲僞之始，是不知性之真也；以性之至者非命而假名之，是不知命之實也。如此，則是人生而無故有此大僞之本，聖人又爲之計度隱諱，僞立名字以彌縫之，此何理哉！此蓋未嘗深考夫《大傳》《詩》《書》《中庸》《孟子》之説以明此章之意，而溺於釋氏"未有天地，已有此性"之言，欲語性於天地生物之前，而患夫命者之無所寄，於是爲此説以處之，使兩不相病焉耳。使其誠知性命之説矣，而欲語之於天地生物之前，蓋亦有道，必不爲是支離淫遁之辭也。**辨蘇氏易解**（雜學辨。卷七十二）

天命之性不可形容，不須贊嘆，只得將他骨子實頭處説出來，乃於言性爲有功。故熹只以仁義禮智四字言之，最爲端的。率性之道，便是率此之性無非是道，亦離此四字不得。如程子所謂"仁，性也；孝悌[①]是用也。性中只

[①] 孝悌，《文集》作"孝弟"。下同。

有仁義禮智而已，曷嘗有孝悌來"，此語亦可見矣。蓋父子之親、兄弟之愛，固性之所有，然在性中只謂之仁，而不謂之父子、兄弟之道也。君臣之分、朋友之交，亦性之所有，然在性中只謂之義，而不謂之君臣、朋友之道也。推此言之，曰禮曰智，無不然者。蓋天地萬物之理，無不出於此四者。答胡廣仲（熹承諭向來。卷四十二）

伊川先生說"率性之謂道"，通人物而言。答林鎔（率性之謂道。卷三十九）

惟人心至靈，故能全此四德，而發爲四端；物則氣偏駁而心昏蔽，固有所不能全矣。然其父子之相親、君臣之相統，間亦有僅存而不昧者，然欲其克己復禮以爲仁，善善惡惡以爲義，則有所不能矣。然不可謂無是性也。若生物之無知覺者，則又其形氣偏中之偏者，故理之在是物者，亦隨其形氣而自爲一物之理，雖若不復可論仁義禮智之仿佛，然亦不可謂無是性也。答徐子融（有性無性之說。卷五十八）

"率性之謂道"，非是人有此性而能率之乃謂之道，但說自然之理循將去，即是道耳。道與性字，其實無甚異，但性字是渾然全體，道字便有條理分別之殊耳。答黃子耕（所論二先生。卷五十一）

道只是性之流行分別處，非是以人率性而爲此道也。答陳才卿（前書所論。卷五十九）

"性者，道之形體"乃《擊壤集序》中語，其意蓋曰性者，人所稟受之實；道者，事物當然之理也。事物之理固具於性，但以道言，則沖漠散殊而莫見其實，惟求之於性，然後見其所以爲道之實，初不外乎此也。《中庸》所謂"率性之謂道"，亦以此而言耳。答方賓王。下同（性者道之形體。卷五十六）

"性者，道之形體"，乃《擊壤集序》中語，其意若曰：但謂之道，則散在事物而無緒之可尋；若求之於心，則其理之在是者，皆有定體而不可易耳。理之在心，即所謂性，故邵子下文又曰"心者，性之郛郭"也。（前書所喻。卷五十六）

所疑理氣之偏，若論本原，即有理然後有氣，故理不可以偏全論；若論禀賦，則有是氣而後理隨以具，故有是氣則有是理，無是氣則無是理，是氣多則是理多，是氣少即是理少，又豈不可以偏全論耶？答趙致道（所疑理氣之偏。卷五十九）

理固不可以偏正通塞言，然氣禀既殊，則氣之偏者便只得理之偏，氣之塞者便自與理相隔，是理之在人，亦不能無偏塞也。橫渠論受光有大小昏明，而照納不二，其說甚備，可試考之。答杜仁仲（示喻爲學之意。卷六十二）

脩道之教當屬何處？亦出乎天耳。答楊至之（率性之說。卷五十五）

脩道之教，脩之者固專出於人事。而所脩之道，則天地萬物之理莫不具焉，是乃天人之合，亦何害其爲同耶？答彭子壽（垂喻中庸疑義。卷六十）

首章之説性，或通人、物，或專以人而言，此亦當隨語意看，不當如此滯泥也。蓋天命之性，雖人物所同禀，然聖賢之言本以脩爲爲主，故且得言人。而脩爲之功在我爲切，故又有以吾爲言者，如言"上帝降衷於民""民受天地之衷以生"，不可謂物不與有；孟子言"我善養吾浩然之氣"，不可謂他人無此浩然之氣也。答陳才卿（前書所論。卷五十九）

"天命之謂性"，第贊性之可貴耳，未見人收之爲己物也；"率性之謂道"，則人體之爲己物，而入於仁義禮智中矣，然而未見施設運用也；"脩道之謂教"，則仁行於父子，義行於君臣，禮行於賓主，知行於賢者，而道之等降隆殺於是而見焉。張無垢。愚謂天命之謂性，言性之所以名，乃天之所賦、人之所受義理之本原，非但贊其可貴而已。性亦何待於人贊其貴耶？董子曰："命者，天之令也；性者，生之質也。"此可謂庶幾子思之意，而異乎張氏之言矣。且既謂之性，則固已自人所受而言之，今曰未爲己物，則是天之生是人也，未以此與之而置之他所，必是人者自起而收之，而後得以爲己物也。不知未得此性之前，其爲人也，孰使之呼吸食息於天地之間以收此性？且夫性者，又豈塊然一物，寓於一處，可摶而置之軀殼之中耶？仁義禮智，性之所有，與性爲體者也，今曰體爲己物然後入於仁義禮智之中，則是四者逆設於此，而後性來於彼也。不知方性之未入也，是四者又何自而來哉？凡此皆不知大本、妄意穿鑿之言，智者觀之，亦不待盡讀其書，而是非邪正已判於此章矣。仁行於父子，義行於君臣，是乃率性之道，而遽以爲脩道之教，亦失其次序矣。辨張無垢中庸解（雜學辨。卷七十二）

"不可離"恐未有不可得而離之意，以下文觀之可見。答石子重。下同（口之於味。卷四十二）

此一節當分作兩事："戒謹不睹、恐懼不聞"，如言聽於無聲、視於無形也，是防於未然以全其體；"謹獨"，是察之於將然以審其幾。

此道無時無之，然體之則合，背之則離也。一有離之，則當此之時，失此之道矣。故曰"不可須臾離"。君子所以戒謹不睹、恐懼不聞，則不敢以須臾離也。所謂"以下文觀之"者如此。

既言道"不可須臾離"，即是無精粗隱顯之間皆不可離，故言"戒謹乎不睹不聞"以該之，若曰自其思慮未起之時，早已戒謹，非謂不戒謹乎所睹所聞而只戒謹乎不睹不聞也。此兩句是結抹上文"不可須臾離"一節意思了。下文又提起說無不戒謹之中，隱微之間、念慮之萌尤不可忽，故又欲於其獨而謹之，又別是結抹上文"隱、微"兩句意思也。若如來說，則既言不可須臾離而當戒謹矣，下句卻不更端，而偏言唯隱微爲顯見而不可不謹其獨，則是所睹所聞、不隱不微之處皆可忽而不謹。如此牽連，即將上句亦說偏了。只這些子意思，恐於理有礙，且於文勢亦似重複而繁冗耳。所謂"固欲學者用功轉加謹密"，熹之本意卻不如此。蓋無所不戒謹者，通乎已發、未發而言；而謹其獨，則專爲已發而設耳。卒章所引"潛雖伏矣"，猶是有此一物藏在隱微之中；"不愧屋漏"，則表裏洞然，更無纖芥查滓矣。蓋首章本靜以之動，卒章自淺以及深也。且"所不見"，非獨而何？"不動而敬，不言而信"，非戒謹乎其所不睹不聞而何？若首章不分別，即此等處皆散漫而無統矣。答呂子約（戒懼於不睹不聞者。卷四十八）

大抵其言"道不可離,可離非道,是故君子戒慎乎其所不睹,恐懼乎其所不聞",乃是徹頭徹尾、無時無處不下工夫,欲其無須臾而離乎道也。不睹不聞與"獨"字不同,乃是言其戒懼之至,無適不然,雖是此等耳目不及、無要緊處,亦加照管,如云聽於無聲、視於無形,非謂所有聞見處却可闊略,而特然於此加功也。又言"莫見乎隱,莫顯乎微,故君子謹其獨",乃是上文全體工夫之中,見得此處是一念起處、萬事根原,又更緊切,故當於此加意省察,欲其自隱而見、自微而顯,皆無人欲之私也。觀兩"莫"字,即見此處是念慮欲萌而天理人欲之幾,最是緊切,尤不可不下工處,故於全體工夫之中,就此更加省察。然亦非必待其思慮已萌,而後別以一心察之。蓋全體工夫既無間斷,即就此處略加提撕,便自無透漏也。此是兩節,文義不同,詳略亦異。前段中間著"是故"字,後段中間又著"故"字,各接上文以起下意。前段即卒章所謂"不動而敬,不言而信",後段即卒章所謂"內省不疚,無惡於志",文義條理大小甚明。從來說者多是不察,將此兩段只作一段相纏說了,便以戒慎恐懼不睹不聞為謹獨,所以雜亂重複,更說不行。前後只是粗瞞過了,子細理會,便分疏不下也。答胡季隨。下同(所示諸說。卷五十三)

作兩事說,則不害於相通;作一事說,則重複矣。不可分中,却要見得不可不分處,若是全不可分,《中庸》何故重複說作兩節?(戒懼者所以。卷五十三)

不是欲發時節別換一心來省察他,只是此個全體戒懼底略更開眼耳。

不睹不聞,即是未發之前。未發之前,無一毫私意之雜。此處無走作,只是存天理而已,未說到遏人欲處。已發之初,天理人欲由是而分。此處不放過,即是遏人欲,天理之存有不待言者。如此分說,自見端的。一之語。此說分得好。然又須見不可分處,如兵家攻守相似,各是一事而實相為用也。

涵養工夫實貫初終,而未發之前只須涵養,纔發處便須用省察工夫。至於涵養愈熟，則省察愈精矣。一之語。此數句是。

省察於欲發之時，平日工夫不至而欲臨時下手，不亦晚乎？大時語。若如此說，則是臨時都不照管，不知平日又如何做工夫也？

"未發之前，唯當敬以持養；既發之後，又當敬以察之。未發之中，不待推求而已瞭然於心目，一有求之之心，則其未發者固已不得而見矣。"剖析可謂明白。呂氏欲求中於未發之前而執之，誠無是理。然既發之情是心之用，審察於此，未免以心觀心。前章《或問》謂別以一心求此一心、見此一心爲甚誤，《論語或問》觀過知仁章亦有此說，豈非學者不能居敬以持養、格物以致知，專務反求於心，迫急危殆，無科級依據，或流入於異端，與始終持敬、體用相涵、意味接續者爲不同也？黃商伯問。已發之處，以心之本體權度，審其心之所發，恐有輕重長短之差耳，所謂"物皆然，心爲甚"是也。若欲以所發之心別求心之本體，則無此理矣。此胡氏觀過知仁之說所以爲不可行也。答黃商伯（大學知止能得。卷四十六）

或問：佛者有觀心說，然乎？曰：夫心者，人之所以主乎身者也，一而不二者也，爲主而不爲客者也，命物而不命於物者也。故以心觀物，則物之理得。今復有物以反觀乎心，則是此心之外復有一心，而能管乎此心也。然則所謂心者，爲一耶、爲二耶？爲主耶、爲客耶？爲命物者耶、爲命於物者耶？此亦不待校[①]而審其言之謬矣。觀心說（卷六十七）

心固不可不識，然靜而有以存之，動而有以察之，則其體用亦昭然矣。近世之言識心者則異於是。蓋其靜也初無持養之功，其動也又無體驗之實，但於流行發見之處認得頃刻間正當底意思，便以爲本心之妙不過如是，擎夯作弄，做天來大事看。不知此只是心之用耳。此事一過，此用便息，豈有只據此頃刻間意思，便能使天下事事物物無不各得其當之理耶？所以爲其學者，於其功夫到處亦或小有效驗，然亦不離此處，而其輕肆狂妄、不顧義理之

---

① 校，原作"教"，《文集》據浙本、天順本改，今從之。

弊,已有不可勝言者。此真不可以不戒。答方賓王（前書所喻。卷五十六）

《大學》初說致知格物,《中庸》首章惟言戒懼謹獨,工夫規模覺得似比《大學》爲高遠。直至二十章,始言明善、擇善,與《大學》所以教者同。亦似二書隨學者器質爲教也。黃商伯問。《大學》是通言學之初終,《中庸》是直指本原極致處,巨細相涵,精粗相貫,皆不可闕,非有彼此之異也。答黃商伯（大學知止能得。卷四十六）

天命之性,渾然而已,以其體而言之則曰中,以其用而言之則曰和。中者,天地之所以立也,故曰大本；和者,化育之所以行也,故曰達道：此天命之全也。人之所受,蓋亦莫非此理之全：喜怒哀樂未發,是則所謂中也；發而莫不中節,是則所謂和也。然人爲物誘而不能自定,則大本有所不立；發而或不中節,則達道有所不行。大本不立,達道不行,則雖天理流行未嘗間斷,而其在我者或幾乎息矣。惟君子知道之不可須臾離者,其體用在是,則必有以致之以極其至焉。蓋敬以直内,而喜怒哀樂無所偏倚,所以致夫中也；義以方外,而喜怒哀樂各得其正,所以致夫和也。敬義夾持,涵養省察,無所不用其戒謹恐懼,是以當其未發而品節已具,隨所發用而本體卓然,以至寂然、感通,無少間斷,則中和在我,天人無間,而天地之所以位,萬物之所以育,其不外是矣。中庸首章説（卷六十七）

《中庸》未發、已發之義,前此認得此心流行之體,又因程子"凡言心者,皆指已發"之云,遂目心爲已發,而以性爲未發之中,自以爲安矣。比觀程子《文集》《遺書》,見其所論多不符合,因再思之,乃知前日之説,雖於心性之實未始有差,而未發、已發命名未當,且於日用之際欠却本領一段工夫,蓋所失者不但文義之間而已。因條其語,而附以己見,告於朋友,願相與講焉。恐或未然,當有以正之。

《文集》云：中即道也。又曰：道無不中,故以中形道。

又云："中即性也",此語極未安。中也者,所以狀性之體段,如天圓、地方。

又云：中之爲義，自過不及而立名。若只以中爲性，則中與性不合。

又云：性、道不可合一而言。中止可言體，而不可與性同德。

又云："中者，性之德"，此爲近之。又云：不若謂之性中。

又云："喜怒哀樂之未發謂之中"，赤子之心，發而未遠乎中，若便謂之中，是不識大本也。

又云：赤子之心可以謂之和，不可謂之中。

《遺書》云：只喜怒哀樂不發，便是中。

又云：既思便是已發，喜怒哀樂一般。

又云：當中之時，耳無聞、目無見，然見聞之理在始得。

又云：未發之前，謂之靜則可，靜中須有物始得。這裏最是難處，能敬則自知此矣。

又云："敬而無失"，便是"喜怒哀樂未發謂之中"也。敬不可謂之中，但敬而無失，即所以中也。

又云："中者，天下之大本"，天地間亭亭當當、直上直下之理，出則不是。惟"敬而無失"最盡。

又云：存養於未發之前則可，求中於未發之前則不可。

又云：未發更怎生求？只平日涵養便是。涵養久，則喜怒哀樂發而中節。

又云：善觀者却於已發之際觀之。

右據此諸説，皆以思慮未萌、事物未至之時，爲"喜怒哀樂之未發"。當此之時，即是心體流行寂然不動之處，而天命之性體段具焉。以其無過不及、不偏不倚，故謂之中。然已是就心體流行處見，故直謂之性則不可。呂博士論此大概得之。特以中即是性、赤子之心即是未發，則大失之。故程子正之。解中亦有求中之意，蓋答書時未暇辨耳。蓋赤子之心，動靜無常，非寂然不動之謂，故不可謂之中；然無營欲知巧之思，故爲未遠乎中耳。未發之中，本體自然，不須窮索，但當此之時，敬以持之，使此氣象常存而不失，則自此而發者，其必中節矣。此日用之際本領工夫。其曰"却於已發之處觀之"者，所以察其端倪之動而致擴充之功也，一不中則非性之本然，而心之道或幾乎息矣。故程子於此，每以"敬而無失"爲言。又云："入道莫如敬，未有能致知而不在敬者。"又曰："涵養須是敬，進學則在致知。"以事言之，則有動有靜；以心言之，則周流貫徹，其工夫初無間斷也，但以靜爲本爾。周子所謂主靜者，亦是此意。但言靜則偏，故程子又說敬。向來講論思索，直以心爲已發，而所論致知格物，亦以察識端倪爲初下手處，以故缺却平日涵養一段功夫。其日用意趣，常偏於動，無復深潛純一之味，而其發之言語事爲之間，亦常躁迫浮露，無古聖賢氣象，由所見之偏而然爾。程子所謂"凡言心者，皆指已發而言"，此却指心體流行而言，非謂事物思慮之交也。然與《中庸》本文不合，故以爲未當而復正之。固不可執其已改之言，而盡疑論説之誤；又不可遂以爲當，而不究其所指之殊也。周子曰："無極而太極。"程子又曰："人生而靜以上不容説，纔説時便已不是性矣。"蓋聖賢論性，無不因心而發。若欲專言之，則是所謂"無極"而"不容言"者，亦無體段之可名矣。未審諸君子以爲如何？**已發未發説**（卷六十七）

　　未發只是思慮事物之未接時，於此便可見性之體段，故可謂之中，而不可謂之性也。發而中節，是思慮事物已交之際皆得其理，故可謂之和，而不可謂之心。心則通貫乎已發、未發之間，乃大易生生流行、一動一靜之全體也。**答林擇之**（所答二公問。卷四十三）

　　"喜怒哀樂之未發謂之中"，性也；"發而皆中節謂之和"，情也。子思之爲此言，欲學者於此識得心也。心也者，其妙情性之德者歟。**答張敬夫**（孟子曰盡其心者。卷三十二）

　　未動爲性，已動爲情，心則貫乎動靜而無不在焉，則知三者之説矣。《知言》曰："性立天下之有，情效天下之動，心妙性情之德。"此言甚精密。**答馮作肅**（敬義之説。卷四十一）

　　情之未發者，性也，是乃所謂中也，天下之大本也；性之已發者，情也，其皆中節，則所謂和也，天下之達道也：皆天理之自然也。妙性情之德者，心

也，所以致中和、立大本而行達道者也，天理之主宰也。太極説。下同（卷六十七）

靜而無不該者，性之所以爲中也，寂然不動者也；動而無不中者，情之發而得其正也，感而遂通者也；靜而常覺、動而常止者，心之妙也，寂而感、感而寂者也。

未發、已發，子思之言已自明白。程子數條引寂然感通者，皆與子思本指符合，更相發明。但答呂與叔之問偶有"凡言心者皆指已發"一言之失，而隨即自謂未當，亦無可疑。至《遺書》中"纔思即是已發"一句，則又能發明子思言外之意，蓋言不待喜怒哀樂之發，但有所思即爲已發。此意已極精微，説到未發界至十分盡頭，不復可以有加矣。問者不能言下領略，切已思惟，只管要説向前去，遂有無聞無見之問。據此所問之不切，與程子平日接人之嚴，當時正合不答，不知何故却引惹他，致他如此記錄，前後差舛，都無理會。後來讀者若未敢便以爲非，亦且合存而不論。今却拘守其説，字字推詳以爲定論，不信程子手書"此固未當"之言，而寧信他人所記自相矛盾之説，彊以"已發"之名侵過"未發"之實，使人有生已後、未死已前，更無一息未發時節，惟有爛熟睡著可爲未發，而又不可以立天下之大本。此其謬誤，又不難曉。故《或問》中粗發其端。今既不信，而復有此紛紛之論，則請更以心思、耳聞、目見三事較之，以見其地位時節之不同。蓋心之有知，與耳之有聞、目之有見爲一等時節，雖未發而未嘗無；心之有思，乃與耳之有聽、目之有視爲一等時節，一有此則不得爲未發。故程子以有思爲已發則可，而記者以無見無聞爲未發則不可。若苦未信，則請更以程子之言證之，如稱許渤持敬，而注其下云："曷嘗有如此聖人？"又每力詆坐禪入定之非，此言皆何謂邪？若必以未發之時無所見聞，則又安可譏許渤而非入定哉？此未發、已發之辨也。答呂子約。下同（所示四條。卷四十八）

程子云："若無事時，耳須聞，目須見。"既云耳須聞，目須見，則與前項所答已不同矣，又安得曲爲之説，而強使爲一義乎？至靜之時，但有能知能覺者，而無所知所覺之事。此於《易》卦爲純坤不爲無陽之象；若論《復》卦，則須以有所知覺者當之，不得合爲一說矣。故康節亦云："一陽初動處，萬物未生時。"此至微至妙處，須虛心靜慮方始見得，若懷一點偏主彊說意思，即方寸之中先自擾擾矣，何緣能察得彼之同異邪？（代語之喻。卷四十八）

謂未有聞、未有見爲未發，所謂"沖漠無朕，萬象森然已具"，不知衆人果能有此時乎？學者致知居敬之功，積累涵養而庶幾有此爾。呂子約問。子思只說喜怒哀樂，今却轉向見聞上去，所以說得愈多，愈見支離紛冗，都無交涉。此乃程門請問記錄者之罪，而後人亦不善讀也。不若放下，只白直看子思說底。須知上四句分別中和，不是說聖人事，只是汎說道理名色地頭如此；下面說致中和，方是說做功夫處，而唯聖人爲能盡之。若必以未有見聞爲未發處，則只是一種神識昏昧底人，睡未足時被人驚覺、頃刻之間不識四到時節有此氣象，聖賢之心，湛然淵靜，聰明洞徹，決不如此。若必如此，則《洪範》五事當云"貌曰僵，言曰啞，視曰盲，聽曰聾，思曰塞"乃爲得其性，而致知居敬，費盡工夫，却只養得成一枚癡獃罔兩漢矣。（不睹不聞。卷四十八）

所論"才說存養，即是動了"，此恐未然。人之一心，本自光明，不是死物。所謂存養，非有安排造作，只是不動著他，即此知覺炯然不昧，但無喜怒哀樂之偏、思慮云爲之擾耳。當此之時，何嘗不靜？不可必待冥然都無知覺，然後謂之靜也。答孫敬甫（所論才說存養。卷六十三）

淳向者道院中常問："未發之前是靜，而靜中有動意否？"先生答謂不是靜中有動意，是有動之理。淳彼時不及細審，後來思之，心本是箇活物，未發之前雖是靜，亦常惺在這裏。惺便道理在，便是大本處，故謂之有動之理。然既是常惺，不恁地瞑然不省，則謂之有動意，亦豈不可耶？而先生却嫌"意"字，何也？恐"意"字便是已發否？抑此字無害，而淳聽之誤也？凡看精微處恐易差，更望示教。陳安卿問。未動而能動者，理也；未動而欲動

者,意也。答陳安卿。下同(仁字近看。卷五十七)

人心是箇靈底物,如日間未應接之前,固是寂然未發,於未發中固常惺惺地惺,不恁瞑然不省;若夜間有夢之時,亦是此心之已動,猶晝之有思,如其不夢未覺、正當大寐之時,此時謂之寂然未發,則全沉沉瞑瞑,萬事不知不省,與木石蓋無異,與死相去亦無幾,不可謂寂然未發。不知此時心體何所安存?所謂靈底何所寄寓?聖人與常人於此時,所以異者如何?而學者工夫,此時又以何爲驗也?陳安卿問。寤寐者,心之動靜也;有思無思者,又動中之動靜也;有夢無夢者,又靜中之動靜也。但寤陽而寐陰,寤清而寐濁,寤有主而寐無主,故寂然感通之妙,必於寤而言之。

來教云:寤寐者心之動靜也云云①。淳思此,竊謂人生具有陰陽之氣,神發於陽,魄根於陰,心也者,則麗陰陽而乘其氣,無間於動靜,即神之所會而爲魄之主也。晝則陰伏藏而陽用事,陽主動,故神運魄隨而爲寤;夜則陽伏藏而陰用事②,陰主靜,故魄定神蟄而爲寐。神之運,故虛靈知覺之體燁然③呈露,有苗裔之可尋,如一陽復後,萬物之有春意焉,此心之寂感所以爲有主;神之蟄,故虛靈知覺之體沉然潛隱,悄無蹤跡,如純坤之月,萬物之生性不可窺其朕焉,此心之寂感所以不若寤之妙,而於寐也爲無主。然其中實未嘗泯,而有不可測者存,呼之則應,驚之則覺,則是亦未嘗無主而未嘗不妙也。故自其大分言之,寤陽而寐陰,而心之所以爲動靜也。細而言之,寤之有思者,又動中之動而爲陽之陽也;無思者,又動中之靜而爲陽之陰也。寐之有夢者,又靜中之動而爲陰之陽也;無夢者,又靜中之靜而爲陰之陰也。又錯而言之,則思之有善與惡者,又動中之動,陽明陰濁也;無思而善應與妄應者,又動中之靜,陽明陰濁也。夢之有正與邪者,又靜中之動,陽明陰濁

---

① 寤寐者心之動靜也云云,按《文集》作:"寤寐者,心之動靜也;有思無思者,又動中之動靜也;有夢無夢者,又靜中之動靜也。但寤陽而寐陰,寤清而寐濁,寤有主而寐無主,故寂然感通之妙,必於寤而言之。"
② 陰用事,三字原缺,《文集》據《正訛》補,今從之。
③ 燁然,《文集》作"灼然"。

也；無夢而易覺與難覺者，又静中之静，陽明陰濁也。一動一静，循環交錯，聖人與衆人則同，而所以爲陽明陰濁則異。聖人於動静，無不一於清明純粹之主，而衆人則雜焉而不能齊。然則人之學力所係於此亦可以驗矣。陳安卿問。得之。(大學舉吾十有五章，卷五十七)

六祖所云"不思善，不思惡"，即"喜怒哀樂之未發"也。蘇氏後序。愚謂聖賢雖言未發，然其善者固存，但無惡耳。佛者之言似同而實異，不可不察。辨蘇黃門老子解(雜學辨。卷七十二)

老子、浮屠之説，固有疑於聖賢者矣，然其實不同者，則此以性命爲真實，而彼以性命爲空虛也。此以爲實，故所謂寂然不動者，萬理粲然於其中，而民彝、物則無一之不具；所謂感而遂通天下之故，則必順其事，必循其法，而無一事之或差。彼以爲空，則徒知寂滅爲樂，而不知其爲實理之原；徒知應物見形，而不知其有真妄之別也。是以自吾之説而修之，則體用一原，顯微無間，而治心、修身、齊家、治國，無一事之非理；由彼之説，則其本末横分，中外斷絕，雖有所謂朗澈靈通、虛静明妙者，而無所救於滅理亂倫之罪、顛倒運用之失也。戊申封事(卷十一)

"純於善而無間斷之謂一"，此語甚善。但所論老釋之病、體用之説，則恐未然。蓋老釋之病，在於厭動而求静、有體而無用耳。至於分別體用，乃物理之固然，非彼之私言也。求之吾書，雖無體用之云，然其曰寂然而未發者，固體之謂也；其曰感通而方發者，固用之謂也。且今之所謂一者，其間固有動静之殊，則亦豈能無體用之分哉？非曰純於善而無間斷，則遂晝度夜思，無一息之暫停也。彼其外物不接、内欲不萌之際，心體湛然，萬理皆備，是乃所以爲純於善而無間斷之本也。今不察此，而又不能廢夫寂然不動之説，顧獨詆老釋以寂然爲宗，無乃自相矛盾耶？大抵老釋説於静而欲無天下之動，是猶常寐不覺，而棄有用於無用，聖賢固弗爲也。今説於動而欲無天下之静，是猶常行不止，雖勞而不得息，聖賢亦弗能也。蓋其失雖有彼此之殊，其倚於一偏而非天下之正理，則一而已。嗚呼！學者能知一陰一陽、一動一静之可以相勝而不能相無,又知静者爲主而動者爲客焉,則庶乎其不昧於道體,而日用之間有以用其力耳!答徐彥章論經說所疑。下同(純於善而無間斷。卷五十四)

"中者,無過不及之謂",又曰"和者,中之異名",若就已發處言之則可,蓋所謂時中也;若就未發處言之,則中只是未有偏倚之意,亦與和字地位不同矣。未發只是未應物時,雖市井販夫、廝役賤隸,亦不無此等時節,如何諱得?方此之時,固未有物欲泥沙之汨。然發而中節,則雖應於物,亦未嘗有所汨;直是發不中節,方有所汨。若謂未汨時全是未發,已汨後便是已發,即喜怒哀樂之發永無中節之時矣,恐不然也。於"本"有操持涵養之功,便是静中功夫,所謂静必有事①者,固未嘗有所動也,但當動必動②,動必中節,非如釋氏之務於常寂耳。

喜怒哀樂渾然在中,未感於物,未有倚著一偏之患,亦未有過與不及之差,故特以中名之,而又以爲天下之大本。程子所謂"中者,在中之義",所謂"只喜怒哀樂不發便是中",所謂"中,所以狀性之體段",所謂"中者,性之德",所謂"無倚著處",皆謂此也。擇之謂"在中之義"是裏面底道理,看得極子細。然伊川先生又曰"中即道也",又曰"不偏之謂中""道無不中,故以中形道",此言又何謂也?蓋天命之性者,天理之全體也;率性之道者,人性之當然也。未發之中,以全體而言也;時中之中,以當然而言也。要皆指本體而言。若呂氏直以率性爲循性而行,則宜乎其以中爲道之所由出也,失之矣。答林擇之(喜怒哀樂。卷四十三)

謂"已發之後,中何嘗不在裏面",此恐亦非文意。蓋既言未發時在中,則是對已發時在外矣。但發而中節,即此在中之理發形於外,如所謂即事即物無不有箇恰好底道理是也;一不中節,則在中之理雖曰天命之秉彝,而當此之時亦且漂蕩淪胥而不知其所存矣。但能反之,則又未嘗不在於此。此

---

① 必有事,《文集》作"必有所事"。
② 當動必動,《文集》作"當動而動"。

程子所以謂"以道言之，則無時而不中；以事言之，則有時而中"也，所以又謂"善觀者却於已發之際觀之"也。若謂已發之後中又只在裏面，則又似向來所説以未發之中自爲一物，與已發者不相涉入，而已發之際常挾此物以自隨也。然此義又有更要子細處。夫此心廓然，初豈有中外之限？但以未發已發分之，則須如此，亦若操舍存亡出入之云耳。并乞詳之。答張敬夫（答晦叔書鄙意。卷三十一）

"中者，天下之大本，天地之間亭亭當當、直上直下之正理，出則不是，唯敬而無失最盡。"所論"出則不是"者，"出"謂發而不中節者否[①]？林德久問。出則不是，蓋謂發即便不可謂之中也。且如喜而中節，雖是中節，便是倚於喜矣。但在喜之中，無過不及，故謂之和耳。答林德久（所示疑義。卷六十一）

未發之前，太極之靜而陰也；已發之後，太極之動而陽也。其未發也，敬爲之主，而義已具；其已發也，必主於義，而敬行焉。則何間斷之有哉？答何叔京（未發之前。卷四十）

敬字通貫動靜，但未發時則渾然是敬之體，非是知其未發，方下敬底工夫也；既發，則隨事省察，而敬之用行焉。然非其體素立，則省察之功亦無自而施也。故敬、義非兩截事。"必有事焉而勿正，心勿忘，勿助長"，則此心卓然，貫通動靜，敬立義行，無適而非天理之正矣。答林擇之。下同（古人只從。卷四十三）

大抵心體通有無、該動靜，故工夫亦通有無、該動靜，方無透漏。若必待其發而後察、察而後存，則工夫之所不至多矣。惟涵養於未發之前，則其發處自然中節者多、不中節者少，體察之際，亦甚明審，易爲著力。（精一之説。卷四十三）

[①] 所論出則不是者出謂發而不中節者否，按《文集》此上有："至竊謂此段論中之體，直上直下，無所偏倚；發而中節，雖謂之和，而中之體固存。"此下有："敬而無失，持養於未發之前否？"

謂"學者先須察識端倪之發，然後可加存養之功"，則熹於此不能無疑。蓋發處固當察識，但人自有未發時，此處便合存養，豈可必待發而後察、察而後存耶？且從初不曾存養，便欲隨事察識，竊恐浩浩茫茫，無下手處，而毫釐之差、千里之繆，將有不可勝言者。此程子所以每言"孟子才高，學之無可依據；人須是學顏子之學，則入聖人爲近，有用力處"，其微意亦可見矣。答張敬夫[①]。下同（諸說例蒙印可。卷三十二）

未接物時，便有敬以主乎其中，則事至物來，善端昭著，而所以察之者益精明。

未發之前，不可尋覓；已覺之後，不容安排。但平日莊敬涵養之功至，而無人欲之私以亂之，則其未發也，鏡明水止，而其發也，無不中節矣。此是日用本領工夫。至於隨事省察，即物推明，亦必以是爲本，而於已發之際觀之，則其具於未發之前者，固可默識。故程子之答蘇季明，反復論辨，極於詳密，而卒之不過以敬爲言。又曰："敬而無失，即所以中。"又曰："入道莫如敬，未有致知而不在敬者。"又曰："涵養須是敬，進學則在致知。"蓋爲此也。向來講論思索，直以心爲已發，而日用工夫，亦止以察識端倪爲最初下手處，以故闕却平日涵養一段工夫，使人胸中擾擾，無深潛純一之味，而其發之言語事爲之間，亦常急迫浮露，無復雍容深厚之風。蓋所見一差，其害乃至於此，不可以不審也。與湖南諸公論中和第一書（中庸未發已發。卷六十四）

未發之時能體所謂中，已發之後能得所謂和，則發而中節始可言矣，而中和未易識也。定語。未發之前，纔要"體所謂中"，則已是發矣。此說已差。又發而中節方謂之和，今曰得所謂和然後發而中節，亦似顛倒說了。記得龜山似有此意，恐亦誤矣。"中和未易識"，亦是嚇人。此論著實做處，不論難識易識也。答胡季隨（戒懼者所以。卷五十三）

程先生云："涵養於未發之前則可，求中於未發之前則不可。"此語切當，

[①] 張敬夫，《文集》作"張欽夫"。

不可移易。答呂士瞻（道一遠來。卷四十六）

　　人心雖未有喜怒哀樂，而物欲之根存焉，則固已偏於此矣。故於其所偏者，得之則喜且樂，失之則怒而哀，無復顧義理也。張元德問。此段説得是，但物欲之根存焉之説恐未然。人固有偏好一物者，然此一物未上心時，安得不謂之未發之中乎？欲下工夫，正當於此看取。答張元德（人心雖未有。卷六十二）

　　致中和處，舊來看得皆未盡，要須兼表裏而言，如致中則欲其無少偏倚，而又能守之不失；致和則欲其無少差謬，而又能無適不然，乃爲盡其意耳。蓋致中如射者之中紅心而極其中，致和如射者之中角花而極其中，又所發皆中，無所間斷。近來看得此意稍精，舊説却不及此也。答李守約。下同（中庸看得甚精。卷五十五）

　　無事之時，涵養本原，便是全體；隨事應接，各得其所，便是時中。養到極中而不失處，便是致中；推到時中而不差處，便是致和。（王子合過此。卷五十五）

　　竊謂中也者，言性之體也，此屬"天命之謂性"；和也者，言道之用也，此屬"率性之謂道"；致中和者，言教之推也，此屬"修道之謂教"。伏讀《章句》《或問》，則致中和專言自己之事，恐欠"推以及人"數句。李時可問。既曰天下之大本、天下之達道，則只是此箇中和便總攝了天地萬物，不須説推以及乎人也。答李時可（中庸非自成己而已。卷五十五）

　　就聖人言之，聖人能致中和，則天高地下、萬物莫不得其所。如風雨不時、山夷谷堙，皆天地不位；萌者折、胎者殰，皆萬物不育。就吾身言之，若能於致字用工，則俯仰無愧，一身之間，自然和暢矣。一之語。此説甚實。答胡季隨。下同（戒懼者所以。卷五十三）

　　極其中，則大經正、大本立而上下位矣；極其和，則事事物物各得其宜而萬物育矣。一之語。此只説得前一截。若聖人不得位，便只得如此，其理亦無虧欠，但事上有不足爾。

如堯、湯不可謂不能致中和，而亦有水旱之災。叔恭語。致中和而天地位、萬物育者，常也；堯、湯之事，非常之變也。大抵致中和，自吾一念之間培植推廣，以至於裁成輔相、匡直輔翼，無一事之不盡，方是至處；自一事物之得所、區處之合宜，以至三光全，寒暑平，山不童，澤不涸，飛潛動植各得其性，方是天地位、萬物育之實效。蓋致者，推致極處之名，須從頭到尾看，方見得極處。若不說到天地萬物真實效驗，便是只說得前一截，却要準折了後一截，元不是實推得到極處也。

天地之所以位，萬物之所以育，雖出一理，然亦各有所從來，玩其氣象自可見。答呂伯恭問龜山中庸。下同（龜山中庸首章。卷三十五）

聖賢之言，離合弛張，各有次序，不容一句都道得盡。故《中庸》首章言中和之所以異，一則爲大本，一則爲達道，是雖有善辨者不能合之而爲一矣。故伊川先生云："大本言其體，達道言其用。"體用自殊，安得不爲二乎？學者須是於未發已發之際，識得一一分明，然後可以言體用一源處。然亦只是一源耳，體用之不同，則固自若也。天地位便是大本立處，萬物育便是達道行處，此事灼然分明，但二者常相須，無有能此而不能彼者耳。（聖賢之言。卷三十五）

第二章（仲尼曰君子中庸）

中和之中，專指未發而言；中庸之中，則兼體用而言。答呂伯恭（川上之論。卷三十五）

君子中庸章，二"又"字不用亦可，但恐讀者不覺，故特下此字，要得分明耳。答楊至之（率性之説。卷五十五）

所謂行事者，內以處己，外以應物，內外俱盡，乃可無悔。古人所貴於時中者，此也。不然，得於己而失於物，是亦獨行而已矣。程允夫問。處己接物，內外無二道也。"得於己而失於物"者，無之。故凡失於物者，皆未得於己者也。然"得"謂得此理，"失"謂失此理，非世俗所謂得失也。若世俗所謂得失者，則非君子所當論矣。"時中"之説，亦未易言。若如來諭，則是安

常習故，同流合汙，小人無忌憚之中庸，後漢之胡廣是也，豈所謂時中者哉？**答程允夫**（讀蘇氏書。卷四十一）

第三章（子曰中庸其至矣乎）

"民鮮久"矣，只合依經解説。但《中庸》"民鮮能久"，緣下文有"不能期月守"之説，故説者皆以爲"久於其道"之"久"。細考兩章，相去甚遠，自不相蒙，亦只依合《論語》説。蓋其下文正説"道之不明不行、鮮能知味"，正與伊川意合也。**答林擇之**（何事於仁。卷四十三）

第四章（子曰道之不行也）

游氏引鄒衍談天、公孫龍詭辨爲智者之過，亦未當。若佛老者，知之過也。談天、詭辨，不足以爲智者之過。萬正淳問。知者之過非一端，如權謀、術數之類亦是。龍、衍乃是誑妄，又不足以及此。**答萬正淳**（謝氏曰義重於生。卷五十一）

直翁以飲食譬日用，味譬理，此説亦似當，不知是否。江德功問。直翁説是。**答江德功**（中庸集解程先生。卷四十四）

第六章（子曰舜其大知也與）

"舜好察邇言"，邇言，淺近之言也，猶所謂尋常言語也。尋常言語，人之所忽，而舜好察之，非洞見道體無精粗差別不能然也。孟子曰："自耕稼陶漁以至爲帝，無非取諸人者。"又曰："聞一善言，見一善行，若決江河，沛然莫之能禦。"此皆好察邇言之實也。伊川先生曰："造道深後，雖聞常人語言、至淺近事，莫非義理。"是如此。**答張敬夫**（孟子曰盡其心者。卷三十二）

舜"隱惡而揚善"，聽言之道當如此。蓋不隱其惡，則人將恥而不言矣。後之當進賢退不肖之任者，亦以隱惡揚善盜兼包并容之名，是不知隱惡揚善之義也。潘謙之問。隱惡揚善不爲進賢退不肖言，乃爲受言擇善者發也。**答潘謙之**（孟子首數篇。卷五十五）

"兩端"，謂衆論不同之極致，都是就善處説，如斷獄，一人以爲當死，一人以爲當罰，今酌其中而行之否？徐居甫問。然。所謂中，非如子莫之所執

也。答徐居甫（君子之道。卷五十八）

第七章（子曰人皆曰予知）

人皆用知於詮品是非，而不知用知於戒慎恐懼，使移詮品是非之心於戒慎恐懼，知孰大焉。張無垢。愚謂有是有非，天下之正理，而是非之心，人皆有之，所以爲知之端也，無焉則非人矣。故詮品是非，乃窮理之事，亦學者之急務也。張氏絕之，吾見其任私鑿知，不得循天理之正矣。然斯言也，豈釋氏所稱"直取無上菩提，一切是非莫管"之遺意耶？嗚呼！斯言也，其儒釋所以分之始與！辨張無垢中庸解（雜學辨。卷七十二）

第八章（子曰回之爲人也）

《中庸》之書，上言舜，下言顏子。用其中者，舜也；擇乎中庸，得一善則拳拳服膺而弗失者，顏子也。夫顏子之學所以求爲舜者，亦在乎精擇而敬守之耳。蓋擇之不精，則中不可得守；不以敬，則雖欲其一日而有諸己，且將不能，尚何用之可致哉！林用中字序（卷七十五）

第九章（子曰天下國家可均也）

三者亦是就知、仁、勇上說來，蓋"賢者過之"之事，只知就其所長處著力做去，而不知擇乎中庸耳。答楊至之（率性之說。卷五十五）

伊川云："克己最難，故曰'中庸不可能也'。"此有"必有事焉而勿正"之意。過猶不及，只要恰好。石子重問。克盡己私，渾無意必，方見得中庸恰好處。若未能克己，則中庸不可得而道矣。此子思明道之意也。"必有事焉而勿正"，是言養氣之法，與此不同。答石子重（從事於斯。卷四十二）

第十章（子路問強）

和而不流，則非不恭之和；中而不倚，則非執一之中。中和而不流不倚者，擇之精；有道而不變者，守之固。擇之精，則不患乎道之難明；守之固，則不患乎道之不行。能勉乎此，則無賢智之過矣。潘謙之問。和而不流，中立而不倚，須就"強"字上看。如此說，無功夫矣。答潘謙之（孟子首數篇。卷五十五）

朱子文集纂卷之二十四

中庸二　第十二章至第二十章

第十二章（君子之道費而隱）

伊川先生論之已詳。大抵自夫婦之所能知能行，直至聖人天地所不能盡，皆是說"費"處；而所謂"隱"者，不離於此也。**答林㝢**（率性之謂道。卷三十九）

中庸無止法，故聖人有所不知不能。自謂知能，止矣。又曰：君子之道所以大莫能載、小莫能破，以其戒慎恐懼、察於微茫之功也。張無垢。愚謂大學之道，在知所止。蓋無止，則高者過，卑者陷，非所以爲中庸矣。聖人固未嘗自謂知能，然非此章之指也。蓋所謂不知不能、莫能載莫能破，皆言道體之無窮爾，非謂聖人而言，亦無察於微茫之意也。**辨張無垢中庸解**（雜學辨。卷七十二）

"天地之大也，人猶有所憾"，恐非謂天能生覆而不能形載，地能形載而不能生覆。人猶有憾處，恐只在於陰陽寒暑之或乖其常，吉凶災祥之或失其宜，品類之枯敗夭折而不得遂其理。此雖天地不能無憾，人固不能無憾於此也。徐居甫問。既是不可必望其全，便是有未足處。**答徐居甫**（君子之道。卷五十八）

"言其上下察也"，"其"者，指道體而言；"察"者，昭著之義，言道體之流行發見昭著如此也。謝、楊之意，似皆以爲"觀察"之"察"。若如其言，則此其字應是指人而言。不知此時豈有人之可指，而亦豈上下文之意耶。**答王子合**（前書所論。卷四十九）

鳶飛魚躍，咸其自爾，將誰使察之耶？有察之者，便不活潑潑地矣。**答徐彥章論經說所疑**（純於善而無間斷。卷五十四）

鳶飛魚躍，是子思喫緊爲人處；必有事焉而勿正心，是孟子喫緊爲人處，皆是要人就此瞥地便見得箇天理全體。若未見得，且更虛心涵泳，不可迫切追求、穿鑿注解也。答徐居甫（君子之道。卷五十八）

程先生說"鳶飛魚躍"是子思喫緊爲人處，以其於事物中指出此理，令人隨處見得活潑潑地；"必有事焉"是孟子喫緊爲人處，以其教人就己分上略綽提撕，便見此理活潑潑地也。非以其文義相似而引以爲證也。今看《中庸》，且看子思之意，見得分明，即將程先生所說影貼出，便見所引孟子之說只是一意，不可以其文字言語比類牽合，而使爲一說也。凡若此類，更宜深思。答歐陽希遜（所論程先生。卷六十一）

須知"必有事焉"，只此一句便合見得天理流行活潑潑地。方要於此著意尋討，便窒礙了。如說"先難"，只此二字已見得爲仁工夫。然於此處才有計較，便夾雜了。故才說上句，便說下句以急救之，如方安頓一物在此，又便即時除却，是非教人先安排此"有事""勿正"之兩端，而就其中以求之也。答呂子約（誨諭工夫。卷四十八）

程先生論《中庸》"鳶飛魚躍"處曰："與'必有事焉而勿正心'之意同活潑潑地。"銖詳先生舊說，蓋謂程子所引必有事焉與活潑潑地兩語，皆是指其實體而形容其流行發見無所滯礙倚著之意。其"曰必者，非有人以必之；曰勿者，非有人以勿之"者，蓋謂有主張是者，而實未嘗有所爲耳。今說則謂"必有事焉而勿正心"者，乃指此心之存主處；"活潑潑地"云者，方是形容天理流行無所滯礙之妙。蓋以道之體用流行發見雖無間息，然在人而見諸日用者，初不外乎此心，故必此心之存，然後方見得其全體呈露，妙用顯行，活潑潑地，略無滯礙耳。所謂"必有事而勿正心"者，若有所事而不爲所累云爾，此存主之要法。蓋必是如此，方得見此理流行無礙耳。銖見得此說似無可疑，而朋友間多主舊說，蓋以程子文義觀之，其曰"與"曰"同"，而又以"活潑潑地"四字爲注云，則若此兩句皆是形容道體之語。然舊說誠不若今說之實，舊說讀之不精，未免使人眩瞀迷惑。學者能實用力於今說，則於道之體用流行當自有見。然又恐非程子當日之本意，伏乞明賜垂誨。董叔重問。舊說固好，似涉安排。今說若見得破，則即此須臾之頃，此體便已洞然，不待說盡下句矣。可更猛著精彩，稍似遲慢便蹉過也。**答董叔重**（程先生論。卷五十一）

"鳶飛魚躍"注中引程子說，蓋前面說得文義已極分明，恐人只如此容易領略便過，故引此語，使讀者於此更加涵泳。又恐枝葉太盛，則人不復知有本根，妄意穿穴，別生病痛，故引而不盡，使讀者但知此意而別無走作，則只得將訓詁就本文上致思，自然不起狂妄意思。當時於此詳略之間，其慮之亦審矣。今欲盡去，又似私憂過計，懲羹吹齏，雖救得狂妄一邊病痛，反沒卻程子指示眼目要切處，尤不便也。**答敬夫論中庸說**（鳶飛魚躍。卷三十二）

明道先生云："'鳶飛戾天，魚躍於淵'，言其上下察也'，與'必有事焉而勿正心'同。"德明竊謂萬物在吾性分中，如鑑中之影，仰天而見鳶飛，俯淵而見魚躍，上下之見，無非道體之所在也。方其有事而勿正之時，必有參乎其前而不可致詰者，鳶飛魚躍皆其分內耳，活潑潑地，智者當自知之。廖子晦問。鳶飛魚躍，道體無乎不在，當勿忘勿助之間，天理流行正如是爾。若謂萬物在吾性分中，如鑑之影，則性是一物，物是一物，以此照彼，以彼入此也。橫渠先生所謂"若謂萬象爲太虛中所見，則物與虛不相資，形自形，性自性"者，正譏此爾。**答廖子晦**（德明舊嘗。卷四十五）

費而隱一節，正是叩其兩端處，其實君臣父子、人倫日用，無所不該，特舉夫婦而言，以見其尤切近處，而君子之道所以造端，其微乃至於此，而莫能破也。但熟味上下文意，及鳶飛魚躍上下察之意，即見得顯微巨細，渾是此理，意義曉然也。**答林擇之**（費而隱一節。卷四十三）

男女居室，人事之至近，而道行乎其間，此君子之道所以費而隱也。然幽闇之中，袵席之上，人或褻而慢之，則天命有所不行矣，此君子之道所以造端乎夫婦之微密，而語其極則察乎天地之高深也。然非知幾、慎獨之君子，其孰能體之？《易》首於《乾》《坤》而中於《咸》《恒》，《禮》謹大昏，而

《詩》以《二南》爲正始之道，其以此歟？《知言》亦曰"道存乎飲食男女之事，而溺於流者不知其精"，又曰"接而知有禮焉，交而知有道焉，惟敬者能守而不失耳"，亦此意也。答胡伯逢（男女居室。卷四十六）

"君子之道，造端乎夫婦，及其至也，察乎天地。"蓋夫婦則情意密，而易於陷溺，不於此致謹，則私欲行於玩狎之地，自欺於人所不知之境，人倫大法雖講於師友之前，亦未保其不壞於幽隱之處。儻知造端之重，隱微之際，恐懼戒謹，則是工夫從裏面做出，以之事父兄、處朋友，皆易爲力而有功矣。徐居甫問。本只是說至近處，似此推說，亦好。答徐居甫（君子之道。卷五十八）

第十三章（子曰道不遠人）

人即性也，以我之性，覺彼之性。張無垢。愚謂詳經文初無此意，皆釋氏之說也。且性豈有彼我乎？又如之何其能"以"也？辨張無垢中庸解。下同（雜學辨。卷七十二）

使其由此見性，則自然由乎中庸，而向來無物之言、不常之行，皆掃不見跡矣。張無垢。愚謂見性本釋氏語，蓋一見則已矣。儒者則曰知性。既知之矣，又必有以養而充之，以至於盡。其用力有漸，固非一日二日之功，日用之際一有懈焉，則幾微之間，所害多矣。此克己復禮之所以爲難，而曾子所以戰戰兢兢，至死而後知其免也。張氏之言與此亦不類矣。然釋氏之徒，有既自謂見性不疑，而其習氣嗜欲無以異於衆人者，豈非恃夫掃不見跡之虛談，而不察乎無物不常之實弊，以至此乎？然則張氏之言，其淵源所自蓋可知矣。

恕由忠而生，忠所以責己也。知己之難克，然後知天下之未見性者不可深罪也。又曰：知一己之難克，而知天下皆可恕之人。張無垢。愚謂恕由忠生，明道、謝子、侯子蓋嘗言之，然其爲說與此不相似也。若曰"知一己之難克，而知天下皆可恕之人"，則是以己之私待人也，恕之爲義，本不如此。《正蒙》曰："以責人之心責己，則盡道；以愛己之心愛人，則盡仁；以衆人望人，則易從。"此則物我一致，各務循理而無違矣。聖賢之言，自有準則。所謂"以人治人"者，雖曰以衆人望人，然而必曰"道不遠人"，則所以爲衆人者亦有道矣。以已不能克其私，而并容他人，使之成其惡，則是相率而禽獸也，其爲不忠不恕，孰大於是？

"君子之道四，丘未能行焉"，雖是聖人自責之詞，然必其於責人之際，反求諸己，而見其於道之全體，曲折細微，容有不能無不盡處，如舜之號泣於旻天之類，但當於此負罪引慝，益加勉勵，而不敢自恕焉耳。答鄭子上（此心之靈即道心。卷五十六）

"所求乎子，句。以事父未能也"，句。主意立文，皆與《大學》絜矩一節相似，人多誤讀。答徐彥章論經説所疑（純於善而無間斷。卷五十四）

子事父、臣事君、弟事兄、朋友先施之，皆曰"求"者，蓋所以致其察也。察子之事父，吾未能，安敢責父之愛子乎？張無垢。愚謂此四句當爲八句，"子""臣""弟""友"四字是句絶處。"求"猶責也，所責乎子者如此，然我以之事父，則自有所未能，《正蒙》所謂"以責人之心責已，則盡道"，蓋將由是而加勉，正身以及物，非如上章所云以已難克而并容他人也。且又曰"察子之事父，吾未能，則安敢責父之愛子乎"，則是君臣父子漠然爲路人矣，昊天之泣、《小弁》之怨，又何謂也？蓋其馳心高妙，而於章句未及致詳，故因以誤爲此說。以"求"爲察，亦非文義。辨張無垢中庸解（雜學辨。卷七十二）

第十六章（子曰鬼神之爲德）

鬼神者，造化之迹，屈伸往來，二氣之良能也。天地之升降，日月之盈縮，萬物之消息變化，無一非鬼神之所爲者。是以鬼神雖無形聲，而遍體乎萬物之中，物莫能遺，觀其能"使天下之人齊明盛服，以承祭祀"，便"洋洋乎如在其上，如在其左右"，便見不可遺處著見章灼，不可得而揜矣。答吳晦叔（別紙所詢三事。卷四十二）

二氣之分，即一氣之運，所謂"一動一静，互爲其根；分陰分陽，兩儀立焉"者也。在人者，以分言之，則精爲陰而氣爲陽，故魄爲鬼而魂爲神；以運言之，則消爲陰而息爲陽，故伸爲神而歸爲鬼。然魂性動，故當其伸時，非無魄也，而必以魂爲主；魄性静，故方其歸時，非無魂也，而必以魄爲主，則亦初無二理矣。答王子合（動静無端。卷四十九）

鬼神，通天地間一氣而言；魂魄，主於人身而言。方氣之伸，精魄固具，然神爲主；及氣之屈，魂氣雖存，然鬼爲主。氣盡，則魄降而純於鬼矣，故人死曰鬼。答梁文叔（鄭康成所説氣魄。卷四十四）

吕氏[①]所謂人亦鬼神之會者，甚精。答程允夫（程子曰鬼神者。卷四十一）

王丞相[②]説"魂即是氣，魄即是體"，却不是。須知魂是氣之神，魄是體之神可也。答陳安卿（太極者天地之性。卷五十七）

"既生魄，陽曰魂"，謂纔有魄，便有魂，自初受胞胎時已俱足矣。答董叔重（或曰天地之數。卷五十一）

精，魄也；耳目之精明爲魄。氣，魂也。口鼻之嘘吸爲魂。二者合而成物。精虚魄降，則氣散魂遊而無不之矣。魄爲鬼，魂爲神。《禮記》有孔子答宰我之問，正説此理甚詳。雜書云："魂，人陽神也；魄，人陰神也。"亦可取。横渠、上蔡論此亦詳。答吕子約。下同（時習之義。卷四十七）

魂陽而魄陰，故魂之盡曰散，散而上也。魄之盡曰降。降而下也。古人謂之徂落，亦是此義。林少穎云然。今以聚而不散者爲魄，恐未然。（修省言辭。卷四十七）

注云"體物"是其爲物之體，不知此體字是體用之體，還復是體質之體？徐居甫問。鬼神者，氣之往來也。須有此氣，方有此物，是爲物之體也。答徐居甫（君子之道。卷五十八）

本是鬼神之德爲此萬物之體，非是先有是物，而鬼神之德又從而體之也。答吕子約。下同（時習之義。卷四十七）

---

① 吕氏，原書字跡不清，據《文集》補。
② 王丞相，《文集》作"王丞"。

所謂"體物"者，固非先有是物而後體之，亦非有體之者而後有是物。萬物之體即鬼神之德，猶云氣即性、性即氣而不可離也，可離則無物矣。所謂"不可遺"者，猶言無遺闕滲漏，蓋常自洋洋生活，不間乎晦明代謝也。呂子約問。物之聚散始終，無非二氣之往來伸屈，是鬼神之德爲物之體，而無物能遺之者也。所謂"非有體之者而後有是物"與所謂"無遺闕滲漏"者，皆非是。（巧言令色。卷四十七）

鬼神只是氣之屈伸，其德則天命之實理，所謂誠也。天下豈有一物不以此爲體而後有物者邪？以此推之，則"體物而不可遺"者見矣。著實見得此理，則聖賢所論，一一分明。不然，且虛心向平易分明處別理會箇題目，勿久留情於此，却生別種怪異底病痛也。（修省言辭。卷四十七）

鬼神之體便只是箇誠，以其實有是理，故造化發育，響應感通，無非此理，所以云"體物而不可遺"，非爲人心能誠則有感應也。答何叔京（所喻疑義。卷四十）

《祭統》所說"如有見聞"，《論語》所說"祭神如在"，皆是主於祭者而言；此章言"使天下之人齊明盛服，以承祭祀"，是主於鬼神而言，自有賓主[①]。又來喻言"如其神之在焉，非真有在者也"，此言尤害理。若如此說，則是偽而已矣，又豈所謂"誠之不可掩"乎？"昭明、焄蒿、悽愴"，《疏》説非是，昭明謂光景，焄蒿謂氣象，悽愴使人神思灑淅，如《漢書》云"風肅然"者。宰我答問一章所論鬼神，正與《中庸》相表裏，今且先看令《中庸》意思分明，却看此章，便見子細。答歐陽希遜（所論程先生。卷六十一）

謝氏致生致死之説，亦是且借此字以明當祭與不當祭之意。致生之者，如事死如事生、事亡如事存是也；致死之者，如絕地天通、廢撤淫祀之類是也。若於所當祭者，疑其有又疑其無，則誠意不至矣，是不得不致生之也；於所不當祭者，疑其無又疑其有，則不能無恐懼畏怯矣，是不得不致死之也。此意與《檀弓》論明器處自不相害。如鬼神二字，或以一氣消息而言，

[①] 自有賓主，按《文集》此下有"如何却如此看"及小注"體物使人兩句更須深體"。

或以二氣陰陽而言，說處雖不同，然其理則一而已矣。人以爲神，便是致生之；以爲不神，便是致死之。然此兩句獨看却有病，須連上文看"可"與"不可"兩字，方見道理實處，不是私意造作。若不然，即是"應觀法界性，一切唯心造"之說矣。答王子合。下同（謝氏致生致死之說。卷四十九）○謝氏曰：動而不已，其神乎！滯而有迹，其鬼乎！往來不息，神也；摧仆歸根，鬼也。致生之，故其鬼神；致死之，故其鬼不神。何也？人以爲神則神，以爲不神則不神矣。知死而致生之，不智；知死而致死之，不仁。聖人所爲神明之也。又曰：陰陽交而有神，形氣離而有鬼。知此者爲智，事此者爲仁。惟仁智之全者，可以制祀典。祀典之意，可者使人格之，不使人致死之；不可者使人遠之，不使人致生之。致生之，故其鬼神；致死之，故其鬼不神。則鬼神之情狀，豈不昭昭乎？○附錄。

天神、地示、人鬼，只是一理，亦只是一氣。《中庸》所云未嘗分別人鬼不在內也，人鬼固是終歸於盡，然誠意所格，便如在其上下左右，豈可謂祀典所載不謂是耶？"奇怪不測，皆人心自爲之"，固是如此，然亦須辨得是合有合無。若都不分別，則又只是"一切惟心造"之說，而古今小說所載鬼怪事皆爲有實矣。此又不可不察也。（細看前書諸說。卷四十九）

所疑"今日之來格者非前日之發揚者"，則非是。只思上蔡"祖考精神便是自家精神"一句，則可見其苗脉矣。答吳伯豐（所示三條。卷五十二）

所云既真實而又無妄，鄙意初不如此，只是兩下互說夾持令分明耳。如云"至公無我"，至公即是無我，無我即是至公，豈可言既至公而又無我耶？答姜叔權（所云既真實。卷五十二）

"不見、不聞"，此正指隱處，如前後章只舉"費"以明"隱"也。答揚至之（率性之說。卷五十五）

第十七章（子曰舜其大孝也與）

言此所以勉天下之爲德也，當始於戒慎恐懼，而以位祿名壽卜德之進否。張無垢。愚謂德盛則名位祿壽從之，乃理之必然，非姑爲此言以勉天下之爲德，亦非使學者以是四者卜其德之進否也。舜之飯糗茹草，若將終身焉，其受命也，乃不期而自至耳，豈曰卜之云乎？張氏之説，乃謀利計功之尤者，學者一有此①念存乎胸中，則不可以進德矣。辨張無垢中庸解（雜學辨。卷七十二）

第十八章（子曰無憂者其惟文王乎）

"三年之喪"，只是指父母之喪而言；下文"父母之喪無貴賤一也"，便是解所以達乎天子之意，與孟子答滕文公語亦相類。答萬正淳（謝氏曰義重於生。卷五十一）

第十九章（子曰武王周公其達孝矣乎）

《王制》："天子七廟，三昭三穆，與太祖之廟而七。"諸侯、大夫、士，降殺以兩。而《祭法》又有"適士二廟""官師一廟"之文。大抵士無太祖，而皆及其祖考也。鄭氏曰：夏五廟，商六廟，周七廟。今按《商書》已云七世之廟，鄭志恐非。顏師古曰：父爲昭，子爲穆，孫復昭。昭，明也。穆，美也。後以晉室諱昭，故學者改昭爲韶。其制皆爲中門外之左。外爲都宮，內各有寢廟，別有門垣。太祖在北，左昭右穆，以次而南。晉博士孫毓議。天子太祖百世不遷，一昭一穆爲宗，亦百世不遷。宗亦曰世室，亦曰祧。鄭注《周禮》"守祧"曰："宗亦曰祧，亦曰世室。"《周禮》言守祧之宫，鄭氏曰："遠廟爲祧，周爲文武之廟，遷主藏焉。"又曰："遷主所藏曰祧。先公之遷主藏於太祖后稷之廟，先王之遷主藏於文、武之廟，羣穆於文，羣昭於武。"《明堂位》有文世室、武世室，鄭氏曰："世室者，不毀之名也。"二昭二穆爲四親廟。高祖以上，親盡則毀而遞遷。昭常爲昭，穆常爲穆。昭之二廟親盡則毀而遷其主於昭之宗，曾祖遷於昭之二，新入廟者祔於昭之三，而高祖及祖在穆如故。穆廟親盡放此。新死者如當爲昭，則祔於昭之近廟；而自近廟遷其祖於昭之次廟，而於主祭者爲曾祖；自次廟遷其高祖於昭之世室，蓋於主祭

---

① 此，原書字跡不清，據《文集》補。

者爲五世而親盡故也。其穆之兩廟如故不動，其次廟於主祭者爲高祖，其近廟於主祭者爲祖也。主祭者沒，則祔於穆之近廟，而遞遷其上放此①。凡毀廟遷主改塗易檐②，示有所變，非盡毀也。見《穀梁傳》及《注》。諸侯則無二宗，大夫則無二廟，其遷毀之次則與天子同。《傳》：毀廟之主，藏於太祖。《儀禮》所謂"以其班祔"，《檀弓》所謂"祔於祖父"者也。《曲禮》云："君子抱孫不抱子。"此言孫可以爲王父尸，子不可以爲父尸。鄭氏云："以孫與祖昭穆同也。"周制自后稷爲太祖，不窋爲昭，鞠爲穆，以下十二世至太王復爲穆，十三世至王季復爲昭，十四世至文王又爲穆，十五世至武王復爲昭。故《書》稱文王爲穆考，《詩》稱武王爲昭考，而《左氏傳》曰："太伯、虞仲，太王之昭也。虢仲、虢叔，王季之穆也。"又曰："管、蔡、魯、衛，文之昭也。邗、晉、應、韓，武之穆也。"蓋其次序一定，百世不易，雖文王在右，武王在左，嫌於倒置，而諸廟別有門垣，足以各全其尊，初不以左右爲尊卑也。三代之制，其詳雖不得聞，然其大略不過如此。漢承秦敝，不能深考古制，諸帝之廟各在一處，不容合爲都宮以序昭穆。《韋玄成③傳》云："宗廟異處，昭穆不序。"但考周制，先公廟在岐，周文王在豐，武王在鎬，則都宮之制，亦不得爲，與漢亦無甚異。未詳其説。貢禹、韋玄成、匡衡之徒，雖欲正之而終不能盡合古制，旋亦廢罷。後漢明帝又欲遵儉自抑，遺詔無起寢廟，但藏其主於光武廟中更衣別室其後，章帝又復如之，後世遂不敢加，而公私之廟皆爲同堂異室之制。見《後漢·明帝紀》《祭祀志》。《志》又云："其後積多無別，而顯宗但爲陵寢之號。"自是以來，更歷魏晉，下及隋唐，其間非無奉先思孝之君、據經守禮之臣，而皆不能有所裁正其弊，至使太祖之位下同孫子，而更僻處於一隅，既無以見其爲七廟之尊，羣廟之神則又上厭祖考，而不得自爲一廟之主。以人情而論之，則生居九重，窮極壯麗，而沒祭一室，不過尋

---

① 放此，原作"故此"，據《文集》改。
② 檐，原作"穆"，據《文集》改。
③ 韋玄成，原書避康熙諱而改"玄"爲"元"，今據《文集》改回。下同。

丈之間，甚或無地以容鼎俎而陰損其數，孝子順孫之心，於此宜亦有所不安矣。肆我神祖，始獨慨然，深詔儒臣討論舊典，蓋將以遠迹三代之隆，一正千古之謬，甚盛舉也。不幸未及營表，世莫得聞。秉筆之士又復不能特書其事以詔萬世，今獨其見於陸氏之文者爲可考耳。然其所論昭穆之說，亦未有定論，圖說在後。獨原廟之制外爲都宮，而各爲寢廟門垣，乃爲近古。但其禮本不經，儀亦非古，故儒者得以議之。如李淸臣所謂略於七廟之室而爲祠於佛老之側，不爲木主而爲之象，不爲禘祫烝嘗之祀而行一酌奠之禮，楊時所謂舍二帝三王之正禮，而從一繆妄之叔孫通者，其言皆是也。然不知其所以致此，則由於宗廟不立而人心有所不安也。不議復此而徒欲廢彼，亦安得爲至當之論哉！禘祫議（卷六十九）

韋玄成等王者五廟圖

```
         北
      太
      祖
  穆      昭
  穆  都  昭
      宮
西     門      東
         南
```

廟制圖

```
    北
    寢
    廷
    廟
    廷
    垣
    門
    南
```

王者始受命，諸侯始封之君，皆爲太祖。以下五世而迭毀，毀廟之主藏乎太祖，五年而再毀，祭言一禘一祫也。祫祭者，毀廟與未毀廟之主皆合食於太祖，父爲昭，子爲穆，孫復爲昭，古之正禮也。

韋玄成等周廟圖

```
          昭武王世室   穆  穆
  太祖后稷
          穆文王世室   昭  昭
```

周之所以七廟者，以后稷始封，文王、武王受命而王，是三廟不毀，與親廟四而七。

劉歆宗廟無數圖

太祖后稷	武世室	昭	昭	昭
	文世室	穆	穆	穆

七者其正法數，可常數者，宗不在此數中。宗，變也，苟有功德則宗之，不可預爲設數，故於殷有三宗，周公舉之以勸成王。由是言之，宗無數也。

周世數圖

后稷	不窋	公劉	皇僕	毀隃	高圉	公叔	王季	武	康	穆	懿	夷	宣
	鞠	慶節	差弗	公非	亞圉	太王	文王	成	昭	共	孝	厲	幽

周七廟圖　　　　　　　**周九廟圖**　　　　劉歆説

稷	高圉以上藏主	公叔	王季	文王時	稷				
		亞圉	古公						
稷	亞圉以上藏主	公叔	王季	武王時	稷	公非以上藏主	高圉	公叔	王季	武王時
		太王	文王				亞圉	太王	文王	
稷	公叔以上藏主	王季	武王	成王時	稷	高圉以上藏主	公叔	王季	武王	成王時
		太王	文王				亞圉	太王	文王	
稷	太王以上藏主	王季	武王	康王時	稷	亞圉以上藏主	公叔	王季	武王	康王時
		文王	成王				太王	文王	成王	
稷	王季以上藏主	武	康	昭王時	稷	公叔以上藏主	王季	武王	康王	昭王時
		文	成				太王	文王	成王	
稷		武	康	穆王時	稷	太王以上藏主		王季	武	康	穆王時
	文世室	成	昭					文王	成	昭	
稷	武世室	康	穆	共王時	稷	王季以上藏主		武	康	穆	共王時
	文世室	成	昭					文	成	昭	

续表

禖	武世室	康	穆	懿王時	禖		武文世室	康成	穆昭	懿共	懿王時
	文成	昭	共								
禖	武康	穆	懿	孝王時	禖		武世室	康	穆	懿	孝王時
	文成	昭	共				文世室	成	昭	共	
禖	武康	穆	懿	夷王時	禖		武	康	穆	懿	夷王時
	文成昭	共	孝				文成	昭	共	孝	
禖	武康穆	懿	夷	厲王時	禖		武康	穆	懿	夷	厲王時
	文成昭	共	孝				文成	昭	共	孝	
禖	武康穆	懿	夷	宣王時	禖		武康	穆	懿	夷	宣王時
	文成昭共	孝	厲				文成昭	共	孝	厲	
禖	武康穆懿	夷	宣	幽王時	禖		武康穆	懿	夷	宣	幽王時
	文成昭共	孝	厲				文成昭	共	孝	厲	

韋玄成、劉歆廟數不同，班固以歆説爲是，今亦未能決其是非，姑兩存之。至於遷毀之序，則昭常爲昭，穆常爲穆，假令新死者當祔昭廟，則毀其高祖之廟，而祔其主於左祧，遷其祖之主於高祖之故廟，而祔新死者於祖之故廟。即當祔於穆者，其序亦然。蓋祔昭則羣昭皆移，而穆不移，祔穆則羣穆皆移，而昭不動。故虞之明日，祔於祖父，蓋將代居其處，故爲之祭以告新舊之神也。今以周室世次爲圖如右，所謂高祖以上親盡當毀，虞之明日祔於祖父者也。元豐議禮，何洵直、張璪以此爲説，而陸佃非之曰："昭穆者，父子之號。昭以明下爲義，穆以恭上爲義。方其爲父則稱昭，取其昭以明下也。方其爲子則稱穆，取其穆以恭上也。豈可膠哉！壇立於右，墠立於左，以周制言之，則太王親盡，去右壇而爲墠；王季親盡，去左祧而爲壇。左右遷徙無嫌。"又曰："顯考、王考廟與左祧爲昭，皇考、考廟與右祧爲穆。如曰成王之世，武王爲昭，文王爲穆，則武不入考廟而入王考廟矣。"此皆爲説之誤。殊不知昭穆本以廟之居東居西、主之向南向北而得名，初不爲父子之號也。必曰父子之號，則穆之子又安可復爲昭哉！壇墠之左右，亦出先儒一時之説，禮經非有明文也。政使果然，亦爲去廟之後，主藏夾室而

有禘之祭。且壇墠又皆一而已,昭不可以越壇而徑墠,穆不可以有壇而無墠,故迭進而無嫌,非若廟之有昭穆而可以各由其序而遞遷也。又況昭穆之分,自始封以下入廟之時便有定次,後雖百世不復移易,而其尊卑則不以是而可紊也。故成王之世,文王爲穆而不害其尊於武,武王爲昭而不害其卑於文,非謂之昭即爲王考、謂之穆即爲考廟也。且必如佃說,新死者必入穆廟,而自父以上穆遷於昭、昭遷於穆,祔一神而六廟皆爲之動,則於其祔也,又何不直祔於父,而必隔越一世以祔於其所未應入之廟乎?佃又言曰:"假令甲於上世之次爲穆,今合堂同食實屬父行;乙於上世之次爲昭,今合堂同食實屬子行,則甲宜爲昭,乙宜爲穆,豈可遠引千歲以來世次,覆令甲爲右穆、乙爲左昭,以紊父子之序乎?"此亦不曉前說之過也。蓋昭穆之次既定,則其子孫亦以爲序,《禮》所謂"昭與昭齒,穆與穆齒",《傳》所謂"太王之昭""王季之穆""文之昭""武之穆"者是也。如必以父爲昭而子爲穆,則太伯、虞仲乃太王之父,而文王反爲管、蔡、魯、衛之子矣,而可乎哉?且一昭穆也,既有上世之次,又有今世之次,則所以序其子孫者,無乃更易不定,而徒爲紛紛乎?曰:"然則廟之遷次,如圖可以見矣。子孫之序,如佃所駁,得無真有難處者耶?"曰:"古人坐次,或以西方爲上,或以南方爲上,未必以左爲尊也。且又安知不如時祫之位乎?"時祫有圖在後。

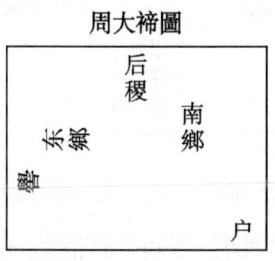

周大禘圖

趙伯循曰:"禘,王者之大祭也。王者既立始祖之廟,又推始祖之所自出,祀之於始祖之廟,而以始祖配之也。"

周大祫圖

```
          不窋至宣王爲昭，皆南鄉。
太祖后稷東鄉
          鞠至幽王爲穆，皆北鄉。
```

《春秋傳》曰："祫祭者，毀廟之主皆陳於太祖，群廟之主皆升，合食於太祖。"

周時祫圖

公叔南向 穆東向 昭西向 王季 文王時	王季南向 穆東向 昭西向 共王 孝王時	穆王南向 康王 武王 穆東向 昭西向 共王 夷王時
公叔南向 穆東向 昭西向 王季 武王時	康王南向 武王 穆東向 昭西向 昭王 穆王時	穆王 康王 武王南向 穆東向 昭西向 昭王 懿王時
王季南向 穆東向 昭西向 武王 成王時	康王南向 武王 穆東向 昭西向 昭王 昭王時	懿王 穆王 康王 武王南向 穆東向 昭西向 孝王時

昭穆之不爲尊卑，說已前見。其大祫，則始封以下以次相承，亦無差舛。故張璪以爲四時常祀各於其廟，不偶坐而相臨，故武王進居王季之位，而不嫌尊於文王，及合食乎祖，則王季、文王更爲昭穆，不可謂無尊卑之序者是也。但四時之祫不兼毀廟之主，則右無昭而穆獨爲尊之時，若兩世室之主，

則文常爲穆而武常爲昭也。故陸佃以爲毁廟之主有皆不祫之時難之，而未見璪之所以對也。予竊以爲，以上世之次推之，一昭一穆，固有定次，而其自相爲偶，亦不可易，但其散居本廟，各自爲主而不相厭，則武王進居王季之位而不嫌尊於文王。及其合食於祖，則王季雖遷，而武王自當與成王爲偶，未可以遽進而居王季之處也。文王之爲穆，亦虛其所向之位而已，則雖北向而何害其爲尊哉？作此圖以見之。

古人廟堂南向，室在其北，東戸西牖。皆南向。室西南隅爲奥，尊者居之，故神主在焉，《詩》所謂"宗室牖下"者是也。主既在西壁下，即須東向，故行事之際，主人入戸西向致敬，試取《儀禮‧特牲》《少宰饋食》等篇讀之，即可見矣。今《通典》《開元禮》釋奠儀，猶於堂上西壁下設先聖東向之位，故三獻官皆西向，仿佛古制。今神位南向，而獻官猶西向，失之矣。凡廟皆南向，而主皆東向，惟祫祭之時，群廟之主皆升，合食於太祖之時，則太祖之主仍舊東向，而群昭南向，群穆北向，列於太祖之前，此前代禮官所謂太祖正東向之位者，爲祫祭時言也。非祫時，則群廟之主在其廟中，無不東向矣。廟則初不東向也。至朱公掞録二先生語，始有廟必東向之説，恐考之未詳，或記録之誤也。**與吳晦叔**（文叔出示。卷四十二）

第二十章（哀公問政）

仁是直指人心親切之妙，道是統言義理公共之名，故其言有親疏，其實則無二物也。《中庸》言"修道以仁"，胡子亦謂"人而不仁，則道義息"，意亦可見。**答連嵩卿**（正顔色斯近信矣。卷四十一）

推知天之心以知人，推知人之心以事親。張無垢。愚按推知天以知人，猶之可也；推知人以事親，不亦悖乎？伊川先生曰："不知人，則所與或非其人，所由或非其道，而辱身危親者有之，故思事親，不可以不知人。"此論不可易也。**辨張無垢中庸解**（雜學辨。卷七十二）

人之大倫，其別有五，自昔聖賢，皆以爲天之所敘，而非人之所能爲也。然以今考之，則惟父子、兄弟爲天屬，而以人合者居其三焉，是則若有可疑者。然夫婦者，天屬之所由以續者也；君臣者，天屬之所賴以全者也；朋友者，天屬之所賴以正者也。是則所以紀綱人道，建立人極，不可一日而偏廢，雖或以人而合，其實皆天理之自然，有不得不合者，此其所以爲天之所敘而非人之所能爲者也。然是三者之於人，或能具其形矣，而不能保其生；或能保其生矣，而不能存其理。必欲君臣、父子、兄弟、夫婦之間，交盡其道而無悖焉，非有朋友以責其善、輔其仁，其孰能使之然哉？故朋友之於人倫，其勢若輕，而所繋爲甚重；其分若疎，而所關爲至親；其名若小，而所職爲甚大。此古之聖人修道立教，所以必重乎此，而不敢忽也。跋黄仲本朋友説（卷八十一）

"近"之爲言，以不遠也，不遠，即在此而已。第知所以好學者誰，所以力行者誰，所以知恥者誰，則爲知仁勇矣。見於言語文字者，皆近之而已。惟人體之，識所以體者爲當幾而明，即事而解，則知仁勇豈他物哉？張無垢。愚謂上章既言達德之名，恐學者無所從入，故又言其不遠者以示之，使由是而求之，則可以入德也。聖人之言，淺深遠近之序，不可差次如此。張氏以爲不遠者是矣，而又曰即在此而已，何其言之相戾也？蓋其所以爲説者，牽之以入於荒唐繆悠之中，其勢不得而自已爾。夫好學、力行、知恥，在我而已，又必求其所以如此者爲誰，而後爲至，則是身外復有一身、心外復有一心，紛紛乎果何時而已耶？設使果如其言，則所謂誰者，一而已矣，聖人復何用虛張三者之目，使學者徒爲是多方以求之耶？詳求聖人之意，決不如是，特釋氏之説耳。此章之指，惟吕博士之言淵愨有味，庶幾得之，張氏之徒蓋以爲淺近而忽之矣，然豈知其言近指遠，其得聖賢之意也與？辨張無垢中庸解。下同（雜學辨。卷七十二）

如其知仁勇，則亦不期於修身、尊賢、親親、敬大臣、體羣臣、子庶民、來百工、柔遠人、懷諸侯矣。又曰：九經以次而行，皆中其會矣。張無垢。愚謂如張氏之云，則九經皆剩語矣。聖人之道所以異於異端者，以其本末内外一以貫之，而無精粗之辨也。故子思於九經，反復三致意焉。而張氏忽之如此,蓋每事欲高於聖賢一等,而不知憑虚失實,祇其所以爲卑也。

"體羣臣、子庶民","子"字與吕説不異;"體"字雖小不同,然吕説大意自好,不欲廢也。答趙恭父(道心雖微。卷五十九)

論"事豫"之説,張、游不同。蓋此章首尾以誠爲本,而推其所以誠者,乃出於明善,故釋其文義,且得以誠爲言。如《大學》之序,始於格物,而其後乃云"壹是皆以脩身爲本",亦此類也。答彭子壽(垂喻中庸疑義。卷六十)〇張子曰:事豫則立,必有教以先之;盡教之善,必精義以前之;精義入神,然後立斯立、動斯和矣。游氏曰:豫者,前定之謂也。惟至誠爲能定,惟前定爲能應,故以言則必行,以事則必成,以行則無悔,以道則無方,誠定之效如此,故繼九經言之。〇附録

"凡事豫則立"①,欲學者養誠於平日也。張無垢。愚謂先立乎誠,則無不豫矣。非謂豫養誠也。既誠矣,則何豫養之云乎。辨張無垢中庸解(雜學辨。卷七十二)

明善、誠身,正當表裏相助,不可彼此相推。若行之不力,而歸咎於知之不明;知之不明,而歸咎於行之不力,即因循擔閣,無有進步之期矣。答孫季和(所喻平生大病。卷五十四)

世之論誠者,多錯認專爲誠。夫至誠無息,專非誠也。以專爲誠,則是語言寢處、應對醻酢皆離本位矣。張無垢。愚謂專固不足以盡誠,然遂以無息爲誠,則亦誤矣。蓋惟至誠爲無息,非因其無息而命之以誠也。辨張無垢中庸解(雜學辨。卷七十二)

聖人教人博學、審問、慎思、明辨而篤行之,蓋於理之巨細精粗,無所不講,然後胸次光輝明徹,無所不通,踐履服行,無非真實。答曾無疑(示喻爲學之方。卷六十)

夫道固有非言語臆度所及者,然非顔、曾以上幾於化者,不能與也。今

---

① 凡事預則立,按《文集》此五字本爲經文,提行引在張氏解之上。

日爲學用力之初，正當學問思辨而力行之，乃可以變化氣質而入於道，顧乃先自禁切，不學不思，以坐待其無故忽然而有見，無乃溺心於無用之地，玩歲愒日而卒不見其成功乎？就使僥倖於恍惚之間，亦與天理人心、叙秩命討之實了無交涉，其所自謂有得者，適足爲自私自利之資而已。此則釋氏之禍横流稽天而不可遏者，有志之士所以隱憂浩嘆而欲火其書也。答汪尚書（伏蒙垂教。卷三十）

朱子文集纂卷之二十五

中庸三　第二十一章至第三十三章

第二十一章（自誠明謂之性）

由上智之自得而合乎聖人之教者，性也；由遵聖人之教而造乎上智之地者，教也。上智自得而不合於聖人之教，則爲異端矣。張無垢。愚謂張氏於誠明之説，蓋未嘗深考，而爲此説以合其素論。觀其自處，傲然已在誠明之域矣。然謂上智自得而有不合於聖人之教者，則未知其所得，果何事也？且所謂異端者，復誰謂乎？夫豈不自知其已失身於此，而故爲是言者？是乃所謂改頭换面，陰予而陽擠之，將以自蓋其迹，而幸人之不疑己，其爲不誠莫大於是。以是心而語《中庸》，不亦戾乎？辨張無垢中庸解（雜學辨。卷七十二）

第二十二章（唯天下至誠爲能盡其性）

"至誠"之"至"，乃極至之至，如至道、至德之比。答何叔京（盡心知性。卷四十）

此誠既見，己性亦見，人性亦見，物性亦見，天地之性亦見。張無垢。愚謂經言惟至誠故能盡性，非曰誠見而性見也。見字與盡字，意義迥别。大率釋氏以見性成佛爲極，而不知聖人盡性之大，故張氏之言每如此。辨張無垢

中庸解（雜學辨。卷七十二）

第二十三章（其次致曲）

所喻"致曲"，如此說，於功夫無不可，但盡性乃是自然盡得，不可謂之直處用功耳。致曲只是於惻隱處擴充其仁、羞惡處擴充其義耳，雖在一偏，此却如何少得耶？答包顯道（所喻致曲。卷五十五）

句中解"致曲"一段，乃是程子之說。然一曲之誠，至於"則形、則著、則明"者，是一曲之誠充擴發見，而至於無所不誠，故能變化否？而章句與程子之說，但稱一曲之誠著見光輝，而所謂誠能動物，止一曲之誠耶？將無所不誠而能動物耶？若張子以明爲餘善兼照，楊氏以明爲無物不誠，豈疑此而爲説也？故楊氏曰："'曲能有誠'，誠在一曲也；'明則誠矣'，無物不誠也。"竊疑楊氏之説不爲無理。萬正淳問。此章所言正是一曲之誠。然致曲者，固無曲之不致也。經雖不言，意自可見。張、楊之説，恐未爲得，不若程子之言爲當。答萬正淳（謝氏曰義重於生。卷五十一）

《中庸》因論致曲而能有誠，然自明能動人以下，已是誠之成功，孟子所謂"至誠而不動者，未之有也"，亦可見矣。蓋生知、學知雖異，然及其知之成功則一而已。林擇之（歸自政和。別集卷三）

孟子明則動矣，未變也；顏子動則變矣，未化也。答張敬夫（孟子曰盡其心者。卷三十二）

第二十四章（至誠之道可以前知）

"前知"之義，經文自説禎祥妖孽、蓍龜①四體，解中又引執玉高卑之事以明四體之説，則其所謂前知者，乃以朕兆之萌知之。蓋事幾至此已自昭晰，但須是誠明照徹，乃能察之，其與異端怪誕之説，自不嫌於同矣。程子所説用與不用，似因異端自謂前知而言，其曰"不如不知之愈"者，蓋言其不知者本不足道，其知者又非能察於事理之幾微，特以偵伺於幽隱之中，妄意推

---

① 蓍龜，原作"著龜"，據《中庸》本文及《文集》改。

测而知，故其知之反不如不知之愈，因引释子之言，以见其徒稍有识者已不肯爲，皆所以甚言其不足道而深絶之，非以不用者爲可取也。今來喻发明，固以爲异端必用而後知，不用则不知，惟至诚则理不可揜，故不用而自知，是乃所谓天道者，此义精矣。然不用之云，实生於程子所言之嫌，而程子之言，初不谓此，引以爲説，恐又惑人。且以此而论至诚、异端之不同，又不若注中指事而言尤明白而直截也。答敬夫论中庸说（鸢飞鱼跃。卷三十二）〇程子曰：人固可以前知，然其理须是用则知，不用则不知，知不如无知之愈，盖用便近二，所以释子谓又不是野狐精也。〇附録

既前知之，则以诚造化，转移变易，使祸爲福、妖爲祥、亡爲兴，盖无难也。张无垢。愚谓至诚之道，非可"以"者，"以"之则非诚矣。夫转祸爲福，易灾爲祥，以太戊、高宗之事观之，则理固有是，然不如是之易也。是以古之圣贤，遇灾而惧，严恭祗畏，以正厥事，犹不敢庶几其万一，故曰瞻仰昊天、曷惠其宁，岂曰转移变易而无难哉？然此章之指，初亦不爲是发也。辨张无垢中庸解（杂学辨。卷七十二）

第二十五章（诚者自成也）

凡有一物，则其成也，必有所始，其壞也，必有所終。而其所以始者，实理之至而向於有也；其所以终者，实理之尽而向於无也。若无是理，则亦无是物矣。此诚所以爲物之终始，而人心不诚，则虽有所爲，皆如无有也。盖始而未诚，则事之始非始，而诚至之後，其事方始；终而不诚，则事之终非终，而诚尽之时，其事已终。若自始至终皆无诚心，则彻头彻尾皆爲虚伪，又岂复有物之可言哉？答李时可（中庸非自成己而已。卷五十五）

"成己，仁也；成物，智也"，以柄观之，《论语》以学不厌爲智、诲不倦爲仁，又与此相反。且学不厌与成己，虽皆在己之事，然一则学以明其理，一则实体是理於吾身，一知一仁，犹可言也；若夫成物，乃仁之事，何所与於知而归之耶？潘谦之问。若非有智，何以成物？答潘谦之（孟子首数篇。卷五十五）

第二十六章（故至誠無息）

不見形象，而天地自章；不動聲色，而天地自變；垂拱無爲，而天地自成。天地亦大矣，而使之章、使之成，皆在於我。又曰：至誠不息，則有不見而章、不動而變、無爲而成，天地又自此而造化之妙矣。張無垢。愚詳經意蓋謂至誠之理，未嘗形見而自彰著，未嘗動作而自變化，無所營爲而自成就，天地之道，一言而盡，亦不過如此而已。張氏乃以爲聖人至誠於此，能使天地章明變化於彼，不惟文義不通，而亦本無此理。其曰天地自此而造化，語尤險怪。蓋聖人之於天地，不過因其自然之理以裁成輔相之而已，若聖人反能造化天地，則是子孫反能孕育父祖，無是理也。凡此好大不根之言，皆其心術之蔽，又原於釋氏心法起滅天地之意，《正蒙》斥之詳矣。辨張無垢中庸解（雜學辨。卷七十二）

第二十七章（大哉聖人之道）

既言"大哉聖人之道"矣，而復以"優優大哉"冠於禮儀之上者，蓋言道體之大，散於禮儀之末者如此。潘謙之問。得之。答潘謙之（孟子首數篇。卷五十五）

聖賢教人，始終本末，循循有序，精粗巨細，無有或遺，故纔尊德性，便有箇道問學一段事，雖當各自加功，然亦不是判然兩事也。《中庸》曰："大哉，聖人之道！洋洋乎！發育萬物，峻極於天。優優大哉！禮儀三百，威儀三千，待其人然後行。故曰：苟不至德，至道不凝焉。是故君子尊德性而道問學，致廣大而盡精微，極高明而道中庸，溫故而知新，敦厚以崇禮。"蓋道之爲體，其大無外，其小無內，無一物之不在焉。故君子之學，既能尊德性以全其大，便須道問學以盡其小。其曰致廣大、極高明、溫故而敦厚，則皆尊德性之功也；其曰盡精微、道中庸、知新而崇禮，則皆道問學之事也。學者於此，固當以尊德性爲主，然於道問學亦不可不盡其力，要當使之有以交相滋益，互相發明，則自然該貫通達，而於道體之全無欠闕處矣。今時學者心量窄狹，不耐持久，故其爲學略有些少影響見聞，便自主張，以爲至是，不能遍觀博考，反復參驗，其務爲簡約者，既蕩而爲異學之空虚；其急於功利者，又溺而爲流俗之卑近。此爲今日之大弊，學者尤不可以不戒。玉山講義（卷七十四）

　　道體之大無窮，而於其間文理密察，有不可以毫釐差者。此聖賢之語道，所以既言"發育萬物，峻極於天"以形容其至大，而又必曰"禮儀三百，威儀三千"以該悉其至微；而其指示學者脩德凝道之功，所以既曰"致其廣大"，而又必曰"盡其精微"也。近世之言道者則不然，其論大抵樂渾全而忌剖析，喜高妙而略細微，其於所謂廣大者則似之，而於精微有不察，則其所謂廣大者，亦未易以識其全體之真也。答趙提擧（慕用之久。卷三十八）

　　竊嘗玩索，所謂"不以一毫私意自蔽"者，指致廣大而言；"不以一毫私欲自累"者，指極高明而言也。乍讀兩句，似若一意相同，然試體之，一以私意自蔽，則心不洪放而狹隘迫窄，何以致廣大乎？一以私欲自累，則此心沉溺而昏暗卑陋，何以極高明乎？此二句若相似而實不同者，妄意如此，是否？周舜弼問。得之。答周舜弼（講學持守。卷五十）

　　"極高明而道中庸"，中庸雖是常行之道，然其德之至，則極乎高明。高明，猶言上達也；中庸，猶言下學也。萬正淳問。極高明而道中庸，若如來喻，即是上達而下學，成何道理？此處且當虛心熟玩本文之意，參以章句之説，便見日用工夫的確處，不須容易立説也。答萬正淳（通書謹獨章。卷五十一）

　　"高明"是説中心所存、不爲物欲之所累處，非指理而言也。答潘謙之（孟子首數篇。卷五十五）

　　"中庸"對"高明"而言，是就事物上説各要得中而平常，正是三千三百底事，安得不謂之小？凡此類，更熟味之，自見意思也。答林德久（殿記正以。卷六十一）

　　第二十八章（子曰愚而好自用）

　　"生乎今之世，反古之道，如此者，裁及其身"，夫子非使後人不得復古也，但以爲生於春秋之世，既無得位之理，徒欲以匹夫之微而復古之道，則不可耳。使得時得位，何不可者？潘謙之問。"反古之道"，連上文"愚、賤"說。答潘謙之。下同（孟子首數篇。卷五十五）

前輩多以夫子損益四代之制以告顏子，而又曰"吾從周"，其說似相牴牾者。然以二十八章"吾學周禮，今用之，吾從周"之意觀之，則夫子之從周，特以當時所用而不得不從耳，非以爲當盡從周。若答爲邦之問，乃其素志耳。潘謙之問。得之。

周法已弊，其過多矣。孔子身非輔相，不在尊位，所以不敢輕議妄論，而曲意以從周之法度。張無垢。愚按孔子言："周監於二代，郁郁乎文哉！吾從周。"則其從周也亦有道矣，非不得已而妄從之也。若末世之弊，有如拜上之泰，則不盡從矣。其不得不從者，是亦義理之所在，斯誠然而從之。以爲曲意而從，非聖人之心也。辨張無垢中庸解（雜學辨。卷七十二）

第二十九章（王天下有三重焉）

"三重"，當從伊川之説。歐陽希遜問。伯者之事不得爲善。此章正與上章相發明，乃是相承爲文，非隔章取義也。答歐陽希遜①〇程子曰：王天下有三重，言三王所重之事；上焉者，三王以上，三皇之事，故無證；下焉者，非三王之道，如諸侯霸者之事，故民不尊。〇附錄

"上焉者"，王天下者，其上不容有人，故只得以時言之，上文極分明矣。答楊至之（率性之説。卷五十五）

"三重"，當從呂氏説。下焉者，若謂衰周以下，恐當善字不得，須別有説矣。答徐彥章論經説所疑（純於善而無間斷。卷五十四）

第三十二章（唯天下至誠爲能經綸天下之大經）

"至聖""至誠"非有優劣，然"聖"字是從外説，"誠"字是從裏説。答

---

① 按此書實爲《文集》卷六十一《答嚴時亨》（五行之生），問者亦爲嚴時亨。

萬正淳。下同（謝氏曰義重於生。卷五十一）

　　楊氏曰："'大經'，天理也，惇典敷教，所以經綸之也；'大本'，中也，建其有極，所以立之也；'化育'，和也，窮神而後知之也。"惇典敷教即是經綸大經，即是天理，非惇典敷教之外別有天理爲大經也。建其有極固與立大本之義不同，然所謂建其有極所以立大本，莫却無病否？以化育爲和，則其失明矣。萬正淳問。惇、敷是經綸，典、教是大經。建是立，極是本。

　　知化育，不必言如"乾知大始"之"知"。答徐彥章論經說所疑（純於善而無間斷。卷五十四）

　　第三十三章（詩曰衣錦尚絅）

　　"知遠之近，知風之自"，據表而知裏也；"知微之顯"，由內以達外也。答王子合（前書所論。卷四十九）

　　"亦孔之昭"，是謹獨意；"不愧屋漏"，是戒謹恐懼意。答周舜弼（講學持守。卷五十）

　　"不顯"二字，二十六章者別無他義，故只用《詩》意；卒章所引，緣自章首"尚絅"之云，與章末"無聲無臭"皆有隱微深密之意，故知其當別爲一義，與《詩》不同也。答王子合（前書所論。卷四十九）

　　《中庸》之終，所謂"無聲無臭"，乃本於"上天之載"而言，則聲臭雖無，而上天之載自顯。答江元適（孤陋晚生。卷三十八）

　　右《中庸》一篇，三十三章。其首章，子思推本先聖所傳之意以立言，蓋一篇之體要；而其下十章，則引先聖之所嘗言者以明之也①。至十二章，又子思之言；而其下八章，復以先聖之言明之也②。二十一章以下至於卒章，則又

---

① 則引先聖之所嘗言者以明之也，按《文集》此下有小注："游氏曰：'以性情言之，則曰中和；以德行言之，則曰中庸，其實一也。'"
② 復以先聖之言明之也，按《文集》此下有小注："十二章明道之體用。下章庸言庸行，夫婦所知所能也；君子之道，鬼神之德，大舜、文、武、周公之事，孔子之言，則有聖人所不知不能者矣。道之爲用，其費如此。然其體之微妙，則非知道者孰能窺之？此所以明費而隱之義也。第二十章，據《家語》，本一時之言，今諸家分爲五六者，非是。然《家語》之文，語勢未終，疑亦脫'博學之'以下，今通補爲一章。"

皆子思之言，反復推説，互相發明，以盡所傳之意者也①。熹嘗伏讀其書，而妄以己意分其章句如此。竊惟是書，子程子以爲孔門傳授心法，且謂善讀者得之，終身用之有不能盡，是豈可以章句求哉？然又聞之，學者之於經，未有不得於辭而能通其意者，是以敢私識之，以待誦習而玩心焉。書中庸後（卷八十一）

（點校：賴區平/中山大學哲學系）

---

① 以盡所傳之意者也，按《文集》此下有小注："二十一章承上章，總言天道、人道之別。二十二章言天道，二十三章言人道。二十四章又言天道，二十五章又言人道。（按校勘記言："此句下，《正訛》補'二十六章言天道，二十七章復言人道'十五字。"）二十八、二十九章承上章'爲下、居上'而言，亦人道。三十章復言天道。三十一、三十二章，承上章'小德、大德'而言，亦天道。卒章反言下學之始，以示入德之方，而遂極言其所至，具性命道教、費隱誠明之妙，以終一篇之意，自人而入於天也。

王陽明《中庸》詮釋文獻輯要[*]

[明]王陽明

體例説明

一、本次文獻彙輯以四部叢刊本、四部備要本《王文成公全書》爲主要參校本，并參考學術界有關王陽明文獻編校整理、影印出版的研究成果。需要説明的是，本次文獻彙輯主要依據浙江古籍出版社2010年出版的新編本《王陽明全集》來衷輯王陽明詮釋《中庸》的文獻，對於新編本《王陽明全集》中的一些標點略有改動，而對於新編本《王陽明全集》與參校本文字不同的地方，則在腳註中予以説明。

二、本次文獻彙輯依照朱子《中庸章句》章節劃分（限於篇幅，不列朱子《中庸章句》原文），把王陽明詮釋《中庸》的重要文獻依次臚列出來。每一條文獻前面附有"【 】"，"【 】"裏面則會加上王陽明《中庸》詮釋文獻所出自《傳習録》中的相關條目（條目劃分參照陳榮捷先生《王陽明傳習録詳註集評》）或王陽明其他文獻的篇目名稱；而在文末則會附上新編本《王陽明全集》的冊數和頁碼。

---

[*] 國家社科基金一般項目（20BZX077）、河北省教育廳省級研究生示範課程立項建設項目（KCJSX2022052）、河北師範大學馬克思主義學院青年理論家資助項目階段性研究成果。

三、王陽明在詮釋《中庸》時常把《中庸》中的不同章節放在一起加以詮釋，与此同時，他又習慣把對《中庸》的詮釋與對儒家其他經典的詮釋相緒結，故而本次彙輯王陽明詮釋《中庸》的文獻時不可避免地涉及他對儒家其他經典的詮釋。

四、彙輯王陽明經典詮釋方面的文獻最早始于清儒胡泉，他曾在《王陽明先生經説弟子記》中衷輯王陽明《傳習錄》中詮釋儒家《五經》《四書》的文獻共一百六十三條，其中，涉及王陽明《中庸》詮釋的文獻共二十五條。本次文獻彙輯是站在胡泉工作成果的基礎上，彙輯王陽明《中庸》詮釋的主要思想文獻，其所涉及的王陽明文獻之範圍則不僅僅局限於《傳習錄》。

五、本次文獻彙輯是在借鑒和吸收學界前輩編校王陽明文獻成果基礎上的一次嘗試。由於本人學力之不逮、經驗之缺乏，輯校錯誤之處在所難免，尚祈大方之家、學界先進不吝批評指正。

一、《中庸章句序》

【《傳習錄》第 10 條】愛問："'道心常爲一身之主，而人心每聽命'。以先生'精一'之訓推之，此語似有弊。"先生曰："然。心，一也，未雜於人謂之'道心'，雜以人僞謂之'人心'。'人心'之得其正者即'道心'，'道心'之失其正者即'人心'，初非有二心也。程子謂'人心即人欲，道心即天理'，語若分析，而意實得之。今曰'道心爲主，而人心聽命'，是二心也。'天理''人欲'不并立，安有'天理'爲主，'人欲'又從而聽命者？"（吳光、錢明、董平、姚延福編校：《王陽明全集（新編本）》第 1 冊，杭州：浙江古籍出版社 2010 年版，第 7—8 頁。按：以下只注明冊數和頁碼。）

【《傳習錄》第 142 條】天下之人心，其始亦非有異於聖人也，特其間於有我之私，隔於物欲之蔽，大者以小，通者以塞，人各有心，至有視其父子兄弟如仇讎者。聖人有憂之，是以推其天地萬物一體之仁以教天下，使之皆有以克其私、去其蔽，以復其心體之同然。其教之大端，則堯、舜、禹之相授受①，所謂"道心惟微，惟精惟一，允執厥中"；而其節目，則舜之命契，所謂"父子有親，君臣有義，夫婦有別，長幼有序，朋友有信"五者而已。唐、虞、三代之世，教者惟以此爲教，而學者惟以此爲學。（第1冊，第59頁。）

【《傳習錄》第250條】問"道心""人心"。先生曰："'率性之謂道'，便是'道心'；但着②些人的意思在，便是'人心'。'道心'本是'無聲無臭'，故曰'微'；依著③'人心'行去，便有許多不安穩處，故曰'惟④危'。"（第1冊，第112—113頁。）

【《寄諸弟（戊寅）》】若堯、舜之心而自以爲無過，即非所以爲聖人矣。其相授受之言曰："人心惟危，道心惟微，惟精惟一，允執厥中。"彼其自以爲人心之"惟危"也，則其心亦與人同耳。"危"即過也，惟其"兢兢業業"，嘗加"精一"之功，是以能"允執厥中"而免於過。（第1冊，第185頁。）

【《象山文集序（庚辰）》】聖人之學，心學也。堯、舜、禹之相授受曰："人心惟危，道心惟微，惟精惟一，允執厥中。"此心學之源也。"中"也者，"道心"之謂也。"道心""精一"之謂仁，所謂"中"也。孔孟之學，惟務求仁，蓋"精一"之傳也。（第1冊，第260—261頁。）

【《萬松書院記（乙酉）》】古聖賢之學，明倫而已。堯、舜之相授受曰："人心惟危，道心惟微，惟精惟一，允執厥中。"斯明倫之學矣。"道心"也者，"率性"之謂也，"人心"則僞矣。不雜於人僞，率是"道心"而發之於用也。以言其情，則爲喜怒哀樂；以言其事，則爲中節之和，爲三千三百經曲之禮；以言其倫，則爲父子之親，君臣之義，夫婦之別，長幼之序，朋友之信，而三才之道盡此矣。（第1冊，第269—270頁。）

【《重修山陰縣學記（乙酉）》】夫聖人之學，心學也。學以求盡其心

---

① 四部備要本《王文成公全書》"授受"爲"受受"。
② 四部備要本《王文成公全書》"着"爲"著"。
③ 四部叢刊本《王文成公全書》"著"爲"着"。
④ 四部備要本《王文成公全書》无"惟"字。

而已。堯、舜、禹之相授受曰："人心惟危，道心惟微，惟精惟一，允執厥中。""道心"者，"率性"之謂，而未雜於人，"無聲無臭"，至"微"而顯，誠之源也；"人心"則雜於人而"危"矣，偽之端矣。見孺子之入井而惻隱，"率性"之道也；從而內交於其父母焉，要譽於鄉黨焉，則"人心"矣。饑而食，渴而飲，"率性"之道也；從而極滋味之美焉，恣口腹之饕焉，則"人心"矣。"惟一"者，一於"道心"也；"惟精"者，慮"道心"之不一，而或二之以"人心"也。道無不"中"，一於"道心"而不息，是謂"允執厥中"矣。一於"道心"，則存之無不"中"，而發之無不"和"。是故率是"道心"而發之於父子也無不親；發之於君臣也無不義；發之於夫婦、長幼、朋友也無不別、無不序、無不信。是謂中節之和，"天下之達道也"，放四海而皆准，亘古今而不窮。天下之人，同此心，同此性，同此達道也。（第1冊，第273頁。）

【《稽山承語》第3條】師曰："千聖傳心之要，只是一個'微'字。所謂'不睹不聞'也，是所謂'道心'也。'惟精惟一'，只是存此、致此而已。"（第5冊，第1607頁。）

二、《中庸章句》第一章

【《傳習錄》第28條】問："寧靜存心時，可為'未發之中'否？"先生曰："今人存心，只定得氣。當其寧靜時，亦只是氣寧靜，不可以為'未發之中'。"曰："'未'便是'中'，莫亦是求'中'功夫？"曰："只要去人欲、存天理，方是功夫。靜時念念去人欲、存天理，動時念念去人欲、存天理，不管寧靜不寧靜。若靠那寧靜，不惟漸有喜靜厭動之弊，中間許多病痛，只是潛伏在，終不能絕去，遇事依舊滋長。以循理為主，何嘗不寧靜；以寧靜為主，未必能循理。"（第1冊，第15頁。）

【《傳習錄》第30條】問："知識不長進，如何？"先生曰："為學須有本原，須從本原上用力，漸漸盈科而進。仙家說嬰兒，亦善譬。嬰兒在母腹時，只是純氣，有何知識？出胎後方始能啼，既而後能笑，又既而後能識認其父母兄弟，又既而後能立、能行、能持、能負，卒乃天下之事無不可能。皆是精氣日足，則筋力日强，聰明日開，不是出胎日便講求推尋得來。故須有個① 本原。聖人到位天地、育萬物，也只從喜怒哀樂未發之中上養來。"（第 1 册，第 15 頁。）

【《傳習錄》第 37 條】澄嘗問象山在人情事變上做工夫之説。先生曰："除了人情事變，則無事矣。喜怒哀樂，非人情乎？自視、聽、言、動以至富貴、貧賤、患難、死生，皆事變也。事變亦只在人情裏，其要只在'致中和'，'致中和'只在'謹獨'。"（第 1 册，第 17 頁。）

【《傳習錄》第 42 條】澄問《學》《庸》同異。先生曰："子思括《大學》一書之義爲《中庸》首章。"（第 1 册，第 18 頁。）

【《傳習錄》第 44 條】澄在鴻臚寺倉居，忽家信至，言兒病危，澄心甚憂悶不能堪。先生曰："此時正宜用功。若此時放過，閑時講學何用？人正要在此等時磨鍊。父之愛子，自是至情，然天理亦自有個② 中和處，過即是私意。人於此處多認做天理當憂，則一向憂苦，不知已是'有所憂患，不得其正'。大抵七情所感，多只是過，少不及者。才過便非心之本體，必須調停適中始得。就如父母之喪，人子豈不欲一哭便死，方快於心？然卻曰'毀不滅性'，非聖人强制之也。天理本體自有分限，不可過也。人但要識得心體，自然增减分毫不得。"（第 1 册，第 18—19 頁。）

【《傳習錄》第 45 條】不可謂未發之中常人俱有。蓋"體用一源"，有是體即有是用，有未發之中即有發而皆中節之和。今人未能有發而皆中節之和，須知是他未發之中亦未能全得。（第 1 册，第 19 頁。）

【《傳習錄》第 58 條】喜怒哀樂本體自是中和的。纔自家着些意思，便過、不及，便是私。（第 1 册，第 21 頁。）

---

① 四部叢刊本、四部備要本《王文成公全書》"個"均爲"箇"。
② 同上。

【《傳習錄》第67條】問："名物度數，亦須先講求否？"先生曰："人只要成就自家心體，則用在其中。如養得心體果有未發之中，自然有發而中節之和，自然無施不可。苟無是心，雖預先講得世上許多名物度數，與己原不相干，只是裝綴，臨時自行不去。亦不是將名物度數全然不理，只要'知所先後，則近道'。"（第1冊，第23頁。）

【《傳習錄》第75條】問："伊川謂'不當於喜怒哀樂未發之前求中'，延平卻教學者'看未發之前氣象'，何如？"先生曰："皆是也。伊川恐人於未發前討個①中，把中做一物看，如吾向所謂認氣定時做中，故令只於涵養省察上用功。延平恐人未便有下手處，故令人時時刻刻求未發前氣象，使人正目而視惟此，傾耳而聽惟此，即是'戒慎不睹，恐懼不聞'的工夫。皆古人不得已誘人之言也。"（第1冊，第25頁。）

【《傳習錄》第76條】澄問："喜怒哀樂之中和，其全體常人固不能有。如一件小事當喜怒者，平時無有喜怒之心，至其臨時，亦能中節，亦可謂之中和乎？"先生曰："在一時一事，固亦可謂之中和，然未可謂之'大本''達道'。人性皆善，中和是人人原有的，豈可謂無？但常人之心既有所昏蔽，則其本體雖亦時時發見，終是暫明暫滅，非其全體大用矣。無所不中，然後謂之'大本'；無所不和，然後謂之'達道'。惟天下之至誠，然後能立'天下之大本'。"曰："澄於'中'字之義尚未明。"曰："此須自心體認出來，非言語所能喻。'中'只是天理。"曰："何者爲天理？"曰："去得人欲，便識天理。"曰："天理何以謂之'中'？"曰："無所偏倚。"曰："無所偏倚是何等氣象？"曰："如明鏡然，全體瑩徹，略無纖塵染着。"曰："偏倚是有所染着。如着在好色、好利、好名等項上，方見得偏倚；若未發時，美色名利皆未相着，何以便知其有所偏倚？"曰："雖未相着②，然平日好色、好利、好名之心，原未嘗無；既未嘗無，即謂之有；既謂之有，則亦不可謂無偏倚。譬之病瘧之人，雖

---

① 四部叢刊本、四部備要本《王文成公全書》"個"均爲"箇"。
② 同上。

有時不發，而病根原不曾除，則亦不得謂之無病之人矣。須是平日好色、好利、好名等項一應私心，掃除蕩滌，無復纖毫留滯，而此心全體廓然，純是天理，方可謂之喜怒哀樂未發之中，方是'天下之大本'。"（第1冊，第25—26頁。）

【《傳習錄》第114條】顏子"不遷怒，不貳過"，亦是有未發之中始能。（第1冊，第35頁。）

【《傳習錄》第120條】正之問："戒懼是己所不知時工夫，慎獨是己所獨知時工夫，此説如何？"先生曰："只是一個①工夫，無事時固是獨知，有事時亦是獨知。人若不知於此獨知之地用力，只在人所共知處用功，便是作偽，便是'見君子而後厭然'。此獨知處便是誠的萌芽，此處不論善念、惡念，更無虛假，一是百是，一錯百錯，正是王霸、義利、誠偽、善惡界頭。于此一立立定，便是端本澄源，便是立誠。古人許多誠身的工夫，精神命脈全體只在此處。真是莫見莫顯，無時無處，無終無始，只是此個②工夫。今若又分戒懼爲己所不知，即工夫便支離，亦有間斷。既戒懼，即是知。己若不知，是誰戒懼？如此見解，便要流入斷滅禪定。"曰："不論善念、惡念，更無虛假，則獨知之地更無無念時邪？"曰："戒懼亦是念。戒懼之念，無時可息。若戒懼之心稍有不存，不是昏瞶，便已流入惡念。自朝至暮，自少至老，若要無念，即是已不知，此除是昏睡，除是槁木死灰。"（第1冊，第38頁。）

【《傳習錄》第125條】劉觀時問："未發之中是如何？"先生曰："汝但戒慎不睹，恐懼不聞，養得此心純是天理，便自然見。"觀時請略示氣象。先生曰："啞子吃苦瓜，與你説不得。你要知③此苦，還須你自吃。"時曰仁在傍，曰："如此才是真知即是行矣。"一時在座諸友皆有省。（第1冊，第40頁。）

【《傳習錄》第127條】馬子莘問："修道之教，舊説謂聖人品節吾性之固

---

① 四部叢刊本、四部備要本《王文成公全書》"個"均爲"箇"。
② 同上。
③ 四部備要本《王文成公全書》"知"爲"如"。

有，以爲法於天下，若禮、樂、刑、政之屬。此意如何？"先生曰："道即性即命，本是完完全全，增減不得，不假修飾的，何須要聖人品節？卻是不完全的物件。禮、樂、刑、政是治天下之法，固亦可謂之教，但不是子思本旨。若如先儒之説，下面由教入道的，緣何舍了聖人禮、樂、刑、政之教，別説出一段戒慎恐懼工夫？卻是聖人之教爲虛設矣。"子莘請問。先生曰："子思性、道、教，皆從本原上説。天命於人，則命便謂之性；率性而行，則性便謂之道；修道而學，則道便謂之教。率性是誠者事，所謂'自誠明，謂①之性'也；修道是誠之者事，所謂'自明誠，謂之教'也。聖人率性而行，即是道。聖人以下，未能率性於道，未免有過、不及，故須修道。修道則賢知者不得而過，愚不肖者不得而不及，都要循着這個②道，則道便是個③教。此'教'字與'天道至教''風雨霜露，無非教也'之'教'同。'修道'字與'修道以仁'同。人能修道，然後能不違於道，以復其性之本體，則亦是聖人率性之道矣。下面'戒慎''恐懼'便是修道的工夫，'中和'便是復其性之本體，如《易》所謂'窮理盡性以至於命'，中和位育便是盡性至命。"（第1冊，第41頁。）

【《傳習録》第157條】"未發之中"即良知也，無前後內外而渾然一體者也。有事無事，可以言動靜，而良知無分於有事無事也。寂然感通，可以言動靜，而良知無分於寂然感通也。動靜者，所遇之時，心之本體固無分於動靜也。理無動者也，動即爲欲。循理則雖酬酢萬變而未嘗動也，從欲則雖槁心一念而未嘗靜也。動中有靜，靜中有動，又何疑乎？有事而感通，固可以言動，然而寂然者未嘗有增也；無事而寂然，固可以言靜，然而感通者未嘗有減也。動而無動，靜而無靜，又何疑乎？無前後內外而渾然一體，則至誠有息之疑，不待解矣。未發在已發之中，而已發之中未嘗別有未發者在；已發在未發之中，而未發之中未嘗別有已發者存。是未嘗無動靜，而不可以動

---

① 四部叢刊本《王文成公全書》"謂"爲"道"。
② 四部叢刊本、四部備要本《王文成公全書》"個"均爲"箇"。
③ 同上。

靜分者也。(第1冊,第69—70頁。)

【《傳習錄》第159條】能戒慎恐懼者,是良知也。(第1冊,第71頁。)

【《傳習錄》第230條】問:"《修道説》言'率性之謂道',屬聖人分上事;'修道之謂教',屬賢人分上事。"先生曰:"衆人亦率性也,但率性在聖人分上較多,故'率性之謂道'屬聖人事;聖人亦修道也,但修道在賢人分上多,故'修道之謂教'屬賢人事。"又曰:"《中庸》一書,大抵皆是説修道的事。故後面凡説君子、説顔淵、説子路,皆是能修道的;説小人、説賢知愚不肖、説庶民,皆是不能修道的;其他言舜、文、周公、仲尼至誠至聖之類,則又聖人之自能修道者也。"(第1冊,第107頁。)

【《傳習錄》第265條①】先生曰:"'天命之謂性',命即是性;'率性之謂道',性即是道;'修道之謂教',道即是教。"問:"如何道即是教?"曰:"道即是良知。良知原是完完全全,是的還他是,非的還他非,是非只依着他,更無不是處。這良知還是你的明師。"(第1冊,第116頁。)

【《傳習錄》第266條】問:"'不睹不聞'是説本體,'戒慎恐懼'是説功夫否?"先生曰:"此處須信得本體原是'不睹不聞'的,亦原是'戒慎恐懼'的。'戒慎恐懼'不曾在'不睹不聞'上加得些子。見得真時,便謂'戒慎恐懼'是本體,'不睹不聞'是功夫,亦得②。"(第1冊,第116頁。)

【《傳習錄》第304條】問:"良知原是中和的,如何卻有過、不及?"先生曰:"知得過、不及處就是中和。"(第1冊,第125頁。)

【《傳習錄》第307條】或問"未發""已發"。先生曰:"只緣後儒將'未發''已發'分説了,只得劈頭説個③無'未發''已發',使人自思得之。若説有個④'已發''未發',聽者依舊落在後儒見解。若真見得無'未發''已

---

① 新編本《王陽明全集》把此條目"問:'如何道即是教'……"之後另起一段,分爲一箇新的條目,查看四部叢刊本、四部備要本《王文成公全書》,以及陳榮捷先生《王陽明傳習錄詳注集評》,此條目均無分段,故爲一箇條目。
② 陳榮捷先生《王陽明傳習錄詳注集評》無"亦得"二字。
③ 四部叢刊本、四部備要本《王文成公全書》"個"均爲"箇"。
④ 同上。

發'，説個①有'未發''已發'，原不妨，原有個②'未發''已發'在。"問曰："'未發'未嘗不'和'，'已發'未嘗不'中'。譬如鐘聲，未扣不可謂無，既扣不可謂有，畢竟有個扣與不扣，何如？"先生曰："未扣時原是驚天動地，既扣時也只是寂天寞地。"（第1冊，第126頁。）

【《傳習錄》第329條】一友舉佛家以手指顯出，問曰："衆曾見否？"衆曰："見之。"復以手指入袖，問曰："衆還見否？"衆曰："不見。"佛説還未見性。此義未明。先生曰："手指有見、有不見，爾之見性常在。人之心神只在有睹有聞上馳騖，不在不睹不聞上着實用功。蓋'不睹不聞'是良知本體，'戒慎恐懼'是致良知的功夫③。學者時時刻刻常睹其所不睹，常聞其所不聞，工夫方有個④實落處。久久成熟後，則不須著⑤力，不待防檢，而真性自不息矣。豈以在外者之聞見爲累哉？"（第1冊，第134頁。）

【《答汪石潭内翰（辛未）》】夫喜怒哀樂，情也，既曰不可謂未發矣；喜怒哀樂之未發，則是指其本體而言，性也。斯言自子思，非程子而始有。執事既不以爲然，則當自子思《中庸》始矣。喜怒哀樂之與思、與知覺，皆心之所發。心統性情。性，心體也；情，心用也。程子云："心，一也。有指體而言者，寂然不動是也；有指用而言者，感而遂通是也。"斯言既無以加矣，執事姑求之體用之説。夫體用一源也，知體之所以爲用，則知用之所以爲體者矣。雖然體微而難知也，用顯而易見也。執事之云，不亦宜乎？夫謂"自朝至暮，未嘗有寂然不動之時"者，是見其用而不得其所謂體也。君子之於學也，因用以求其體。凡程子所謂"既思即是已發，既有知覺即是動"者，皆爲求中於喜怒哀樂未發之時者言也，非謂其無未發者也。朱子於未發之説，其始亦嘗疑之，今其集中所與南軒論難辨⑥析者，蓋往復數十而後決，其説則今

---

① 四部叢刊本、四部備要本《王文成公全書》"個"均爲"箇"。
② 同上。
③ 四部叢刊本、四部備要本《王文成公全書》"功夫"均爲"工夫"。
④ 四部叢刊本、四部備要本《王文成公全書》"個"均爲"箇"。
⑤ 四部叢刊本《王文成公全書》"著"爲"着"。
⑥ 四部叢刊本、四部備要本《王文成公全書》"辨"均爲"辯"。

之《中庸注疏》是也，其於此亦非苟矣。獨其所謂"自戒懼而約之，以至於至靜之中；自謹獨而精之，以至於應物之處"者，亦若過於剖析。而後之讀者遂以分爲兩節，而疑其別有寂然不動、靜而存養之時，不知常存戒慎恐懼之心，則其工夫未始有一息之間，非必自其不睹不聞而存養也。（第1冊，第158—159頁。）

【《與王純甫（壬申）》】居常無所見，惟當利害，經變故，遭屈辱，平時憤怒者到此能不憤怒，憂惶失措者到此能不憂惶失措，始是能有得力處，亦便是用力處。天下事雖萬變，吾所以應之，不出乎喜怒哀樂四者。此爲學之要，而爲政亦在其中矣。（第1冊，第167頁。）

【《答舒國用（癸未）》】夫君子之所謂敬畏者，非有所恐懼憂患之謂也，乃戒慎不睹、恐懼不聞之謂耳。君子之所謂灑落者，非曠蕩放逸，縱情肆意之謂也，乃其心體不累於欲，無入而不自得之謂耳。夫心之本體，即天理也。天理之昭明靈覺，所謂良知也。君子之戒慎恐懼，惟恐其昭明靈覺者或有所昏昧放逸，流於非僻邪妄而失其本體之正耳。戒慎恐懼之功無時或間，則天理常存，而其昭明靈覺之本體，無所虧蔽，無所牽擾，無所恐懼憂患，無所好樂忿懥，無所意必固我，無所歉餒愧怍，和融瑩徹，充塞流行，動容周旋而中禮，從心所欲而不踰，斯乃所謂真灑落矣。是灑落生於天理之常存，天理常存生於戒慎恐懼之無間。孰謂"敬畏之增，乃反爲灑落之累"耶？惟夫不知灑落爲吾心之體，敬畏爲灑落之功，歧爲二物而分用其心，是以互相牴牾，動多拂戾而流於欲速助長。是國用之所謂"敬畏"者，乃《大學》之"恐懼憂患"，非《中庸》"戒慎恐懼"之謂矣。（第1冊，第203—204頁。）

【《答季明德（丙戌）》】率性而行，則性謂之道；修道而學，則道謂之教。謂修道之爲教，可也；謂修道之爲學，亦可也。自其道之示人無隱者而言，則道謂之教；自其功夫之修習無違者而言，則道謂之學。教也，學也，皆道也，非人之所能爲也。（第1冊，第228頁。）

【《見齋説（乙亥）》】夫有無之間，見與不見之妙，非可以言求也。而子顧切切焉，吾又從而强言其不可見，是以瞽導瞽也。夫言飲者不可以爲醉，見食者不可以爲飽。子求其醉飽，則盍飲食之？子求其見也，其惟人之所不見乎？夫亦戒慎乎其所不睹也已，斯真睹也已，斯求見之道也已。（第1冊，第279—280頁。）

【《謹齋説（乙亥）》】學以存其心者，何求哉？求諸其心而已矣。求諸其心何爲哉？謹守其心而已矣。博學也，審問也，慎思也，明辨[①]也，篤行也，皆謹守其心之功也。謹守其心者，無聲之中而常若聞焉，無形之中而常若睹焉。故傾耳而聽之，惟恐其或繆也；注目而視之，惟恐其或逸也。是故至微而顯，至隱而見，善惡之萌而纖毫莫遁，由其能謹也。謹則存，存則明，明則其察之也精，其存之也一。昧焉而弗知，過焉而弗覺，弗之謹也已。故謹守其心，於其善之萌焉，若食之充飽也，若抱赤子而履春冰，惟恐其或陷也，若捧萬金之璧而臨千仞之崖，惟恐其或墜也；其不善之萌焉，若鴆毒之投於羹也，若虎蛇橫集而思所以避之也，若盜賊之侵陵而思所以勝之也。古之君子所以凝至道而成盛德，未有不由於斯者。（第1冊，第280—281頁。）

【《修道説（戊寅）》】"率性之謂道"，誠者也；"修道之謂教"，誠之者也。故曰："自誠明，謂之性；自明誠，謂之教。"《中庸》爲誠之者而作，修道之事也。道也者，性也，"不可須臾離也"；而過焉、不及焉，離也。是故君子有修道之功，"戒慎乎其所不睹，恐懼乎其所不聞"，微之顯，誠之不可掩也。修道之功若是，其無間，誠之也夫！然後"喜怒哀樂之未發謂之中，發而皆中節謂之和"，道修而性復矣。"致中和"，則大本立而達道行，知天地之化育矣。非至誠盡性，其孰能與於此哉！是修道之極功也。而世之言修道者，離矣。故特著其説。（第1冊，第282頁。）

【《自得齋説（甲申）》】孟子云："君子深造之以道，欲其自得之也。自得之，則居之安；居之安，則資之深；資之深，則取之左右逢其源[②]，故君子

---

① 四部叢刊本《王文成公全書》"辨"爲"辯"。
② 四部叢刊本、四部備要本《王文成公全書》"源"均爲"原"。

欲其自得之也。"夫率性之謂道,道,吾性也;性,吾生也。而何事於外求?世之學者,業辭章,習訓詁,工技藝,探賾而索隱,弊精極力,勤苦終身,非無所謂深造之者。然亦辭章而已耳,訓詁而已耳,技藝而已耳,非所以深造於道也,則亦外物而已耳,寧有所謂自得逢源①者哉!古之君子,戒慎不睹,恐懼不聞,致其良知而不敢須臾或離者,斯所以深造乎是矣。是以大本立而達道行,天地以位,萬物以育,於左右逢源②乎何有?(第1册,第282—283頁。)

【《惜陰説(丙戌)》】嗚呼!天道之運,無一息之或停;吾心良知之運,亦無一息之或停。良知即天道,謂之"亦",則猶二之矣。知良知之運無一息之或停者,則知惜陰矣;知惜陰者,則知致其良知矣。"子在川上曰:'逝者如斯夫!不舍晝夜。'"此其所以學如不及,至於發憤忘食也。堯舜兢兢業業,成湯日新又新,文王純亦不已,周公坐以待旦,惜陰之功,寧獨大禹爲然?子思曰:"戒慎乎其所不睹,恐懼乎其所不聞","知微之顯,可以入德矣"。(第1册,第285頁。)

【《書朱守乾卷(乙酉)》】夫良知者,即所謂"是非之心,人皆有之",不待學而有,不待慮而得者也。人孰無是良知乎?獨有不能致之耳。自聖人以至於愚人,自一人之心以達於四海之遠,自千古之前以至於萬代之後,無有不同。是良知也者,是所謂"天下之大本"也;致是良知而行,則所謂"天下之達道"也。天地以位,萬物以育,將富貴、貧賤、患難、夷狄,無所入而弗自得也矣。(第1册,第296—297頁。)

【《祭朱守忠文(甲申)》】始守忠之赴山東也,過予而告別云:"節於先生之學,誠有終身幾席之願,顧事功之心猶有未能脱然者。先生將何以裁之?"予曰:"君子之事,敬③德修業而已。雖位天地、育萬物,皆已進德之

---

① 四部叢刊本、四部備要本《王文成公全書》"源"均爲"原"。
② 同上。
③ 四部叢刊本、四部備要本《王文成公全書》"敬"均爲"進"。

事,故德業之外無他事功矣。乃若不由天德,而求騁於功名事業之場,則亦希高慕外。後世高明之士,雖知向學,而未能不爲才力所使者,猶不免焉。守忠既已心覺其非,固當不爲所累矣。"(第3册,第1006頁。)

【《與陸清伯書》】凡人之爲不善者,雖至於逆理亂常之極,其本心之良知,亦未有不自知者。但不能致其本然之良知,是以物有不格,意有不誠,而卒人於小人之歸。故凡致知者,致其本然之良知而已。《大學》謂之"致知格物",在《書》謂之"精一",在《中庸》謂之"慎獨",在《孟子》謂之"集義",其工夫一也。(第3册,第1060頁。)

【《與許台仲書·二》】道不可須臾而間①,故學不須臾而離②。居喪亦學也,而喪者以荒迷自居,言不能無荒迷爾,學則不至於荒迷,故曰"喪事不敢不勉"。寧戚之説,爲流俗忘本者言也。喜怒哀樂,發皆中節謂③和。哀亦有和焉,發於至誠,而無所乘戾④之謂也。夫過情,非和也;動氣,非和也;有意必於其間,非和也。孺子終日啼而不嗌,和之至也。知此,則知居喪之學,固無所異於平居之學矣。(第3册,第1061頁。)

【《傳習錄拾遺》第24條】直問:"戒慎恐懼是致知⑤,還是致中?"先生曰:"是和上用功。"曰:"《中庸》言'致中和',如何不致'中',卻來'和'上用功?"先生曰:"'中''和',一也。内無所偏倚,少間發出,便自無乖戾。本體上如何用功?必就他發處,纔著得力。致和便是致中,萬物育便是天地位。"直未能釋然。先生曰:"不消去文義上泥,'中''和'是離不得底,如面前火之本體是中,火之照物處便是和。舉著火,其光便自照物。火與照如何離得?故'中''和',一也。近儒亦有以戒懼即是慎獨,非兩事者。然不知此以致和即便以致中也。"他日,崇一謂直曰:"未發是本體,本體自是不發

---

① 四部叢刊本、四部備要本《王文成公全書》"間"均爲"離"。
② 四部叢刊本、四部備要本《王文成公全書》"離"均爲"間"。
③ 四部叢刊本、四部備要本《王文成公全書》"謂"之前均有"之"字。
④ 四部叢刊本、四部備要本《王文成公全書》"乘戾"均爲"乖戾"。
⑤ 佐藤一齋《傳習錄欄外書》、陳榮捷《王陽明傳習錄詳注集評》"致知"均爲"致和"。

底。如人可怒,我雖怒他,然怒不過當,卻也是此本體未發。"後以崇一之説問先生。先生曰:"如此卻是説成功。子思説發與未發,正要在發時用功。"(第5冊,第1552頁。)

【《陽明先生遺言録上》第43條】一友問:"天地位、萬物育,何如?"先生曰:"賢卻發得太早。汝且問戒懼、慎獨,何如?而深致其功,則位育之效自知矣。如未用戒懼、慎獨工夫,縱聽得位育,説話雖多,有何益處?如人要到京畿,必須束裝買舟,沿途問人,行將去,到得京畿,自知從某門而入矣。若未買舟而行,只講求京畿九門從何處入,直是説夢。"聽者皆有省。(第5冊,第1600頁。)

【《陽明先生遺言録下》第27條】一友問:"'中'何以能爲'天下之大本'?"先生因指扇喻之曰:"如將此扇去扇人、扇塵、扇蠅、扇蚊等用,是此扇足爲諸用之本矣。有此扇,方有此用。如無此扇而代之以手,則不能爲用矣。汝且體認汝心未發之中氣象何似,則於'天下之大本'當自知之矣。"(第5冊,第1605頁。)

【《稽山承語》第8條】"修道之謂教"以下許多説話,工夫只是"修道以仁"。(第5冊,第1608頁。)

【《稽山承語》第18條】良知無有不獨,獨知無有不良。(第5冊,第1610頁。)

【《稽山承語》第21條】師設燕[①],以投壺樂賓,諸友請教,曰:"今此投壺,俱要位天地、育萬物。"衆皆默然。投畢賓退,實夫不悟,以問正之。正之曰:"難言也。"曰:"此會何人得位育意?"正之曰:"惟弘綱三矢,自此而出。"明旦,衆入謝燕[②],實夫起問。師曰:"昨日投壺,惟正之三矢得此意。"實夫凜然。(第5冊,第1610頁。)

【《稽山承語》第24條】問喜怒哀樂。師曰:"樂者心之本體也。得所樂

[①] 陳來《〈遺言録〉、〈稽山承語〉與王陽明語録佚文》"燕"爲"宴"。
[②] 同上。

則喜，反所樂則怒，失所樂則哀。不喜、不怒、不哀也①時，此真樂也。"（第 5 冊，第 1610—1611 頁。）

【《答汪抑之·（一）》】蓋喜怒哀樂，自有已發、未發。故謂未發時無喜怒哀樂則可，而謂喜怒哀樂無未發則不可。今謂喜怒哀樂無未發，已發固已發，未發亦已發，而必欲強合于程子"動亦定，靜亦定"之説，則是動亦動，靜亦動也。非惟不得子思之旨，而于程子之意似亦有所未合歟！（第 5 冊，第 1780 頁。）

三、《中庸》第四章

【《稽山承語》第 2 條】問："格物以致其良知，謂之學，此知行合一之訓也。如'學而不思則罔，思而不學則殆'，何如？"曰："正言知行不一之弊。""《中庸》言道之不明、不行，亦言知行不一之故乎？"曰："然。故曰'人莫不飲食也，鮮能知味也。'"（第 5 冊，第 1607 頁。）

四、《中庸》第六章

【《傳習錄》第 191 條】舜察邇言而詢芻蕘，非是以邇言當察、芻蕘當詢而後如此。乃良知之發見流行，光明圓瑩，更無罣礙遮隔處，此所以謂之大知；才有執著②意必，其知便小矣。（第 1 冊，第 93 頁。）

【《稽山承語》第 31 條】一友初作尹，問曰："爲尹之道，不可輕聽人言，不能不聽人言。逆詐、億不信，既非君子之道，如舜之好問、好察，何以知人之不我欺也？"師曰："只要自家主意明白，主意堅定，在我一以愛民爲心，誠然如保赤子。凡以愛民之言欺我，我即用之，欺我者乃助我者也；凡以殃

---

① 陳來《〈遺言錄〉、〈稽山承語〉與王陽明語錄佚文》無"也"字。
② 四部叢刊本《王文成公全書》"著"爲"着"。

民之言欺我，與我主意不合，必不肯聽，又何患聽言之難也。"（第5冊，第1612頁。）

【《答王應韶》】惟執事自謂更無病痛，不須醫藥，又自謂不待人啟口，而已識其言之必錯。在執事之爲己篤實，決非謬言以欺世，取給以御人者。然守仁竊甚惑之。昔者夫子猶曰："五十以學《易》，可以無大過。"又曰："丘也幸，苟有過，人必知之。"未聞以爲無過也。子路，人告之以其過則喜，未聞人之欲告以過而拒也。今執事一過之，一反焉，此非淺陋之所能測也。"舜好問而好察邇言"，邇言者，淺近之言也，猶必察焉。夫子嘗曰："不逆詐。"又曰："不以人廢言。"今不待人之啟口，而已識其必錯者，何耶？（第5冊，第1784—1785頁。）

五、《中庸》第八章

【《傳習錄拾遺》第26條】直問："顏子擇中庸，是如何擇？"先生曰："亦是戒慎不睹，恐懼不聞，就己心之動處，辨別出天理來。'得一善'，即是得此天理。"後又與正之論顏子"雖欲從之，末由也已"。正之曰："先生嘗言'此是見得道理如此'。如今日用，凡視聽言動，都是此知覺。然知覺卻在何處？捉定不得，所以說'雖欲從之，末由也已'。顏子見得道體後，方纔如此說。"（第5冊，第1553頁。）

【《周道通問學書批語》第9條】古聖相傳心法之要，不過曰"執中"。然"中"無定體，難以□□□□，憑吾良知點檢日用工夫，頗亦覺得穩當處，多□□□□□，非過即又不及，不能得常常恰好，誠欲擇乎中庸而固執之，如之何則可？

批語：致良知便是"擇乎中庸"的工夫，倏忽之間有過、不及，即是不致良知。（第5冊，第1858頁。）

六、《中庸》第十章

【《稽山承語》第 36 條】或問："犯而不校與不報無道，何以不同？"師曰："有意無意耳。"又曰："犯而不校，非是不與人校長短。且如《大明律》，不曾不①罪，懸法設科，人自犯之，乃犯也。設使彼有九分九釐罪過，我有一釐不是，均是犯法，非彼犯我也。聖門之教，只是自反自責，故曰不校。必是我全無不是，彼全無是處，然後謂之犯，如此而又不校，愛敬調停之心不倦不厭，方是好學。"（第 5 冊，第 1613 頁。）

【《弘治十二年會試論"君子中立而不倚"》②】獨立乎道之中而力足以守之，非君子之勇不能也。蓋中固難於立，尤難乎其守也。中立而有以守之，必其識足以擇理而不惑於他歧，行足以蹈道而不陷於僻地，力足以勝私而不誘於外物。天下之事紛紜轇轕乎吾前，而吾之中固在也。使徒立之而力不足以守之，則執於此或移於彼，植於前或僕於後，矜持於旦夕無事之時，而顛躓於倉卒不備之際。向之所爲中者③，不旋踵而已失之矣。此中立而不倚者，所以見君子之強而爲天下之大勇歟。

且君子之所以自立者何？中而已。是道也，原於帝降，著於民彝，其體本不倚也。然一事有一事之中，一時有一時之中，有定理而無定在焉。今夫人之所自立也，譬之地焉，高者或亢，遠者或曠，皆過乎中。卑者或汙，近者或局，皆不及乎中。是蓋擇之不精，而其守也不足言矣。君子則存養之熟，有以立乎中之體；省察之精，有以達乎中之用。故能事事而擇之，時時而處之，履道於至正之區，而特立乎流俗之外；置身於至當之地，而標見乎眾目之表。自卑者視之，以爲太高，而不知其高之爲中也；自高者視之，以爲太卑，

---

① 陳來《〈遺言錄〉、〈稽山承語〉與王陽明語錄佚文》"不"爲"有"。
② 新編本《王陽明全集》中所載此文沒有分段，今據《天一閣藏明代科舉錄選刊·會試錄（點校本）》進行了分段。
③ 《天一閣藏明代科舉錄選刊·會試錄（點校本）》無"者"字。

而不知其卑之爲中也，以至於近遠亦然。當出而出，當處而處，出處之立乎中也；當辭而辭，當受而受，辭受之立乎中也，以致於動靜語默皆然。

然則君子之立也，可謂中矣，又何以見其不倚邪？譬之物焉，有所憑則易以立，無所恃則易以倚。吾之所立者中，則或前或後，無可恃之人；或左或右，無可憑之物。以外誘言之，則聲色之私有以眩吾中，貨利之私有以撼吾中。苟吾之力不足以勝之，其不至於顛僕者寡矣。以己私言之，則辨或倚於私辨而非中，智或倚於私智而非中。苟吾之力不足以自勝，其不至於欹側者亦寡矣。故中立固難，立而不倚尤難。

君子則以一定之守，持一定之見，不必有所憑也。而確乎有不可拔之勢，不必有所恃也。而屹乎有不可動之力，激之而不能使之高，抑之而不能使之卑，前之而不能引，後之而不能掣。聲色自美耳，吾之中終不爲其所眩；貨利自麋耳，吾之中終不爲其所撼。辨有所不當，施則不倚於辨；智有所不當，用則不倚於智。於所當處也，雖迫之使出而有所不從；於所當辭也，雖強之使受而有所不屑，以至於天下之事，莫不皆然。

事之在天下者，萬有不齊，而吾之所立者，固未嘗失也。是雖處乎人人之中，而其所守，實有過乎人者。天下之勇，豈復加於此哉？由是觀之，所以擇者，智也；所以行者，仁也；所以守之者，勇也。勇所以成乎智、仁而保此中者也。然亦有辨焉，南方之強不及中者也，北方之強過乎中者也。惟和而不流，中立而不倚，國有道、無道而不變爲君子之強，蓋所謂中庸之不可能者。

孔子因子路問強而告之，所以抑其血氣之剛，而進之以德義之勇也。彼子路者，終倚於勇焉，何哉？君子誠因是而求之，所謂中立不倚者，尚當以孔子爲的。（第5册，第1865—1867頁。）

七、《中庸》第十一章

【《答劉內重（乙酉）》】聖人之行，初不遠於人情。"魯人獵較，孔子亦獵較","鄉人儺,朝服而立於阼階",難言之互鄉,亦與進其童子,在當時固不能無惑之者矣。子見南子,子路且有不悦。夫子到此,如何更與子路説得是非?只好矢之而已。何也?若要説見南子是,得多少氣力來説?且若依着子路認個不是,則子路終身不識聖人之心,此學終將不明矣。此等苦心處,惟顔子便能識得,故曰"於吾言無所不悦"。此正是大頭腦處。區區舉似内重,亦欲内重謙虚其心,宏大其量,去人我之見,絶意必之私,則此大頭腦處,自將卓爾有見,當有"雖欲從之,末由也已"之歎矣!大抵奇特斬絶之行,多後世希高慕大者之所喜,聖賢不以是爲貴也。故索隱行怪,則後世有述焉,依乎中庸,固有遯世不見知者矣。(第 1 册,第 210—211 頁。)

八、《中庸》第十二章

【《復唐虞佐(庚辰)》】聖賢之道,坦若大路,夫婦之愚,可以與知。而後之論者,忽近求遠,舍易圖難,遂使老師宿儒皆不敢輕議。故在今時,非獨其庸下者自分以爲不可爲,雖高者特達,皆以此學爲長物,視之爲虚談贅説,亦許時矣。(第 1 册,第 190 頁。)

【《傳習録拾遺》第 35 條】先生曰:"夫婦之與知、與能,亦聖人之所知、所能。聖人之所不知、不能,亦夫婦之所不知、不能。"又曰:"夫婦之所與知、與能,雖至聖人之所不知、不能,只是一事。"(第 5 册,第 1555 頁。)

九、《中庸》第十四章

【《傳習録》第 9 條】"約禮"只是要此心純是一個天理。要此心純是天理,須就"理"之發見處用功。如發見於事親時,就在事親上學存此天理;發見於事君時,就在事君上學存此天理;發見於處富貴、貧賤時,就在處富貴、貧賤上學存此天理;發見於處患難、夷狄時,就在處患難、夷狄上學存此天理。至於作止語默，無處不然，隨他發見處，即就那上面學個[①]存天理。（第1冊，第7頁。）

【《與王純甫（壬申）》】及謫貴州三年，百難備嘗，然後能有所見，始信孟氏"生於憂患"之言，非欺我也。嘗以爲"君子素其位而行，不願乎其外。素富貴，行乎富貴；素貧賤，行乎貧賤；素患難，行乎患難；故無入而不自得。"後之君子，亦當素其位而學，不願乎其外。素富貴，學處乎富貴；素貧賤、患難，學處乎貧賤、患難；則亦可以無入而不自得。（第1冊，第166—167頁。）

【《觀德亭記（戊寅）》】君子之於射也，內志正，外體直，持弓矢審固，而後可以言中，故古者射以觀德。德也者，得之於其心也。君子之學，求以得之於其心，故君子之於射，以存其心也。是故慄於其心者其動妄，蕩於其心者其視浮，歉於其心者其氣餒，忽於其心者其貌惰，傲於其心者其色矜。五者，心之不存也。不存也者，不學也。君子之學於射，以存其心也。是故心端則體正，心敬則容肅，心平則氣舒，心專則視審，心通故時而理，心純故讓而恪，心宏故勝而不張、負而不馳，七者備而君子之德成。君子無所不用其學也，於射見之矣。故曰："爲人君者，以爲君鵠；爲人臣者，以爲臣鵠；爲人父者，以爲父鵠；爲人子者，以爲子鵠。"射也者，射己之鵠也。鵠也者，心也。各射己之心也，各得其心而已。故曰：可以觀德矣。（第1冊，第262頁。）

【《題夢槎奇遊詩卷（乙酉）》】君子之學，求盡吾心焉爾。故其事親也，求盡吾心之孝，而非以爲孝也；事君也，求盡吾心之忠，而非以爲忠也。是故夙興夜寐，非以爲勤也；剸繁理劇，非以爲能也；嫉邪袪蠹，非以爲剛也；規切諫諍，非以爲直也；臨難死義，非以爲節也。吾心有不盡焉，是謂自欺其心，心盡而後，吾之心始自以爲快也。惟夫求以自快吾心，故凡富貴、貧

[①] 四部叢刊本、四部備要本《王文成公全書》"個"均爲"箇"。

賤、憂戚、患難之來，莫非吾所以致知求快之地。苟富貴、貧賤、憂戚、患難而莫非吾致知求快之地，則亦寧有所謂富貴、貧賤、憂戚、患難者足以動其中哉？世之人徒知君子之于富貴、貧賤、憂戚、患難，無入而不自得也，而皆以爲獨能人之所不可及，不知君子之求以自快其心而已矣。（第3冊，第968—969頁。）

十、《中庸》第二十章

【《傳習錄》第6條】愛問："盡心知性何以爲生知安行？"先生曰："性是心之體，天是性之原，盡心即是盡性。'惟天下至誠，爲能盡其性'，知天地之化育。存心者，心有未盡也；知天，如知州、知縣之知，是自己分上事，已與天爲一；事天，如子之事父，臣之事君，須是恭敬奉承，然後能無失，尚與天爲二，此便是聖賢之別。至於'夭壽不貳'其心，乃是教學者一心爲善，不可以窮通夭壽之故，便把爲善的心變動了，只去修身以俟命；見得窮通壽夭有個①命在，我亦不必以此動心。'事天'雖與天爲二，已自見得個②天在面前；'俟命'便是未曾見面，在此等候相似，此便是初學立心之始，有個③困勉的意在。今卻倒做了，所以使學者無下手處。"（第1冊，第6頁。）

【《傳習錄》第99條】人之氣質，清濁粹駁，有中人以上、中人以下。其於道有生知安行、學知利行，其下者必須人一己百、人十己千，及其成功則一。後世不知作聖之本是純乎天理，卻專去知識才能上求聖人，以爲聖人無所不知、無所不能。我須是將聖人許多知識才能逐一理會始得。故不務去天理上着工夫，徒弊精竭力，從冊子上鑽研，名物上考索，形跡上比擬，知識愈廣而人欲愈滋，才力愈多而天理愈蔽。（第1冊，第30—31頁。）

---

① 四部叢刊本、四部備要本《王文成公全書》"個"均爲"箇"。
② 同上。
③ 同上。

【《傳習録》第 129 條】大抵《中庸》工夫只是誠身，誠身之極便是至誠；《大學》工夫只是誠意，誠意之極便是至善。工夫總是一般。今説這裏補個①"敬"字，那裏補個②"誠"字，未免畫蛇添足。（第 1 冊，第 42 頁。）

【《傳習録》第 134 條】"盡心由於知性，致知在於格物"，此語然矣。然而推本吾子之意，則其所以爲是語者，尚有未明也。朱子以"盡心""知性""知天"爲物格、知致，以"存心""養性""事天"爲誠意、正心、修身，以"夭③壽不貳，修身以俟"爲知至、仁盡、聖人之事。若鄙人之見，則與朱子正相反矣。夫"盡心""知性""知天"者，生知安行，聖人之事也；"存心""養性""事天"者，學知利行，賢人之事也；"夭④壽不貳，修身以俟"者，困知勉行，學者之事也。豈可專以盡心、知性爲知，存心、養性爲行乎？吾子驟聞此言，必又以爲大駭矣。然其間實無可疑者，一爲吾子言之。夫心之體，性也；性之原，天也。能盡其心，是能盡其性矣。《中庸》云："惟天下至誠，爲能盡其性。"又云："知天地之化育"，"質諸鬼神而無疑，知天也"，此惟聖人而後能然。故曰此生知安行，聖人之事也。存其心者，未能盡其心者也，故須加存之之功，必存之既久，不待於存而自無不存，然後可以進而言盡。蓋"知天"之"知"，如知州、知縣之"知"，知州則一州之事皆己事也，知縣則一縣之事皆己事也，是與天爲一者也；"事天"則如子之事父、臣之事君，猶與天爲二也。天之所以命於我者，心也，性也，吾但存之而不敢失，養之而不敢害，如"父母全而生之，子全而歸之"者也。故曰此學知利行，賢人之事也。至於"夭⑤壽不貳"，則與存其心者又有間矣。存其心者，雖未能盡其心，固已一心於爲善，時有不存，則存之而已。今使之"夭⑥壽不貳"，是猶以天⑦

---

① 四部叢刊本、四部備要本《王文成公全書》"個"均爲"箇"。
② 同上。
③ 四部叢刊本、四部備要本《王文成公全書》"夭"均爲"殀"。
④ 同上。
⑤ 同上。
⑥ 同上。
⑦ 同上。

壽貳其心者也。猶以夭①壽貳其心,是其爲善之心猶未能一也,存之尚有所未可,而何盡之可云乎？今且使之不以夭②壽貳其爲善之心,若曰死生夭③壽皆有定命,吾但一心於爲善,修吾之身以俟天命而已,是其平日尚未知有天命也。"事天"雖與天爲二,然已真知天命之所在,但惟恭敬奉承之而已耳。若俟之云者,則尚未能真知天命之所在,猶有所俟者也。故曰"所以立命"。"立"者,"創立"之"立",如"立德""立言""立功""立名"之類。凡言"立"者,皆是昔未嘗有而今④始建立之謂,孔子所謂"不知命,無以爲君子"者也。故曰此困知勉行,學者之事也。今以"盡心""知性""知天"爲格物致知,使初學之士尚未能不貳其心者,而遽責之以聖人生知安行之事,如捕風捉影,茫然莫知所措其心,幾何而不至於"率天下而路"也。（第1冊,第47—49頁。）

【《傳習録》第136條】夫學⑤、問、思、辨、行,皆所以爲學,未有學而不行者也。如言學孝,則必服勞奉養,躬行孝道,然後謂之學,豈徒懸空口耳講説,而遂可以謂之學孝乎？學射則必張弓挾矢,引滿中的;學書則必伸紙執筆,操觚染翰。盡天下之學,無有不行而可以言學者,則學之始固已即是行矣。篤者,敦實篤厚之意,已行矣,而敦篤其行,不息其功之謂爾。蓋學之不能以無疑,則有問,問即學也,即行也;又不能無疑,則有思,思即學也,即行也;又不能無疑,則有辨,辨即學也,即行也。辨既明矣,思既慎矣,問既審矣,學既能矣,又從而不息其功焉,斯之謂篤行,非謂學、問、思、辨之後而始措之於行也。是故以求能其事而言謂之學,以求解其惑而言謂之問,以求通其説而言謂之思,以求精其察而言謂之辨,以求履其實而言謂之行。蓋析其功而言則有五,合其事而言則一而已。此區區心理合一之體,知行并進之

---

① 四部叢刊本、四部備要本《王文成公全書》"夭"均爲"妖"。
② 同上。
③ 同上。
④ 四部叢刊本、四部備要本《王文成公全書》"今"均爲"本"。
⑤ 四部備要本《王文成公全書》無"學"字。

功,所以異於後世之説者,正在於是。今吾子特舉學、問、思、辨以窮天下之理,而不及篤行,是專以學、問、思、辨爲知,而謂窮理爲無行也已。天下豈有不行而學者邪?豈有不行而遂可謂之窮理者邪?明道云:"只窮理便盡性至命。"故必仁極仁,而後謂之能窮仁之理;義極義,而後謂之能窮義之理。仁極仁則盡仁之性矣,義極義則盡義之性矣。學至於窮理,至矣!而尚未措之於行,天下寧有是邪?是故知不行之不可以爲學,則知不行之不可以爲窮理矣;知不行之不可以爲窮理,則知知行之合一并進而不可以分爲兩節事矣。夫萬事萬物之理不外於吾心,而必曰窮天下之理,是殆以吾心之良知爲未足,而必外求於天下之廣以裨補增益之,是猶析心與理而爲二也。夫學、問、思、辨、篤行之功,雖其困勉,至於人一己百,而擴充之極,至於盡性知天,亦不過致吾心之良知而已。(第1冊,第50—51頁。)

【《傳習録》第165條】夫良知即是道,良知之在人心,不但聖賢,雖常人亦無不如此。若無有物欲牽蔽,但循著[①]良知發用流行將去,即無不是道。但在常人多爲物欲牽蔽,不能循得良知。如數公者,天質既自清明,自少物欲爲之牽蔽,則其良知之發用流行處,自然是多,自然違道不遠。學者學循此良知而已,謂之知學,只是知得專在學循良知。數公雖未知專在良知上用功,而或泛濫於多岐,疑迷於影響,是以或離或合而未純。若知得時,便是聖人矣。後儒嘗以數子者,尚皆是氣質用事,未免於行不著、習不察,此亦未爲過論。但後儒之所謂"著""察"者,亦是狃於聞見之狹,蔽於沿習之非,而依擬仿像於影響形迹之間,尚非聖門之所謂"著""察"者也,則亦安得以已之昏昏,而求人之昭昭也乎?所謂生知安行,"知""行"二字亦是就用功上説;若是知行本體,即是良知良能,雖在困勉之人,亦皆可謂之生知安行矣。(第1冊,第75頁。)

【《傳習録》第192條】"盡心"三節,區區曾有生知、學知、困知之説,頗

---

① 四部叢刊本《王文成公全書》"著"爲"着"。

已明白，無可疑者。蓋盡心、知性、知天者，不必説存心、養性、事天，不必説"夭①壽不貳，修身以俟"，而存心、養性與"修身以俟"之功已在其中矣。存心、養性、事天者，雖未到得盡心、知天的地位，然已是在那裏做個②求到盡心、知天的工夫，更不必説"夭③壽不貳，修身以俟"，而"夭④壽不貳、修身以俟"之功已在其中矣。譬之行路，盡心、知天者，如年力壯健之人，既能奔走往來於數千百里之間者也；存心、事天者，如童稚⑤之年，使之學習步趨於庭除之間者也；"夭⑥壽不貳，修身以俟"者，如襁褓⑦之孩，方使之扶墻傍壁而漸學起立移步者也。既已能奔走往來於數千里之間者，則不必更使之於庭除之間而學步趨，而步趨於庭除之間自無弗能矣；既已能步趨於庭除之間，則不必更使之扶墻傍壁而學起立移步，而起立移步自無弗能矣。然學起立移步，便是學步趨庭除之始；學步趨庭除，便是學奔走往來於數千里之基，固非有二事。但其工夫之難易，則相去懸絶矣。心也，性也，天也，一也。故及其知之，成功則一。然而三者人品力量自有階級，不可躐等而能也。（第1册，第93—94頁。）

【《傳習録》第221條】先生曰："聖人亦是學知，衆人亦是生知。"問曰："何如？"曰："這良知人人皆有，聖人只是保全，無些障蔽，兢兢業業，叠叠⑧翼翼，自然不息，便也是學，只是生的分數多，所以謂之生知安行。衆人自孩提之童，莫不完具此知，只是障蔽多，然本體之知自難泯息，雖問學克治，也只憑他，只是學的分數多，所以謂之學知利行。"（第1册，第105頁。）

【《傳習録》第291條】問："聖人生知安行是自然的，如何有甚功夫？"

---

① 四部叢刊本、四部備要本《王文成公全書》"夭"均爲"殀"。
② 四部叢刊本、四部備要本《王文成公全書》"個"均爲"箇"。
③ 四部叢刊本、四部備要本《王文成公全書》"夭"均爲"殀"。
④ 同上。
⑤ 四部叢刊本、四部备要本《王文成公全書》"稚"均爲"穉"。
⑥ 四部叢刊本、四部備要本《王文成公全書》"夭"均爲"殀"。
⑦ 四部叢刊本、四部備要本《王文成公全書》"褓"均爲"抱"。
⑧ 四部叢刊本、四部备要本《王文成公全書》"**叠叠翼翼**"均爲"**亹亹翼翼**"。

先生曰:"知行二字即是功夫,但有淺深難易之殊耳。良知原是精精明明的,如欲孝親,生知安行的,只是依此良知實落盡孝而已;學知利行者,只是時時省覺,務要依此良知盡孝而已;至於困知勉行者,蔽錮已深,雖要依此良知去孝,又爲私欲所阻,是以不能,必須加人一己百、人十己千之功,方能依此良知以盡其孝。聖人雖是生知安行,然其心不敢自是,肯做困知勉行的功夫。困知勉行的,卻要思量做生知安行的事,怎生成得?"(第1冊,第122頁。)

【《傳習録》第321條】門人問曰:"知行如何得合一?且如《中庸》言'博學之',又説個①'篤行之',分明知行是兩件。"先生曰:"博學只是事事學存此天理,篤行只是學之不已之意。"(第1冊,第132頁。)

【《與王純甫·二(癸酉)》】夫誠者,無妄之謂。誠身之誠,則欲其無妄之謂。誠之之功,則明善是也。故博學者,學此也;審問者,問此也;慎思者,思此也;明辨②者,辨③此也;篤行者,行此也。皆所以明善而爲誠之之功也。故誠身有道,明善者,誠身之道也;不明乎善,不誠乎身矣。非明善之外別有所謂誠身之功也。誠身之始,身猶未誠也,故謂之明善;明善之極,則身誠矣。若謂自有明善之功,又有誠身之功,是離而二之也,難乎免於毫釐千里之謬矣。(第1冊,第169頁。)

【《答友人問(丙戌)》】凡謂之行者,只是著實去做這件事。若著實做學問思辯的工夫,則學問思辯亦便是行矣。學是學做這件事,問是問做這件事,思辯是思辯做這件事,則行亦便是學問思辯矣。若謂學問思辯之,然後去行,卻如何懸空先去學問思辯得?行時又如何去得做④學問思辯的事?行之明覺精察處,便是知;知之真切篤實處,便是行。若行而不能精察明覺,便是冥行,便是"學而不思則罔",所以必須説個⑤知;知而不能真切篤實,便是

---

① 四部叢刊本、四部備要本《王文成公全書》"個"均爲"箇"。
② 四部叢刊本、四部備要本《王文成公全書》"辨"均爲"辯"。
③ 同上。
④ 四部叢刊本《王文成公全書》"做"爲"箇"。
⑤ 四部叢刊本、四部備要本《王文成公全書》"個"均爲"箇"。

妄想，便是"思而不學則殆"，所以必須説個①行。元來只是一個②工夫。凡古人説知行，皆是就一個③工夫上補偏救弊説，不似今人截然分作兩件事做。某今説知行合一，雖亦是就今時補偏救弊説，然知行體段亦本來如是。吾契但著實就身心上體履，當下便自知得。今卻只從言語文義上窺測，所以牽制支離，轉説轉糊塗，正是不能知行合一之弊耳。（第1册，第222頁。）

【《與黄宗賢（丁亥）》】《中庸》謂"知恥近乎勇"，所謂知恥，只是恥其不能致得自己良知耳。今人多以言語不能屈服得人爲恥，意氣不能陵軋得人爲恥，憤怒嗜欲不能直意任情得爲恥，殊不知此數病者，皆是蔽塞自己良知之事，正君子之所宜深恥者。今乃反以不能蔽塞自己良知爲恥，正是恥非其所當恥，而不知恥其所當恥也。（第1册，第234頁。）

【《紫陽書院集序（乙亥）》】是故君子之學，惟求得其心。雖至於位天地，育萬物，未有出於吾心之外也。孟氏所謂"學問之道無他，求其放心而已矣"者，一言以蔽之，故博學者，學此者也；審問者，問此者也；慎思者，思此者也；明辨④者，辨⑤此者也；篤行者，行此者也。（第1册，第255頁。）

【《傳習録拾遺》第51條】至吉安。諸生偕舊游三百餘人，迎入螺川驛中，先生立談不倦曰："堯、舜生知安行的聖人，猶兢兢業業，用困勉的工夫。吾儕以困勉的資質，而悠悠蕩蕩，坐享生知安行的成功，豈不誤已誤人？"（第5册，第1560頁。）

【《稽山承語》第5條】《中庸》論"前定"，只是良知不昧而已。（第5册，第1607頁）

【《稽山承語》第11條】"誠者，天之道"，言實理之本體；"思誠者，人之道"，聖賢皆謂之思誠，惟有工夫，則人道也。（第5册，第1609頁。）

---

① 四部叢刊本、四部備要本《王文成公全書》"個"均爲"箇"。
② 同上。
③ 同上。
④ 四部叢刊本、四部備要本《王文成公全書》"辨"均爲"辯"。
⑤ 同上。

【《稽山承語》第 15 條】"以約失之者鮮","凡事豫則立"也。(第 5 册,第 1609 頁。)

十一、《中庸》第二十二章

【《傳習錄》第 117 條】日孚曰:"先儒謂'一草一木亦皆有理,不可不察',如何?"先生曰:"夫我則不暇。公且先去理會自己性情,須能盡人之性,然後能盡物之性。"日孚悚然有悟。(第 1 册,第 37 頁。)

【《書正憲扇(乙酉)》】今人病痛,大段只是傲。千罪百惡,皆從傲上來。傲則自高自是,不肯屈下人。故爲子而傲,必不能孝;爲弟而傲,必不能弟;爲臣而傲,必不能忠。象之不仁,丹朱之不肖,皆只是一"傲"字,便結果了一生,做個①極惡大罪的人,更無解救得處。汝曹爲學,先要除此病根,方纔有地步可進。"傲"之反爲"謙"。"謙"字便是對症之藥。非但是外貌卑遜,須是中心恭敬,撙節退讓,常見自己不是,真能虛己受人。故爲子而謙,斯能孝;爲弟而謙,斯能弟;爲臣而謙,斯能忠。堯舜之聖,只是謙到至誠處,便是允恭克讓,溫恭允塞也。(第 1 册,第 297 頁。)

【《傳習錄拾遺》第 29 條】先生曰:"至誠能盡其性,亦只在人物之性上盡。離卻人物,便無性可盡得。能盡人物之性,即是至誠致曲處。致曲工夫,亦只在人物之性上致,更無二義,但比至誠有安勉不同耳。"(第 5 册,第 1554 頁。)

十二、《中庸》第二十四章

【《傳習錄》第 171 條】是謂"易以知險""簡以知阻",子思所謂"至誠

---

① 四部叢刊本、四部備要本《王文成公全書》"個"均爲"箇"。

如神""可以前知"者也。然子思謂"如神"、謂"可以前知",猶二而言之。是蓋推言思誠者之功效,是猶爲不能先覺者說也。若就至誠而言,則至誠之妙用即謂之"神",不必言"如神"。至誠則無知而無不知,不必言"可以前知"矣。(第1冊,第81頁。)

【《傳習錄》第281條】或問"至誠""前知"。先生曰:"誠是實理,只是一個①良知。實理之妙用流行就是'神',其萌動處就是'幾','誠、神、幾曰聖人'。聖人不貴'前知',禍福之來,雖聖人有所不免。聖人只是知幾,遇變而通耳。良知無前後,只知得見在的幾,便是一了百了。若有個②'前知'的心,就是私心,就有趨避利害的意。邵子必於'前知',終是利害心未盡處。"(第1冊,第120頁。)

【《陽明先生遺言錄下》第3條】問:"至誠之道何以能'前知'?"先生曰:"聖人只是一個良知,良知之外更無知也,有甚'前知'?其曰'國家'云云者,亦自能前知者而言。聖人良知精精明明,隨感隨應,自能敷行出去,此即是神。"(第5冊,第1603頁。)

十三、《中庸》第二十五章

【《傳習錄》第174條】夫理無內外,性無內外,故學無內外。講習討論,未嘗非內也;反觀內省,未嘗遺外也。夫謂學必資於外求,是以己性爲有外也,是義外也,用智者也;謂反觀內省爲求之於內,是以己性爲有內也,是有我也,自私者也,是皆不知性之無內外也。故曰:"精義入神,以致用也;利用安身,以崇德也。""性之德也,合內外之道也。"此可以知格物之學矣。(第1冊,第83頁。)

【《與黃勉之(甲申)》】君子學以爲己。成己、成物,雖本一事,而先後

---

① 四部叢刊本、四部備要本《王文成公全書》"個"均爲"箇"。
② 同上。

之序有不容紊。孟子云："學問之道無他，求其放心而已矣。"誦習經史，本亦學問之事，不可廢者。而忘本逐末，明道尚有"玩物喪志"之戒，若立言垂訓，尤非學者所宜汲汲矣。（第1冊，第205—206頁。）

【《平山書院記（癸亥）》】溫甫既已成己，則不能忘於成物，而建爲書院以倡其鄉人。處行義之時，則不能忘其隱居之地，而拳拳於求其志者無窮已也。古人有言："成己，仁也；成物，知也。"溫甫其仁且知者歟！（第3冊，第932頁。）

十四、《中庸》第二十六章

【《傳習錄》第151條】是有意於求寧靜，是以愈不寧靜耳。夫妄心則動也，照心非動也。恒照則恒動恒靜，天地之所以恒久而不已也。照心固照也，妄心亦照也。其爲物不貳，則其生物不息，有刻暫停則息矣，非"至誠無息"之學矣。（第1冊，第67頁。）

【《傳習錄》第160條】"照心非動"者，以其發於本體明覺之自然，而未嘗有所動也，有所動即妄矣；妄心亦照者，以其本體明覺之自然者，未嘗不在於其中，但有所動耳，無所動即照矣。無妄無照，非以妄爲照，以照爲妄也；照心爲照，妄心爲妄，是猶有妄有照也。有妄有照則猶貳也，貳則息矣；無妄無照則不貳，不貳則不息矣。（第1冊，第71頁。）

【《傳習錄》第167條】聖人致知之功，至誠無息。其良知之體，皦如明鏡，略無纖翳。妍媸之來，隨物見形，而明鏡曾無留染，所謂"情順萬事而無情"也。"無所住而生其心"，佛氏曾有是言，未爲非也。明鏡之應物，妍者妍，媸者媸，一照而皆真，即是生其心處；妍者妍，媸者媸，一過而不留，即是無所住處。（第1冊，第76頁。）

【《贈林典卿歸省序（乙亥）》】林典卿與其弟游于大學，且歸，辭於陽明子曰："元敘嘗聞立誠於夫子矣。今茲歸，敢請益。"陽明子曰："立誠。"典卿曰："學固此乎？天地之大也，而星辰麗焉，日月明焉，四時行焉，引類而言之，不可窮也；人物之富也，而草木蕃焉，禽獸群焉，中國夷狄分焉，引類而言之，不可盡也。夫古之學者，殫智慮，弊精力，而莫究其緒焉；靡晝夜，極年歲，而莫竟其說焉；析蠶絲，擢牛尾，而莫既其奧焉。而曰立誠，立誠盡之矣乎？"陽明子曰："立誠盡之矣。夫誠，實理也。其在天地，則其麗焉者，則其明焉者，則其行焉者，則其引類而言之，不可窮焉者，皆誠也；其在人物，則其蕃焉者，則其群焉者，則其分焉者，則其引類而言之，不可盡焉者，皆誠也。是故殫智慮，弊精力，而莫究其緒也；靡晝夜，極年歲，而莫竟其說也；析蠶絲，擢牛尾，而莫既其奧也。夫誠，一而已矣，故不可復有所益。益之是爲二也，二則僞，故誠不可益。不可益，故至誠無息。"（第1冊，第250—251頁。）

【《南岡説（丙戌）》】夫天地之道，誠焉而已耳；聖人之學，誠焉而已耳。誠故不息，故久，故徵，故悠遠，故博厚。是故天惟誠也，故常清；地惟誠也，故常寧；日月惟誠也，故常明。今夫南岡，亦拳石之積耳，而其廣大悠久至與天地而無疆焉，非誠而能若是乎？故觀夫南岡之崖[①]石，則誠崖[②]石爾矣；觀夫南岡之溪谷，則誠溪谷爾矣；觀夫南岡之峰巒巖壑，則誠峰巒巖壑爾矣。是皆實理之誠然，而非有所虛假文飾，以僞爲於其間。（第3冊，第951頁。）

十五、《中庸》第二十七章

【《傳習録》第324條】以方問"尊德性"一條。先生曰："'道問學'即所以'尊德性'也。晦翁言：'子靜以尊德性誨人，某教人豈不是道問學處多了些子？'是分'尊德性''道問學'作兩件。且如今講習討論，下許多工夫，無非只是存此心，不失其德性而已。豈有'尊德性'只空空去尊，更不去

[①] 四部叢刊本、四部備要本《王文成公全書》"崖"均爲"厓"。
[②] 同上。

問學？問學只是空空去問學，更與德性無關涉？如此，則不知今之所以講習討論者，更學何事？"問"致廣大"二句。曰："'盡精微'即所以'致廣大'也，'道中庸'即所以'極高明'也。蓋心之本體自是廣大底，人不能'盡精微'，則便爲私欲所蔽，有不勝其小者矣。故能細微曲折，無所不盡，則私意不足以蔽之，自無許多障礙遮隔處，如何廣大不致？"又問："精微還是念慮之精微，是事理之精微？"曰："念慮之精微即事理之精微也。"（第1冊，第133—134頁。）

【《答徐成之·一（壬午）》】今輿庵之論象山曰："雖其專以'尊德性'爲主，未免墮於禪學之虛空，而其持守端實，終不失爲聖人之徒。若晦庵之一於'道問學'，則支離決裂，非復聖門誠意正心之學矣。"吾兄之論晦庵曰："雖其專以'道問學'爲主，未免失於俗學之支離，而其循序漸進，終不背於《大學》之訓。若象山之一於'尊德性'，則虛無寂滅，非復《大學》'格物致知'之學矣"。夫既曰"尊德性"，則不可謂"墮於禪學之虛空"，"墮於禪學之虛空"，則不可謂之"尊德性"矣。既曰"道問學"，則不可謂"失於俗學之支離"，"失於俗學之支離"，則不可謂之[1]"道問學"矣。二者之辨，間不容髮。然則二兄之論，皆未免於意度也。昔者子思之論學，蓋不下千百言，而括之以"尊德性而道問學"之一語。即如二兄之辯[2]，一以"尊德性"爲主，一以"道問學"爲事，則是二者固皆未免於一偏，而是非之論尚未有所定也，烏得各持一是而遽以相非爲乎？故僕原[3]二兄置心于公平正大之地，無務求勝。夫論學而務以求勝，豈所謂"尊德性"乎？豈所謂"道問學"乎？以某[4]所見，非獨吾兄之非象山、輿庵之非晦庵皆失之非，而吾兄之是晦庵、輿庵之是象山，亦皆未得其所以是也。（第3冊，第844頁。）

【《答徐成之·二（壬午）》】夫君子之論學，要在得之於心。衆皆以爲

---

[1] 四部叢刊本《王文成公全書》無"之"字。
[2] 四部叢刊本《王文成公全書》"辯"爲"辨"。
[3] 四部叢刊本、四部備要本《王文成公全書》"原"均爲"願"。
[4] 四部叢刊本《王文成公全書》"某"爲"其"。

是，苟求之心而未會焉，未敢以爲是也。衆皆以爲非，苟求之心而有契焉，未敢以爲非也。心也者，吾所得於天之理也，無間於天人，無分於古今。苟盡吾心以求焉，則不中不遠矣。學也者，求以盡吾心也。是故尊德性而道問學，尊者，尊此者也；道者，道此者也。不得於心而惟外信於人以爲學，烏在其爲學也已！（第3冊，第846頁。）

【《傳習錄拾遺》第5條】南逢吉曰："吉嘗以《答徐成之書》請問。先生曰：'此書於格、致、誠、正，及尊德性而道問學處説得尚支離。蓋當時亦就二君所見者將就調停説過。細詳文義，然猶未免分爲兩事也。'嘗見一友問云：'朱子以存心、致知爲二事。今以道問學爲尊德性之功作一事，如何？'先生曰'天命於我謂之性，我得此性謂之[①]德。今要尊我之德性，須是道問學。如要尊孝之德性，便須學問個[②]孝；尊弟之德性，便須學問個[③]弟。學問個[④]孝，便是尊孝之德性；學問個[⑤]弟，便是尊弟之德性。不是尊德性之外，別有道問學之功；道問學之外，別有尊德性之事也。心之明覺處謂之知，知之存主處謂之心，原非有二物。存心便是致知，致知便是存心，亦非有二事。'曰：'存心恐是靜養意，與道問學不同。'曰：'就是靜中存養，還謂之學否？若亦謂之學，亦即是道問學矣。觀者宜以此意求之。'"（第5冊，第1547—1548頁。）

十六、《中庸》第二十九章

【《傳習錄》第211條】先生問九川："於'致知'之説體驗如何？"九川曰："自覺不同。往時操持常不得個[⑥]恰好處，此乃是恰好處。"先生曰："可

[①] 陳榮捷《王陽明傳習錄詳注集評》"謂之"爲"之謂"。
[②] 陳榮捷《王陽明傳習錄詳注集評》"個"爲"箇"。
[③] 同上。
[④] 同上。
[⑤] 同上。
[⑥] 四部叢刊本、四部備要本《王文成公全書》"個"均爲"箇"。

知是體來與聽講不同。我初與講時，知爾只是忽易，未有滋味。只這個①要妙，再體到深處，日見不同，是無窮盡的。"又曰："此'致知'二字，真是個②千古聖傳之秘，見到這裏，'百世以俟聖人而不惑'。"（第1冊，第103頁。）

【《與楊仕鳴（辛巳）》】區區所論"致知"二字，乃是孔門正法眼藏，於此見得真的，直是"建諸天地而不悖，質諸鬼神而無疑，考諸三王而不謬，百世以俟聖人而不惑"。知此者，方謂之知道；得此者，方謂之有德。異此而學，即謂之異端；離此而説，即謂之邪説；迷此而行，即謂之冥行。（第1冊，第198頁。）

【《答路賓陽（癸未）》】自來山間，朋友遠近至者百餘人，因此頗有警發，見得此學益的確簡易，真是"考諸三王而不謬，百世以俟聖人而不惑"者。惜無因復與賓陽一面語耳。郡務雖繁，然民人、社稷，莫非實學。（第1冊，第205頁。）

十七、《中庸》第三十章

【《傳習録》第11條】愛曰："如《三墳》之類，亦有傳者，孔子何以刪之？"先生曰："縱有傳者，亦於世變漸非所宜。風氣益開，文采日勝。至於周末，雖欲變以夏、商之俗，已不可挽，況唐、虞乎？又況羲、黃之世乎？然其治不同，其道則一。孔子於堯、舜則祖述之，於文、武則憲章之。文、武之法，即是堯、舜之道。但因時致治，其設施政令已自不同。"（第1冊，第10頁。）

【《傳習録》第182條】昔者孔子之在當時，有議其爲諂者，有譏其爲佞者，有毀其未賢、詆其爲不知禮而侮之以爲東家丘者，有嫉而沮之者，有惡而欲殺之者。晨門荷蕢之徒，皆當時之賢士，且曰："是知其不可而爲之者

---

① 四部叢刊本、四部備要本《王文成公全書》"個"均爲"箇"。
② 同上。

歟？""鄙哉！硜硜乎！莫己知也，斯已而已矣。"雖子路在升堂之列，尚不能無疑於其所見，不悦於其所欲往，而且以之爲迂，則當時之不信夫子者，豈特十之二三而已乎？然而夫子汲汲遑遑，若求亡子於道路而不暇於煖席者，寧以蘄人之知我、信我而已哉？蓋其天地萬物一體之仁，疾痛迫切，雖欲已之而自有所不容已。故其言曰："吾非斯人之徒與而誰與？""欲潔其身而亂大倫。""果哉！末之難矣。"嗚呼！此非誠以天地萬物爲一體者，孰能以知夫子之心乎？若其"遯世無悶""樂天知命"者，則固"無入而不自得""道并行而不相悖"也。（第1册，第88頁。）

十八、《中庸》第三十一章

【《傳習録》第146條】聖人氣象何由認得？自己良知原與聖人一般，若體認得自己良知明白，即聖人氣象不在聖人而在我矣。程子嘗云："覷著堯學他行事，無他許多聰明睿智，安能如彼之動容周旋中禮？"又云："心通於道，然後能辨是非。"今且説通於道在何處？聰明睿智從何處出來？（第1册，第64頁。）

【《傳習録》第179條】良知之在人心，無間於聖愚，天下古今之所同也。世之君子惟務致其良知，則自能公是非、同好惡，視人猶己，視國猶家，而以天地萬物爲一體，求天下無治，不可得矣。古之人所以能見善不啻若己出，見惡不啻若己入，視民之饑溺猶己之饑溺，而一夫不獲，若己推而納諸溝中者，非故爲是而以蘄天下之信己也，務致其良知，求自慊而已矣。堯、舜、三王之聖，"言而民莫不信"者，致其良知而言之也；"行而民莫不説"者，致其良知而行之也。是以其民熙熙皞皞，殺之不怨，利之不庸，"施及蠻貊"，而"凡有血氣者莫不尊親"，爲其良知之同也。（第1册，第86—87頁。）

【《傳習録》第283條】先生曰："'惟天下至聖，爲能聰明睿智'。舊看何等玄妙，今看來原是人人自有的。耳原是聰，目原是明，心思原是睿智，聖人只是一能之爾。能處正是良知，衆人不能，只是個①不致知。何等明白簡易！"（第 1 冊，第 120 頁。）

【《與唐虞佐侍御（辛巳）》】《説》之言曰："學於古訓乃有獲。"夫謂學於古訓者，非謂其通於文辭，講説於口耳之間，義襲而取諸其外也。獲也者，得之於心之謂，非外鑠也。必如古訓，而學其所學焉，誠諸其身，所謂"默而成之""不言而信"，乃爲有得也。夫謂遜志務時敏者，非謂其飾情卑禮於其外，汲汲於事功聲譽之間也。其遜志也，如地之下而無所不承也，如海之虚而無所不納也；其時敏也，一於天德，戒懼於不睹不聞，如太和之運而不息也。夫然，"百世以俟聖人而不惑"，"溥博淵泉而時出之"，"言而民莫不信，行而民莫不悦"，"施及蠻貊"，而道德流於無窮，斯固《説》之所以爲《説》也。（第 1 冊，第 196 頁。）

【《答南元善（丙戌）》】蓋吾良知之體，本自聰明睿知，本自寬裕溫柔，本自發強剛毅，本自齋莊中正、文理密察，本自溥博淵泉而時出之，本無富貴之可慕，本無貧賤之可憂，本無得喪之可欣戚、愛憎之可取舍。蓋吾之耳而非良知，則不能以聽矣，又何有於聰？目而非良知，則不能以視矣，又何有於明？心而非良知，則不能以思與覺矣，又何有於睿知？然則，又何有於寬裕溫柔乎？又何有於發強剛毅乎？又何有於齋莊中正、文理密察乎？又何有於溥博淵泉而時出之乎？故凡慕富貴，憂貧賤，欣戚得喪，愛憎取舍之類，皆足以蔽吾聰明睿知之體，而窒吾淵泉時出之用。若此者，如明目之中而翳之以塵沙，聰耳之中而塞之以木楔也。其疾痛鬱逆，將必速去之爲快，而何能忍於時刻乎？故凡有道之士，其於慕富貴，憂貧賤，欣戚得喪而取舍愛憎也，若洗目中之塵而拔耳中之楔。其於富貴、貧賤、得喪、愛憎之相值，若飄風浮靄之往來變化於太虚，而太虚之體，固常廓然其無礙也。（第 1 冊，第 224—225 頁。）

---

① 四部叢刊本、四部備要本《王文成公全書》"個"均爲"箇"。

十九、《中庸》第三十二章

【《送宗伯喬白巖序（辛未）》】是故專於道，斯謂之專；精於道，斯謂之精。專於弈而不專於道，其專溺也；精於文詞而不精於道，其精僻也。夫道，廣矣！大矣！文詞技能於是乎出，而以文詞技能爲者，去道遠矣。是故非專則不能以精，非精則不能以明，非明則不能以誠。故曰"惟精惟一"。精，"精"也；專，"一"也。精則明矣，明則誠矣。是故明精之爲也，誠一之基也。"一"，天下之大本也；"精"，天下之大用也。知天地之化育，而況於文詞技能之末乎？（第1冊，第244頁。）

【《禮記纂言序（庚辰）》】故仁也者，禮之體也；義也者，禮之宜也；知也者，禮之通也。經禮三百，曲禮三千，無一而非仁也，無一而非性也。天敘天秩，聖人何心焉？蓋無一而非命也。故克己復禮則謂之仁，窮理則盡性以至於命，盡性則動容周旋中禮矣。後之言禮者，吾惑矣。紛紜器數之爭，而牽制刑名之末；窮年矻矻，弊精於祝史之糟粕，而忘其所謂"經綸天下之大經，立天下之大本"者。禮云禮云，玉帛云乎？而人之不仁也，其如禮何哉？（第1冊，第259頁。）

二十、《中庸》第三十三章

【《傳習錄》第310條】楊慈湖不爲無見，又著①在無聲無臭上見了。（第1冊，第127頁。）

【《與辰中諸生（己巳）》】前在寺中所云靜坐事，非欲坐禪入定。蓋因吾輩平日爲事物紛拏，未知爲己，欲以此補小學收放心一段工夫耳。明道

---

① 四部叢刊本、四部備要本《王文成公全書》"著"均爲"着"。

云:"纔學便須知有著力處,既學便須知有著力處。"諸友宜於此處着力,方有進步,異時始有得力處也。"學要鞭辟近裏著己""君子之道闇然而日章""爲名與爲利,雖清濁不同,然其利心則一""謙受益""不求異於人,而求同於理",此數語宜書之壁間,常目在之。舉業不患妨功,惟患奪志。只如前日所約,循循爲之,亦自兩無相礙。所謂知得灑掃應對,便是精義入神也。(第1冊,第156—157頁。)

【《梁仲用默齋説(辛未)》】夫默有四僞:疑而不知問,蔽而不知辨[①],冥然以自罔,謂之默之愚;以不言餂人者,謂之默之狡;慮人之覘其長短也,掩覆以爲默,謂之默之誣;深爲之情,厚爲之貌,淵毒阱狠,自託於默以售其奸者,謂之默之賊;夫是之謂四僞。又有八誠焉:孔子曰:"君子恥其言而過其行。""古者言之不出,恥躬之不逮也。"故誠知恥,而後知默。又曰:"君子欲訥于言而敏於行。"夫誠敏於行,而後欲默矣。"仁者言也訒",非以爲默而默存焉。又曰:"默而識之",是故必有所識也,"終日不違如愚"者也。"默而成之",是故必有所成也,"退而省其私,亦足以發"者也。故善默者莫如顔子。"闇然而日章",默之積也。"不言而信",而默之道成矣。"天何言哉?四時行焉,萬物生焉。"而默之道至矣。非聖人其孰能與此哉!夫是之謂八誠。(第1冊,第275頁。)

(輯校:郭亮/河北師範大學馬克思主義學院、
王文媛/河北師範大學黨委宣傳部)

主要參考文獻

《王文成公全書》(四部叢刊本),上海:上海書店,1989年。
《王文成公全書》(四部備要本),北京:中華書局,1989年。
[明]王陽明著,張新民審定:《新刊陽明先生文録續編》,貴州:孔學堂書局,2020年。

---

① 四部叢刊本、四部備要本《王文成公全書》"辨"均爲"辯"。

［明］王陽明著，吳光、錢明、董平、姚延福編校：《王陽明全集（新編本）》，杭州：浙江古籍出版社，2010年。

［明］王守仁著，王曉昕、趙平略點校：《王文成公全書》，北京：中華書局，2015年。

［明］王守仁著，王强、彭啓彬彙校：《王文成公全書彙校》，揚州：廣陵書社，2023年。

葉紹鈞點注：《傳習錄》，臺北：臺灣商務印書館，1991年。

陳榮捷著：《王陽明傳習錄詳注集評》，臺北：臺灣學生書局，2006年。

佐藤一斎撰，黎業明點校：《傳習錄欄外書》，上海：上海古籍出版社，2017年。

黎業明撰：《王陽明傳習錄校箋》，上海：上海古籍出版社，2022年。

龔延明主編，閆真真點校：《天一閣藏明代科舉錄選刊·會試錄（點校本）》，寧波：寧波出版社，2016年。

陳來：《中國近世思想史研究（增訂版）》，北京：生活·讀書·新知三聯書店，2010年。

中庸解

〔日〕荻生徂徠

點校說明

《中庸解》一卷，日本學者荻生徂徠著，京兆文泉堂正德甲午新刊，書末標有"寶曆三年癸酉三月吉辰 東都書林 松本新六、藤木久市合刻"。荻生徂徠（1666—1728），又稱物茂卿，本姓物部，名雙松，字茂卿，號徂徠、萱園，日本德川時代中期的儒學家。初時習朱子學，後思想發生大變，開創古文辭學派（又稱蘐園學派），推崇禮樂之道、六經之教，批判宋學和子學。其代表作除本篇之外，還有《辨道》《辨名》《論語徵》《學則》《政談》《太平策》諸篇。

以下爲此次點校之凡例：

一、原書所附《中庸》原文的分章、斷句與通行本存在較大差異，本次點校保留其原貌，並依作者之意進行標點。

二、對於注文，本次點校力求忠實於原文，點校者所疑誤字、衍字處皆僅加腳注說明，不對原文作改動。

三、爲方便讀者，已將注文中的常見異體字改爲通用字，謹總列於此，文中不再一一出注：迺—乃、剏—創、颺—揚、扺—抵、併—并、晣—晢、聳—竦、棲—栖、栢—柏、疎—疏、註—注、孫—遜、肎—肯、朞—期、躶—裸、际—視、冐—冒、間—間、槩—概、賛—贊、覈—核、驗—驗、凾—函、叚—假、于—於。

四、原文中作者之自稱及自注皆以小字標明，今統一用六號楷體字錄出。

囿於學力，凡疏舛之處，惟讀者諸君指摘補正之。

中庸者，德行之名也。《周官·大司樂》"以樂六德教國子，中、和、祗、庸、孝、友"是也。以"中庸"連言者，乃自《論語》始。然孔子曰："述而不作"，又曰："非先王之法言不敢道"，則亦必古之法言，而非孔子所創矣。蓋《詩》《書》《禮》《樂》，學以成德，古之教爲爾。然必依於中庸以道之，而後其德可得而成已。中庸者，謂德之不甚高而易行者，乃孝弟忠信之類也。故《論語》曰："主忠信，徙義，崇德也。"《孟子》曰："堯舜之道，孝弟而已矣。"《記》曰："忠信之人，可以學禮。"然雖有中庸之德，苟不學以道之，則不免爲鄉人。故《論語》又曰："行有餘力，則以學文"，又曰："十室之邑，必有忠信如丘者焉，不如丘之好學也"，又曰："文質彬彬，然後君子"，謂孝弟忠信以爲質，又加之以文學也。

七十子既歿，鄒魯之學稍稍有失其真者，而老氏之徒萌蘖於其間，乃語天語性，以先王之道爲僞。學者惑焉，是子思所以作《中庸》也。其書專言學以成德，而以中庸爲行遠登高之基，則孔子之家法也。祗本天本性，言中庸之德不遠人情，以明其非僞；言成德者之能誠，以明禮樂亦非僞；又贊孔子之德極其至，皆所以抗老氏也。味其言，雖有所爭乎，然亦不失雍容揖讓君子之態，是其所以爲聖人之孫歟！

其所以異乎孔子者，乃離禮樂而言其義，必盡其所欲言而後已。自此其後，儒者務以己意語聖人之道。議論日盛，而古道幾乎隱，孟荀百家之說所以興，道之汙隆繫焉。且夫先王之道，所以安天下也，苟非其人，道不虛行。故孔門之學，以脩德爲務，子思之言不其然乎？雖然，有所爭，斯有所辨，乃言孔子之所未言以發之。故語性之弊，內外之辨，於是乎出，儒者遂忘夫先王之道爲安天下而設焉，豈子思之心哉？學者察諸。

《孔叢子》曰"子思作《中庸》四十九篇"，今所傳唯是已。豈其時篇章之名未定邪？其書文義頗有不相接者，要之亦有所放失也。《戴記》諸篇所言，皆不過一端，而唯此書體統甚大，莫不包括。故自梁武帝既已尊崇之，作義疏數卷。至於宋，程朱二家立道統之說，而專以爲傳道之書，於是乎又有"中庸之道"也，可謂妄已。孔子曰："我欲載之空言，不如見之於行事之深切著明也。"是道之不可以空言明者，尚矣！故先王造《詩》《書》《禮》《樂》以教之，孔子嘗誦《詩》而曰："爲此詩者，其知道乎！"言道之難知也。雖顏子之聰明，亦必循博文約禮之教，而後見夫"如有所立卓爾"。若使道可以空言明之，先王孔子既先爲之，豈待子思哉？亦不思之甚也！且古之君子欲施諸天下，則"文武之政，布在方策"；欲得之己，則《詩》《書》《禮》《樂》具存，博學之而後有以知之。今欲不習其事而遽知其全，是果何用歟？是無它，先王之道降爲儒者之道，揚之口舌，欲以服人，然後有所用已，子思而豈有之哉？

且必待此書而後道有傳焉，則《詩》《書》《禮》《樂》土苴陳迹，是豈非老莊之見邪？若或曰："先王之教猶有所未盡焉。"則思孟之知勝於先王孔子也。故孔子傳六經，所以傳先王之道也，豈別有傳道之書哉？大抵後世古言不明，文失其義，加以佛老之說浸淫耳目，所以益不得其解也。茂卿既爲《論語徵》，因脩其書，一據古言，厘以古義，子思之所以言之，庶其可知已。俾讀《論語》者並考諸此書，亦足以觀乎世云。

天命之謂性，率性之謂道，脩道之謂教。道也者，不可須臾離也，可離非道也。是故君子，戒慎乎其所不睹，恐懼乎其所不聞。莫見乎隱，莫顯乎微，故君子慎其獨也。

老氏之徒，動言天言性，而譏聖人之道爲僞也。故子思本性本天，以明聖人之道非僞也。性者，性質也。人之性質，上天所畀，故曰"天命之謂性"。聖人順人性之所宜以建道，使天下後世由是以行焉，六经所載禮、樂、刑、政类皆是也。脩，本脩脯之脩。加姜桂而鍛冶之謂脩，不加姜桂而鹽乾之謂脯。故脩者，治而易之俾可用之義也。先王之道，有廣大者、精微者、高明者、中庸者，悉備莫不美也。然至於教之人，則立之節度，設之方法，以適於學者，俾隨分得用諸其躬，而成德焉。是有治而易之俾可用之意，故曰"脩道"也。

曰"道也者"者，主道而言之辭也。老氏貴精賤粗之見，以禮、樂、刑、政之類爲先王陳迹而不用之，獨見夫精粹者，而命之爲道。子思著書抗之，故亦主道而言之。六經莫非道矣，然皆就一事言之，未有形容其全者焉。道者，統言也。統而言之，以形容夫聖人之道所以殊乎老氏者爾。不可離者，猶不能離也。人或可離焉，而離焉則違乎天、悖乎性，不得爲君子，故欲離而不能也。若其可離而已者，非吾聖人之道也。故曰："道也者，不可須臾離也，可離非道也。"

所不睹、所不聞者，吾見聞知覺所不及也，此非謂杳冥恍忽之間也，但謂平生日用之際，思慮所不及者也。蓋見聞所及者，則雖無德者或能勉焉，然其平生日用之際，思慮所不能及者，則有時乎離焉。君子深恐其若是，故學焉而成德於已矣。德成於已，則動容周旋皆不離乎道也。隱微，即其所不睹不聞也。其所不睹不聞者，雖隱微乎，亦甚顯然著明矣。何則？吾之所不睹聞而人或能睹聞，故曰"莫見乎隱，莫顯乎微"。慎者，不敢忽之也。獨者，不對人之辭，乃謂求成德於已也。成德於已則能誠矣，爲下半篇言誠之張本。曰戒慎、曰恐懼、曰慎，言語之道爲爾，非以此爲用功之方也。"道也者"以下，承上文之意，而謂人不可不順先王之教，以學道成其德也。

右第一章，一篇大意備矣。語道本諸性，人人性質所近，豈過高至遠之道哉？是爲下章言中庸之道張本焉。古者聖人之建道，奉天命以行之，然未嘗本諸性而推諸天。何則？聖人居天子之位，置天下於陶鈞之中也，不待勸焉。至於孔子之時，民猶知聖人之可尊信，是其所以無勸諭之言也。及於老氏之徒出，而後民信聖人者衰矣，老氏又語性語天以勝之，而後民始惑焉。故子思不得已，亦本諸性而推諸天，所以抗老氏而勸世也。勸世之言，晢乎一體而未周焉，理周者其言不峻潔焉，不峻潔者不足以聳衆聽焉。此其言所以未免失乎一偏，而來荀子之譏也。夫聖人率性而造道，子思言率而不言造，其流至孟子言性善而極矣。荀子乃有睹乎造，故曰性惡，豈不皆一偏之言乎？祇子思所主，在誠僞之分，而不在内外之辨。故其意蓋言，道雖聖人所造乎，然率性而造之，至於習而熟之，則亦能誠而莫殊乎性焉。是子思親見孔子，受業七十子，而學不失其真，是以雖不言造而猶言之，乃所以其言之有所顧慮，而大非孟子之所能及也。

故欲讀《中庸》者，必先讀六經而知聖人之道，然後可以知子思著書之意。不爾，徒據其書，欲以知聖人之道，是程朱諸家之戇也。程朱諸家又以天爲理、以性爲理、以道爲當行之理，人性之初不殊聖人，道無物不有、無時不然，是何殊於老氏所見哉？且訓脩爲品節，是率性之道未免有過不及之失，而必待聖人品節之，則其所謂率性之道，其義不成矣。至謂禮、樂、刑、政爲教，教兼人、物，以戒慎恐懼爲未發工夫，慎獨爲已發工夫，則牽强之甚，雖其徒亦有議之者，謬可知已！

喜怒哀樂之未發謂之中，發而皆中節謂之和。中也者，天下之大本也；和也者，天下之達道也。致中和，天地位焉，萬物育焉。

喜怒哀樂，有以心言之者，有以情言之者。以心言之者，就一人之心，指其所發動以言之，如《樂記》所謂哀心、樂心、喜心、怒心、敬心、愛心是也。情者，性之發見者也，此篇主性，故以情言之。性人人殊，故其所發見，或多喜、或多怒、或多哀、或多樂，亦各不同，是所謂情也。古書所載，或曰"性情"，或曰"情性"，皆屬諸性，可以見已。古言失而人不識情字之訓，自吾邦藤原佐始發之，今從之。

喜怒哀樂之未發者，指人性之初，嬰孩之時，其性質之殊未可見以言之。

凡人有性有習，性與習相因，不可得而辨焉，習以成性故也。故論性必於人生之初未有習之時，如《樂記》所謂"人生而靜，天之性也"是也。發而皆中節者，謂既長之後，性之異稟既發，有萬不同，苟能學焉，則皆可以中禮樂之節也。其性有多喜焉者，有多怒焉者，有多哀焉者，有多樂焉者，雖有所殊，然其中節者則一，故曰"皆"也。

中和者，中和氣也。《左傳成公十三年》曰："人受天地之中以生。"《列子天瑞》曰："冲和氣者爲人。"言人皆稟中和氣以生也。分而言之：中，譬諸物之在中央，頗可移動，鳥能飛而不能潛，魚能潛而不能飛，皆稟殊異之性者也。人則不然，雖有異稟，然不能已甚焉者，而相親、相愛、相助、相養之性，人人相若，是中氣之所使。既見之於嬰孩之際，聖人有睹乎性之同，而立中庸之德，俾天下之人皆務以爲基焉，故曰"天下之大本也"。和者，和順而不相悖也。凡言和者，皆謂殊異者之不相悖也，如八音之和、五味之和，及《左傳》所載晏子"和同之辨"，可以見已。性之異稟，既發之後，所以能中禮樂之節者，和氣之所使也。聖人有睹乎性之異，而立禮樂之道，俾天下之人皆由以成德焉，故曰"天下之達道也"。不言禮樂者，古言道則禮樂不待言，《論語》武城弦歌章，子游引"君子學道"，可以見已。禮樂成德，君子之事，而至其成風俗，則被之天下，故曰"達道"也。

致者，召而來之也。致中和者，謂禮樂之教大行於天下，民俗"於變時雍"，以感召天地中和之氣也。天地位焉者，謂風雨時，寒暑節，日月不失其明；山不崩，河不溢，海不揚波之類。萬物育焉者，謂民物蕃庶，草木成材，財利殖焉，寶藏興焉，祥瑞臻焉之類，皆聖人之極功也。

按《周禮》，"中"屬諸禮，"和"屬諸樂，立言之旨異也。

右第二章，明上章率性之謂道之意，而中庸爲本，禮樂以成之，乃聖人之教，立之方法，設之節度，以適於學者也。宋儒之時，佛老岩栖，獨善其身之教，淪於其骨髓，而忘夫聖人之道爲安天下而設焉。又務揚之口舌，取其可言以言之，不復顧其行之如何也。故此章之解，皆求諸一人之心，窮精微之理以言之，加以昧於古言，愈益不得其解矣。其說所謂未發者，一念未發之際也，而曰喜怒哀樂，何古言之疏也！用功於一念未發之際，以爲應接之本，心非死物，何以能爲哉？僅以爲應接之本，聖人之無術也。我一念之發，中於無過不及之節，何以爲天下之達道也？既戒懼於一念未發之際，又察之於念念之發，何其迫切緊急也？吾未知宋儒能爲之邪？己未能而口言之，以強之人邪？未發之中，已發之中，何古人之言惑人也？變"中和"爲"中庸"，亦何煩也？至於推極中和之德，以成位育之功，則空談哉！甚乃戒懼配"天地位焉"，慎獨配"萬物育焉"，不亦幾乎戲哉！要之上下不相接，前後不相應，則別爲費隱、大小德、天道人道，種種名色，以連綴之，自謂是脈絡貫通者，吾又未知古書有如是者乎否也。近歲又有以此一節爲《樂經》脫簡者，夫《禮經》儀注耳，則《樂經》亦必譜耳，豈有此議論之言哉？孟子曰："所惡於智者，爲其鑿也。"豈謂之邪？

仲尼曰："君子中庸，小人反中庸。"君子之中庸也，君子而時中；小人之中庸也，小人而無忌憚也。

此孔子"擇中庸"之言也。凡君子、小人，主在上、在下以言之，而兼乎德矣。中庸者，德行之名，以其無過不及謂之中，以其平常可行於民謂之庸，然是自聖人命之者爲爾，其實指孝弟忠信之類德行之不甚高而易行者也。蓋無過不及而平常，是人情所近，而人皆喜之。故孔子而前，已有"擇中庸"之言。擇云者，人欲發一言、行一事，則必就人之所已言、已行者擇其中庸者也。如曰"多聞擇其善者"，曰"多見闕殆""多聞闕疑"，凡古所謂擇者皆爾。後世儒者，貴乎理而無稽，率取諸臆，而肆言妄行，習以爲常，故不知其在古時若是也。

"君子之中庸"以下，疑子思釋孔子之言。蓋在上之人，所統既大，所見亦廣，故多擇其可以行乎衆者，以爲中庸；而其人又學禮樂以成德，是其以爲中庸者，所以能得中庸也，故曰"君子而時中"。在下之人，處乎鄉曲，志趣鄙陋，故多擇其便乎己者，以爲中庸；而其人又不學先王之道，而無所忌憚，是其以爲中庸者，所以反中庸也，故曰"小人而無忌憚也"。反中庸者，謂似中庸而非中庸者，譬諸錦之背面，蓋鄉原之類已。"時中"之"中"，去聲，即上章中節意，謂中於時也。凡古書所謂中平聲者，皆謂賢者可俯就，而不肖者可企及者，即"極"也，本無隨時處中之意矣。後世諸儒所解時中之義，在古書則時字盡之，不待更加中字，故去聲爲是。朱熹曰："中庸者，不偏不倚，無過不及，而平常之理，乃天命所當然，精微之極致也。"是以中庸爲道者也。近歲又有據是言，而就古聖人之道，擇其中庸與非中庸者，何其妄也！

右第三章，承上章"中也者，天下之大本也"。連下八章，皆明中庸。

子曰："中庸其至矣乎！民鮮能久矣！"

此言中庸者，非德之至者矣，然民之鮮能者久矣，豈不其至乎？反言以嘆之。蓋中庸者，德之本也，三代之盛，民皆能之，故云爾。一本"中庸"之下有"之爲德"三字，與《論語》同，其義最明。

子曰："道之不行也，我知之矣，知者過之，愚者不及也；道之不明也，我知之矣，賢者過之，不肖者不及也。人莫不飲食也，鮮能知味也。"子曰："道其不行矣夫！"

此孔子言道者也，子思乃借引之，以申上文"鮮能"之義。道者，古聖人之道也。知、愚、賢、不肖，皆以當世在上之人言之。當孔子時，先王禮樂之教廢，莫有格物以致其知者，而皆以己意爲是非：知者所見，每過於先王之道，故執己所見以爲是，而不肯行之；愚者不及之，故妄以高遠者爲先王之道，而謂己所不能行，是所以莫有能行先王之道者也。賢者所行，每過於先王之道；而不肖者不及之，亦妄以高遠者爲道，則終莫有行而示諸民者，故先王之道所以不明於世也。

"人莫不飲食也，鮮能知味也"，此二句蓋古語。"子曰'道其不行矣夫'"，孔子釋古語者也。人飲食而不知其味，不察乎近之失也，不察乎近而求諸高遠，道之所以不行也。然則不啻賢、知矣，愚、不肖之所以不知、不行者，亦求諸高遠故也。

子思凡三引"子曰"，其義相因，其旨深切有味。朱熹分"子曰'道其不行矣夫！'"別爲一章，不特無味，亦不成意義。朱熹又以道爲中，又因有知、愚、賢、不肖之言，而作變化氣質之說，以不明爲不知，皆昧乎古言，不可從矣。二"鮮能"字相應，故今合三章爲一章。

右第四章。

子曰："舜其大知也與！舜好問而好察邇言，隱惡而揚善，執其兩端，用其中於民，其斯以爲舜乎！"

此孔子贊舜之言，此引之者，取其"察邇言"與"用其中於民"也。舜方堯世，登庸、歷試、官人，殛有罪、造禮樂、定制度。聖人雖眾乎，聖人之德雖備乎，自古以來，聖人之用其知者，莫舜若焉，故舜獨以大知稱。而舜之所以爲大知，在不自用其智焉。"好問而好察邇言"，朱注盡之矣。祇隱惡而揚善，不啻言之善惡也，聖人賞善而惡自消，所以隱也，知惡之不必罰，非大知而何？

又所謂"用其中於民者"，《君牙》曰："民心罔中，惟爾之中。夏暑雨，小民惟曰怨咨；冬祁寒，小民亦惟曰怨咨。厥惟艱哉！思其艱以圖其易，民乃寧。"是古義也。蓋人皆以其心爲心，故利於此則害於彼，怨咨之所以不能無也，聖人欲博施濟眾亦艱哉！聖人乃以天下之心爲心，故擇夫萬民所皆可勉而易能者，以施用之，使賢者俯而就之，不肖者企而及之，是謂之"用其中於民"。中者，道也；中庸者，德也，亦承上章言道，以明聖人所立中庸之德也。宋儒多以中爲精微之極，理則然矣，然徒以精微之極爲中，則雖用之於民，民烏能之哉？亦孔子所謂"賢者過之"者也，學者其思諸。朱熹又以舜、顏子、子路分屬知、仁、勇，是其家法，子思豈有此伎倆哉？不可從矣。

右第五章。

子曰：“人皆曰予知驅，而納諸罟擭陷阱之中，而莫之知辟也。人皆曰予知擇乎中庸，而不能期月守也。”

“知驅”絕句，“知擇乎中庸”絕句。驅，策馬也，凡古言馬者，皆謂車也。知驅者，知驅車之道，蓋御有之。罟，網也。擭，機檻也。陷阱，坑坎也。辟、避同。言人皆曰予知御之道，而實無知，以譬下句也。世人皆曰予知擇中庸也，然不能期月守，則其所擇以爲中庸者，其實非中庸審矣。蓋中庸平常，易行易守，故以其難守，證其非是也。此言不知，以應上章大知。

右第六章。

子曰：“回之爲人也，擇乎中庸得一善，則拳拳服膺而弗失之矣。”

此孔子言顔子好善之誠也。擇乎中庸得一善，中間不可斷句讀。一善，即一善言、一善行。拳拳，奉持之貌。服，猶著也。膺，胸也。奉持而著之心胸之間，言不忘失也。朱熹以屬仁，非矣。子思引此，取其有擇乎中庸之言也。

右第七章。

子曰：“天下國家可均也，爵祿可辭也，白刃可蹈也，中庸不可能也。”

此以下言君子之中庸也。均天下國家者，制財賦之事，才者能之；辭爵祿者，廉介者能之；蹈白刃者，勇者能之。三者皆其性所近，或一旦奮激所致，故似難而實易。至於中庸之行，則非有其德不能，故曰“不可能也”，亦下章“丘未能一焉”意。朱熹以三者屬知、仁、勇，可謂牽强已。

右第八章。

子路問强。子曰：“南方之强與？北方之强與？抑而强與？

與、歟同。南方之强、北方之强，蓋古有是語也。抑，反語辭。而，汝也。汝之强，即北方之强，而此別言之者，誨子路之辭也。朱熹不知，乃以下文"故君子"以下,爲孔子教子路當强者,非矣。

寬柔以教,不報無道,南方之强也,君子居之。衽金革,死而不厭,北方之强也,而强者居之。

北方之地,風氣剛勁,近於戎狄,故士多尚勇,故古來稱强者,以北方爲貴。中國先王文教所在,其所以爲强者,殊乎北方,而自北方視之,故以中國爲南方也。而强者,即上文抑而强也。君子上無"而"字,强者上有"而"字,可見北方之强即子路之强矣。且子路之瑟,有北鄙殺伐之聲,見《家語辨樂解》,可并證已。衽,席也。金,戈兵之屬。革,甲胄之屬。鄭玄、朱熹以南方之强爲南國俗習,然"寬柔以教,不報無道",天下豈有此俗哉?其爲君子之强者章章哉!

故君子和而不流,强哉矯!中立而不倚,强哉矯!國有道,不變塞焉,强哉矯!國無道,至死不變,强哉矯!"

此所謂南方之强也。矯,强貌。《詩魯頌·泮水》曰"矯矯虎臣"。南方之强有似柔弱,故孔子四言"强哉矯",以贊其爲强也。和而不流者,謂能有和順之德,而不肯爲合汙同流之事也。中立而不倚者,謂以中行自立,而不有所倚賴也,有所倚賴者,皆於己無自立之力也。塞,鄭玄解字闕矣,而曰"謂不變以趨時也"①,蓋謂時所塞者也。朱熹解"未達",是後世文章家,以窮達、通塞字義相類者排比爲辭,故有此說耳。然必有古言,而未之考,姑從鄭玄可也。至死不變者,以死守節也。曰不流、曰立、曰不倚、曰不變,皆所以見其强也。此章亦因中立之言,以見孔子之貴中庸,而苟非孝弟之德充溢乎中,則烏能寬柔和順若是其至乎?實與下諸章其義相發,亦非漫然引之者矣。

右第九章。

---

① 考今本《禮記正義》,鄭玄此處注文爲"塞,猶實也。國無道,不變以趨時也"。蓋荻生徂徠所見本中,鄭注"塞"字處闕失,故有此言。

子曰："素隱行怪，後世有述焉，吾弗爲之矣。'君子遵道而行。'

素隱，朱熹據《漢書》爲"索隱"之誤，是矣。索隱行怪者，"言深求隱僻之理，而過爲詭異之行也"。述者，述作之述，不啻稱述而已，言後世必有推廣其說以傳之者也。蓋當孔子之時，老莊之學既有其漸，故孔子云爾。而子思著書本意在是，故第三章以下，類聚孔子之言及於中庸者，而以終此焉。"君子遵道而行"，蓋古語，孔子引此以爲證也。道者，先王之道也，遵奉先王之道而行之，自然莫有索隱行怪之事也，故曰"吾弗爲之矣"。

半塗而廢，吾弗能已矣。'君子依乎中庸。'

索隱行怪之徒，其初亦嘗學先王之道，而半塗而廢者也。"君子依乎中庸"，亦古語。蓋半塗而廢者，皆誤以先王之道爲高遠，故倦之也，如公孫丑所謂："道則高矣，美矣"，可見焉。此坐不知"登高必自卑"之義，故也。中庸平常之行，本諸性，卑近易行，依乎此則自然弗能已矣。中庸而曰依，猶如"依於仁"之依，謂其不離乎中庸也。

遯世不見知而不悔，唯聖者能之。'君子之道費而隱。'"

"遯世無悶"，又見《文言》，盛德之事也，故曰"聖者能之"。曰"唯聖者能之"，則其非常人所能及審矣。老氏之徒，妄意爲之，而未免有悔意，故又有索隱行怪之事也。"君子之道費而隱"，亦古語。費、拂同，鄭玄訓佹。《荀子賦篇》有《佹詩》，言道有所違拂；又鄭玄《緇衣》解，費，或爲悖、或爲誖，古言可見已。言必有所違拂而後隱，是君子常道也，無故而遯世，是豈君子之道哉？朱熹以屬下章，而曰"費，用之廣也；隱，體之微也"，古無是言，又無是義，不可從矣。

右第十章。

夫婦之愚，可以與知焉，及其至也，雖聖人亦有所不知焉；夫婦之不肖，可以能行焉，及其至也，雖聖人亦有所不能焉。

此言道有中庸者、廣大高明精微者也。夫婦者，匹夫匹婦也，指至鄙賤之人。古書所言，或曰匹夫匹婦，或曰匹夫，或曰夫婦，言之有詳略耳。朱熹以爲夫婦居室之間，非矣。先王之道，無所不備，故以其一端言之，則雖至愚不肖之人，亦皆有不思而得、不勉而中者，是道率性而設故也。"及其至也"者，謂廣大、精微、高明悉備者也。蓋先王禮樂之道，歷衆聖人，竭其心力知巧以成焉者，故雖聖人若孔子者，亦有所不知不能焉，故必學焉，而後知之能之，故孔子恒曰好學、曰好古、曰不如學也。凡此書謂知之者，謂不思而得也；謂能之者，謂不勉而中也。何者？老氏之徒，譏聖人之道爲僞，以絶學爲尚，故子思以率性明其非僞。性者，誠也，誠則内外一矣，故以不思而得爲知之，以不勉而中爲能之。學之所得雖非性乎，學而習之，習以成性，則皆誠矣，無異於性焉，是子思立言之意，它書所不言也。朱熹昧乎古文辭，故其解古書，不能順其辭以究作者之心，妄以其所自創性理之説，强爲之解，是其所作爲費隱之説，所以雖似精妙，卒陷於莊氏、佛氏之説也。

天地之大也，人猶有所憾。故君子語大，天下莫能載焉；語小，天下莫能破焉。《詩》云："鳶飛戾天，魚躍於淵。"言其上下察也。

"天地之大，人猶有所憾"者，有所待乎聖人之道故也。必待禮樂以致中和，而後天地位焉，萬物育焉。按古先王欽奉天道，不敢慢易，故莫有是言矣。至於子思始發之，以喻雖聖人亦有所不知、不能之，且以抑老氏之道專主天言之也。然其言之弊，有不可勝道者，學者察諸。

語者，合語、樂語之語也。古者學宫有是事也。《文王世子》曰："凡祭與養老乞言、合語之禮，皆小樂正詔之於東序。大樂正學舞干戚，語説，命乞言，皆大樂正授數，大司成論説，在東序。"又曰："既歌而語，以成之也，言父子、君臣、長幼之道，合德音之致，禮之大者也。"是所謂"語"也，蓋如後世釋奠有論之事矣。大司成、小樂正論説先王之道，以詔學者，故"語"去聲，訓"告"爲是矣。後世字義不明，諸家皆訓爲言，大非古義，不可從矣。

莫能載者，不能負荷也；莫能破者，不能非間之也。言君子所語先王之道，其廣大者，則有舉天下之人不能負荷者焉；其精微者，則有舉天下之人不能非間者焉，此雖聖人亦所不知、不能故也。上下察者，如下章所謂"大哉聖人之道！洋洋乎！發育萬物，峻極於天。優優大哉！禮儀三百，威儀三千"是也。察，明也，謂昭著章明也。皆言禮樂之用蟠乎天地也。朱熹不知先王之道爲禮樂，故至於是而其說窮矣，乃謂"其所以然者，則非見聞所及，所謂隱也"。果其說之是乎，則所謂"上下察"者，不在道而存乎人矣，豈非禪者赤裸裸、露堂堂之見乎？可謂大謬也已！

君子之道，造端乎夫婦，及其至也，察乎天地。

造，始也。造端乎夫婦，即夫婦之愚、不肖可以與知、能行也。察乎天地，即"上下察"也。

右第十一章。前八章皆言孔子貴中庸，而至於此章，乃言聖人之道始孝弟以致廣大，而明大本、達道之意也。

子曰："道不遠人，人之爲道而遠人，不可以爲道。

先王率人性以建道，故先王之道，人性所近，故曰"道不遠人"也。故人學先王之道，而務爲高遠難及之行者，雖名爲學先王之道，然實非先王之道，故曰"不可以爲道"也。

《詩》云：'伐柯伐柯，其則不遠。'執柯以伐柯，睨而視之，猶以爲遠。故君子以人治人，改而止。

柯，斧柯也。睨，邪視也。"執柯"以下，孔子釋詩之言也。言所以言"伐柯伐柯，其則不遠"者，爲握斧柯以伐斧柯，其所伐之柯之度，即在所握之柯故也。然伐之人睨視以度之者，其度在所握之柯，而所取度則在所伐之柯，故其意猶以爲遠而睨視之也。是無它也，彼此之別也。君子治人之道異於是矣，以人之道而責治人之過惡，其人改則止，而不復深求也。所以改則止而不復深求者，深求之者之非率性之道也，張載曰"以衆人望人則易從"是也。凡此章四節，未必一時之言，子思以其意相近，故類聚爲一章，以一"子曰"著章首，以冒之也。

忠恕違道不遠，施諸己而不願，亦勿施於人。

忠恕皆接人之道也。凡爲人代其事者，以身納於其事，而視如己事，謂之忠；凡施於人者，反度之己心，而必使如己心所願，謂之恕。違，去也，謂相去之間也。道者，先王之道也。先王之道，安天下之道也，故其道主仁，忠恕爲仁之方，由是以進，可以至於仁，故曰"違道不遠"。"施諸己而不願，亦勿施於人"，是釋"忠恕"之言也，張載曰"以愛己之心愛人則盡仁"是也。苟知"忠恕違道不遠"，則先王安天下之道，雖廣大乎，亦存乎學者接人之間，豈徒求諸高遠而後爲道乎？

君子之道四，丘未能一焉：所求乎子，以事父未能也；所求乎臣，以事君未能也；所求乎弟，以事兄未能也；所求乎朋友，先施之未能也。庸德之行，庸言之謹，有所不足，不敢不勉，有餘不敢盡；言顧行，行顧言，君子胡不慥慥爾！"

所求乎子者，孝也；所求乎臣者，忠也；所求乎弟者，悌也；所求乎朋友者，信也。孝、弟、忠、信四者，中庸之德行也，是皆非極高至遠之事，然及於其至，則雖聖人亦有所不能焉，下章所謂"大孝""達孝"是也，故曰"丘未能一焉"。庸德，即孝弟忠信也；庸言，即孝弟忠信之言也。"有所不足，不敢不勉"者，行之也；"有餘不敢盡"者，謹之也。"言顧行，行顧言"者，欲言行一也。慥慥，守實貌，張載曰"以責人之心責己則盡道"是也。

右第十二章。前諸章皆載孔子言中庸者，而未明中庸之爲何，故此章引孔子言孝弟忠信者，以明其物也。

君子素其位而行，不願乎其外。

素、傃同，鄭玄解"嚮"也。行者，謂孝弟忠信，承上文言之，是素字輕而行字重。朱注"猶見在也"，因其見在之位而行之，是見在不成義，必加"因"字而其義成焉，可謂強矣。"不願乎其外"者，不願外也，謂不願富貴也。"乎其"二字無意，古文辭有若是者，朱熹不知之，重看"其"字，故一章之義皆失矣。

素富貴,行乎富貴;**素貧賤**,行乎貧賤;**素夷狄**,行乎夷狄;**素患難**,行乎患難,君子無入而不自得焉。

廣"素其位而行"之義也。嚮富貴,則行孝弟忠信於富貴焉;嚮貧賤,則行孝弟忠信於貧賤焉;夷狄、患難皆爾。即《論語》恭、敬、忠,"雖之夷狄,不可棄也"意。如朱熹因其見在之位而行其位之事,則安夷狄而行夷狄之道,大非聖人之道,不可從矣。自得者,自失之反,猶云滿意也。自失則失己之守也。君子之道,無適而不可行矣,所入之境雖殊,而吾之道皆行,豈不滿意乎?何自失之有也?

在上位不陵下,在下位不援上,正己而不求於人,則無怨。上不怨天,下不尤人。

廣"不願乎其外"之義也。陵者,憑陵而侵下之事也。援者,攀援求進也。無願者,自然無怨尤。

故君子居易以俟命,小人行險以徼幸。

居者,安處也;易,平地也,以喻中庸。命,天命也,謂福也,與下章受命之命同。險,險阻也,以喻難爲難行之事。徼,掠取也。幸,謂福之不時者也。

右第十三章,承上章而言孝弟忠信之可以廣施也。

子曰:"射有似乎君子,失諸正鵠,反求諸其身。"

畫布曰正,栖皮曰鵠,皆侯之中,射之的也。按先王之道,治天下之道也。治天下在德,德以脩身爲本,故有此章之義。而後世先王之道降爲儒者之道,儒者獨知尊師道,而不知推本君道,潔身之義勝,而安民之仁衰,重内輕外,卒陷乎《莊子》內聖外王之說矣,故誤會此章之義者衆焉。觀乎此章"正鵠",及下文"行遠""登高",則子思之意可見已,學者審諸。

君子之道,辟如行遠必自邇,辟如登高必自卑。

辟、譬同。

右第十四章。上二章皆言卑邇，而至此乃言其可以至高遠，均之一道也。

《詩》曰："妻子好合，如鼓瑟琴。兄弟既翕，和樂且耽。宜爾室家，樂爾妻帑。"子曰："父母其順矣乎！"

好，如好仇之好也。合，聚也。八音皆和，而莫若琴與瑟之最和，故"如鼓瑟琴"者，喻其和也。翕，亦聚也。耽、湛同，樂之甚也，轉而爲湛湎之湛，其義可見。室家，家人也。帑、孥同。兄弟鬩牆，家人訾訾，雖有妻子，烏能樂之？故終言"樂爾妻孥"。順者，子之順也。孔子誦《詩》而言，治家如此，則父母之志其能順承哉！

子曰："鬼神之爲德，其盛矣乎！視之而弗見，聽之而弗聞，體物而不可遺，使天下之人齊明盛服，以承祭祀。洋洋乎！如在其上，如在其左右。《詩》曰：'神之格思，不可度思！矧可射思！'"

鬼神者，天地之心也。天地之心，不可得而見矣，故謂之德。鬼神之爲德，猶如"中庸之爲德"，人知德者鮮矣，又不知古文辭，故妄意以鬼神爲一物，而鬼神有無之說起焉。鬼者，人鬼也；神者，天神也。先王祭祖考而配諸天，故曰"鬼神"者，合天人之名也。後儒不知之，乃以爲陰陽氣之靈，悲夫！"其盛矣乎"，贊嘆之也。體物，如體仁之體；物者，禮之物也。假如"祭如在"，祭者禮，而如在者其物也。體仁者，躬之而不離也，如《左傳定公十五年》子貢論執玉之高卑而曰："嘉事不體，何以能久"，體字之義可以見已。祭而如在，如在之道，烏能離鬼神而它之求哉？是遺鬼神則無禮之物也。齊、齋同。明，潔也，齋而潔之，所以交神明也。祭者所以尊鬼神也，故必盛服。承者，奉承也。洋洋者，流動充滿之意。言視而不見，聽而不聞，若無鬼神然。然離鬼神而無所謂禮之物，則鬼神卒不可遺也，又能使天下之人極其精誠以事焉。人極精誠以事焉，則覺其優然如乎左右上下焉，此所以爲盛也。格，來也，有感意，謂人以其誠感以來之也。思，語助。度，入聲，測也。矧，況也。射、斁同，厭也。引《詩》以證之，而言神之來與不來，不可得而測度之矣，其既不可測度之矣，則烏能厭怠而不祭乎？

夫微之顯，誠之不可揜，如此夫。"

此子思結上二節之言也。微之顯，出首章。至微之末，己之所不能自知者，乃人能顯然知之，是誠之不可掩也。故凡事不可以勉強僞飾爲，必以成其德爲務。苟能成德，則內外一矣，是謂之誠。夫兄弟鬩牆，家人嘗嘗，妻孥不樂，則雖掩飾於父母之前，而欲不使其心憂，然顯然於至微之末，己之所不知覺，而父母能知之，是微之顯誠之不可掩也。鬼神之爲德，誠也，故雖不可得而見聞之，然人能知有鬼神，而事之不怠，是亦微之顯誠之不可掩也。故人務中庸以成其德，則廣大、精微、高明者皆至焉，此"登高必自卑""行遠必自邇"之意。下章言"大孝""達孝"，以推極於"郊社之禮、禘嘗之義"，亦此意也。朱熹以"父母其順矣乎"爲登高行遠者，可謂強矣！又以誠爲眞實無妄之理，以鬼神爲陰陽合散，皆其家言，極高至遠之說，豈《中庸》之書所宜言哉？且微、顯二字，如《禮器》曰"禮有大小，有顯有微"，古人所用，豈其所謂"體用一源，顯微無間"之謂乎？學者其察諸。

右第十五章。此章始言誠，蓋本於篇首率性之道焉，若使先王之道遠人性，則勉強而已，何誠之有哉？孔子曰："父子之道，天性也。"《孝經》故堯舜之道，由孝弟始，即中庸之德也；禮樂之教，養以成之，充而大之而已矣。故曰率性，曰中庸，曰孝弟，曰誠，一以貫之，彼造爲費、隱等種種名目者，可謂昧乎此義矣！

子曰："舜其大孝也與！德爲聖人，尊爲天子，富有四海之內。宗廟饗之，子孫保之。

由孝弟以成聖人之德，即登高自卑之意。故此下三章，皆推極孝德，達諸天下也。

故大德必得其位，必得其祿，必得其名，必得其壽。故天之生物，必因其材而篤焉。故栽者培之，傾者覆之。

辟如風乎，無意擇榮枯也，榮者華焉，枯者殘焉，此之謂"因其材而篤焉"。

《詩》曰：'嘉樂君子，憲憲令德。宜民宜人，受祿於天，保佑命之，自天申之。'

君子而曰"嘉樂"，中和之美凝乎身也。憲、顯通，天下之人莫不知其令德者，唯人君爲然，故曰顯顯。祿，福祿也。保，愛護之也；佑，輔翼之也：即栽培意。既得其位，又得其祿，又得其名，又得其壽，故曰"自天申之"。

故大德者必受命。"

受命，爲天子也。道之大原出於天，故大德之人，必受天命。

右第十六章。

子曰："無憂者其惟文王乎！以王季爲父，以武王爲子，父作之，子述之。

文王身蒙大難，似有憂者，然歷世聖人，未有父賢子孝若文王者，故惟文王以無憂稱焉。作，謂草創。述者，增廣之也。王業創於大王、王季，而成於武王，此止言父作之者，以父兼祖也。

武王纘大王、王季、文王之緒，壹戎衣而有天下，身不失天下之顯名。尊爲天子，富有四海之内，宗廟饗之，子孫保之。

纘，繼也。《書》云："大王肇基王迹。"《詩》云："實維大王……實始翦商。"緒者，業之未成也。壹戎衣，《武成》文。戎衣，朱注："甲冑之屬，言一著戎衣以伐紂也"，其說極通。然古注：戎，兵也，衣、殷通，齊方言也，言以兵伐殷，是必古義也。意者古天子出征，必不著鎧，故古來相傳爲此解。《大祝》職九拜，賈公彥疏曰："按成二年鞌之戰，獲齊侯，晉郤至投戟逡巡，再拜稽首。軍中得拜者，《公羊》之義，將軍不介冑，故得有拜法。"則將軍猶不介冑，況天子乎？不爾，一著戎衣，極爲穩協，而故讀衣爲殷乎？揚升庵讀壹爲殪，訓戎爲大，本諸《康誥》。然《泰誓》有"戎商必克"之文，是戎訓兵爲是，《康誥》之殪，傳者以音誤耳。武王以臣伐君，它人爲之，必蒙亂賊之名，而奉天順民，不殺一不辜，不行一不義，故不失天下之顯名，然亦非以文王故不失之，故曰"身"也。

武王末受命，周公成文、武之德，追王大王、王季，上祀先公以天子之禮。斯禮也，達乎諸侯大夫，及士庶人。父爲大夫，子爲士，葬以大夫，祭以士。父爲士，子爲大夫，葬以士，祭以大夫。期之喪，達乎大夫；三年之喪，達乎天子；父母之喪，無貴賤一也。"

末者，末年也。武王末年爲天子，不遑及制作，故至於周公，乃制作禮樂，以成文王、武王之德也。蓋禮未作，則其德有所未成也。追王及大王者，王迹所基也。《大傳》以爲不以卑臨尊者，誤矣。果其説之是乎，則如先公何？此不言文王者，蓋武王既追王之也。此所言喪祭之禮，皆周公所定也。觀於高宗諒闇三年，《商書》特言之，而孔子引諸侯禮，則殷天子三年喪禮不傳者可見耳。

子曰："武王、周公，其達孝矣乎！

武王、周公定喪祭之禮，達諸天下，是廣其孝於天下也，故謂之"達孝"。朱熹謂："天下之人通謂之孝"，非矣。

夫孝者，善繼人之志，善述人之事者也。

繼者，繼乎絕也。人，皆謂先人也。先人有志而未成，子不繼則絕，故繼先人之志以成之，孝也。述者，增廣之也，先人所爲事，尚微而未昌，子不述則亡，故增廣先人之事以大之，孝也。是言周公之所以成文武之德也。

春秋脩其祖廟，陳其宗器，設其裳衣，薦其時食。

春曰禘，夏曰禴，秋曰嘗，冬曰烝，見於《郊特牲》《公羊傳》，而《祭統》文錯。此特言春秋，下文止言禘嘗者，不啻互文，蓋禘嘗禮隆，而禴烝禮殺也。《祭統》曰："莫重於禘嘗。"觀於《易既濟》西鄰禴祭可見也。脩，鄭玄曰："謂掃糞也"，糞本亦作攛，抌同。宗器，鄭玄曰："祭器也。"朱熹曰："先世所藏之重器，若周之赤刀、大訓、天球、河圖之屬也。"裳衣，鄭玄曰："先祖之遺衣服也，設之當以授尸也。"時食，朱熹曰："四時之食，各有其物，如春行羔、豚、膳、膏、香之類是也。"

宗廟之禮，所以序昭穆也；序爵，所以辨貴賤也；序事，所以辨賢也。旅酬下爲上，所以逮賤也；燕毛，所以序齒也。

宗廟，祖廟也。宗者，本也。祖廟，政教所自出，萬事根本，故謂之宗廟。朱熹曰："宗廟之次：左爲昭，右爲穆，而子孫亦以爲序。有事於太廟，則子姓、兄弟、群昭、群穆咸在，而不失其倫焉。"按不啻是已，凡祔主立尸，皆有昭穆，宗廟之禮，其大體皆在序昭穆，故曰"宗廟之禮"也。爵，《武成》"列爵惟五"，謂公侯伯子男也；《王制》："五十而爵"，謂命爲大夫也；朱注"公侯卿大夫"爲是矣。事，朱注"宗祝有司之職事也"。《文王世子》曰："宗廟之中，以爵爲位，崇德也。宗人授事以官，尊賢也。"蓋古有德則進爵，賢者以能言，故曰崇德尊賢，與此文意實同矣。旅，朱注"眾也"。酬，朱注"導飲也"。鄭玄曰："'旅酬下爲上'者，謂若《特牲》饋食之禮，賓弟子、兄弟之子，各舉觶於其長也。'逮賤'者，宗廟之中，以有事爲榮也。'燕'，謂既祭而燕也，燕以髮色爲坐，祭時尊尊也，至燕親親也。"按此節所言，皆周公所定之禮。蓋殷人世及，不分昭穆。大王以文王之聖，而必欲傳王季，周公以聖德而不及，周禮爲爾，故此節亦繼述之事也。

踐其位，行其禮，奏其樂，敬其所尊，愛其所親，事死如事生，事亡如事存，孝之至也。

鄭玄曰："其者，其先祖也。"朱熹曰："所尊所親，先王之祖考、子孫、臣庶也。始死謂之死，既葬則曰反而亡焉，皆指先王也。"按孝之至者，孝子之至心也，是繼述之本也。

郊社之禮，所以事上帝也。宗廟之禮，所以祀乎其先也。明乎郊社之禮、禘嘗之義，治國其如示諸掌乎！"

鄭玄曰："社，祭地神，不言后土者，省文。"禘，春祭也，朱熹引禘祫之禘，非矣。朱熹曰："禮必有義，對舉之，互文也。"按序昭穆、辨貴賤、辨賢、逮賤、序齒，是所謂義也。朱熹曰："示，與視同。視諸掌，言易見也。"鄭玄讀示爲寘，迂矣。此文與《論語》相似，然孔子屢言而事各異耳，朱熹以爲記有詳略，非矣。聖人之道，孝弟之德達諸天下，所謂中庸之德也。況禘嘗之義，崇德、尊賢、親親、逮賤，莫不備矣，故治國之道可明焉。祇郊社事上帝，似不與前後文相蒙也。蓋子思引孔子之言，而孔子之言不多有焉，則其義一一脗合，毫無盈縮者，安能得之乎？故子思之意有所主焉耳。且古之禮，祭祖考配之天，則其實未嘗不相蒙也。

右第十七章。登高行遠之義極於是矣。

哀公問政。子曰："文武之政，布在方策。其人存，則其政舉；其人亡，則其政息。

方，版也；策，簡也。謂周典籍也。其人，謂賢人也。舉，爲行之，辟如重物，唯有力者舉之，非賢者莫能行之也。息，猶滅也，辟如火滅，唯薪炭在，謂典籍徒存也。

人道敏政，地道敏樹。夫政也者，蒲盧也。

敏，朱注"速也"；鄭玄訓勉，非矣。樹，鄭玄曰"謂植草木也"，言賢人之道速於行政，猶如肥地之道速於殖草木。道字，如下文"誠者，天之道"，"至誠之道"，古言爲爾。蒲盧，鄭玄曰"蜾蠃"，謂土蜂也。《詩》曰："螟蛉有子，蜾蠃負之"，螟蛉，桑蟲也，蒲盧取桑蟲之子去，而變化之，以成爲己子，政之於百姓，若蒲盧之於桑蟲然。沈括以爲蒲葦，其義亦通，然蒲盧之喻，取其善肖，賢人之爲政，如保赤子，民亦化之爲善，於義爲勝。後儒務窮物理，疑蜾蠃子螟蛉之爲誕，故更有蒲葦之說，然蒲盧見《夏小正》。《學記》曰"蛾子時術之"，聖人取諺語爲喻，何暇辨其真偽乎？

故爲政在人，取人以身，脩身以道，脩道以仁。"

非身有德，不能知賢人，而賢人亦不就，故曰"取人以身"；君子學先王之道以成其德，故曰"脩身以道"；學先王之道，必依於仁，而後道爲己有，故曰"脩道以仁"。孔子之言蓋止是矣，後儒據《家語》，通下三章，以爲孔子之言，殊不知孔子答哀公，豈敷衍若是其詳備乎？且孔子一時之言，豈能與

《中庸》前後文——相應乎？且孔子告哀公豈以天子事乎？且其辭非孔子時辭，且下更有"子曰"字，可以爲證。家語乃剿《中庸》者，何足爲據乎？士之昧乎古文，一至於此極，悲哉！

仁者人也，親親爲大；義者宜也，尊賢爲大。親親之殺，尊賢之等，禮所生也。

此它書議論之言，誤入本文。"仁者人也，義者宜也"，皆古來相傳訓詁，假音以發其義。蓋人生有相親相愛之心，而以合群爲其道，故孟子釋此言曰："合而言之，道也"，故人之道，總言之莫非仁矣。而父母生之膝下，莫先親親，孝弟之道可以達於天下，故曰"親親爲大"。義者，仁之分，理而宜之之道也。既已合群，不分而理之則亂，故先王建義以爲教，《詩》《書》所載亦繁矣哉，然其大者莫過於尊賢，故曰"尊賢爲大"。親之屬有親疏尊卑，而賢、不肖之等亦相倍蓰，不可無禮飾焉，故曰"禮所生也"。此語先王所以立禮與義之故，然亦一端耳，且不與上下文相應，大非子思之口氣，故今以爲衍文。按仁者，人之大德；禮、義者，人之大端，禮以守常，義以應變；言三者則脩身之道盡焉。古時議論猶若此，至於孟子更加以知，至於漢儒又加以信，五常之名遂立，而後世儒者確守其說，子思以前所無也，學者察諸。

在下位不獲乎上，民不可得而治矣。

鄭玄曰："此句其屬在下，著脫誤，重在此。"

故君子不可以不脩身；思脩身，不可以不事親；思事親，不可以不知人；思知人，不可以不知天。

此子思之言也，言脩身、事親、知人、知天不可闕一，本無甚次第。上文曰"脩身以道"；故思脩身則又當事親；知人、知天應下文天道、人道，言既思事親，則又當知誠之之道，既知誠之之道，則又當知本諸天性也。朱熹一一分屬上文，至於謂"親親之殺，尊賢之等，皆天理也，故又當知天"則其所自創天理節文之說，子思烏能預知之哉！且從其說，則仁義皆非天理乎？何以獨屬之禮？牽強穿鑿莫甚焉。

右第十八章。上諸章推極孝弟之德，以至治國，此章又自治國本諸事親，又本諸天，以應篇首之言，言道之相因，以起下章也。

天下之達道五，所以行之者三：曰君臣也，父子也，夫婦也，昆弟也，朋友之交也，五者天下之達道也。知、仁、勇，三者天下之達德也，所以行之者一也。

達道者，謂先王之道有通貴賤皆得行之者也，孟子所謂"父子有親、君臣有義、夫婦有別、長幼有序、朋友有信"是也。它如事天、事鬼神之道，待臣之道，治民之道者，非賤者所得行之者焉；百官有司之道，農工商賈之道者，非貴者所得行之者焉：故皆非達道也。道皆先王所建，而唯此五者爲貴賤通行之道，故曰"達道"也。至於人之學之，則人之性皆有以知之，是知也；人之性皆有以行之，是仁也；人之性皆有以勉之，是勇也：故曰"所以行之者三也"，謂所以學之有三也。凡人之德，皆各隨其性質所近，而種種有殊，不可得而兼焉，如《虞書》"九德"、《周官》"六德"，是其概也。衹知、仁、勇三者，通知、愚、賢、不肖，人人而有之，故曰"達德"。賢、知之能知能行，固其所德爾；愚、不肖之能知能行者何也？親、義、別、序、信五者，即中庸之德行，皆平常易行之道，而非極高至遠之事，雖愚、不肖，皆與知之、能行之，上章既言之也。而學之道，在其成德而能誠，故曰"所以行之者一也"。鄭玄以達道爲百王不易之道，其笨亡論已。朱熹又因此，而謂"天下古今所共由之路"，是其心以此爲盡乎道也，是其重内輕外、貴精賤粗之見耳，不可從矣。如三達德，其心亦謂人性之初與聖人不殊矣，是其氣質本然之說，不可從矣。至於以誠爲實理，最謬之甚者也，凡古書之言誠，皆以誠心言之，初無實理之說，不可從矣。大抵後儒立種種名目，析蠶絲，分牛毛，以便講論，皆不知道者也，亦不知讀《中庸》者也。蓋聖人之教，以成德於己爲務，欲成德於己而無所本，則不可得而成矣，故本諸人之性質。人莫誠於性質，而性質之所近而易行者，中庸也，是一書之旨，或言中庸，或言誠，或言性,所以爲不殊也。

或生而知之,或學而知之,或困而知之,及其知之一也。或安而行之,或利而行之,或勉强而行之,及其成功一也。子曰:"好學近乎知,力行近乎仁,知恥近乎勇。"

或,猶有也。言聖人之道至大焉,故其中有可生知者,有可安行者,是即上章所謂夫婦之愚可與知也,夫婦之不肖可能行也。有可學知者,有可困知者,有可利行者,有可勉行者,是即上章所謂雖聖人有所不知不能者也。鄭玄曰:"困而知之,謂長而見禮義之事,己臨之而有不足,乃始學而知之。"利而行之,如利仁之利,其心深好之,如貪利然,鄭玄曰"謂貪榮名也",非矣。生而知之,則性之所能矣。或學或困而知,及其知之,則無異於生知者矣,故曰"及其知之一也"。安而行之,則性之所能矣。或利之,或勉强之,及其成功,則亦皆無異於安行者矣,故曰"及其成功一也"。朱熹以三知三行爲三等資質,果其言之是乎,則生知安行不屬諸愚、不肖,而知仁非達德矣;勉行不屬諸聖人,而勇非達德矣。引"子曰"者,以爲證也。子思本諸性,以達德言之,故有生知安行之言。而子思之前莫有是義焉,乃不得已引孔子之言耳。孔子以成德言之,故曰"近"。學者察諸。

知斯三者,則知所以脩身;知所以脩身,則知所以治人;知所以治人,則知所以治天下國家矣。

斯三者,謂知、仁、勇也。"知所以脩身"者,謂脩身之道務成德也。"知所以治人"者,謂治人之道亦以德化之也。朱熹曰:"天下國家,則盡乎人矣。"

凡爲天下國家有九經,曰:脩身也,尊賢也,親親也,敬大臣也,體群臣也,子庶民也,來百工也,柔遠人也,懷諸侯也。

爲,治也。經者,所以持緯者也。文武之道,布在方策,是其緯矣,而人君之所以舉而行之,則有是九者也。蓋一书之旨,主中庸自孝弟始,故此言九經,皆推孝弟以廣之者也。體,謂視如四體也,蓋群臣賤而易疏,故特云爾。朱注"謂設以身處其地而察其心也"，非不可矣，然亦其貴乎知之說也。子者，如保赤子也。來者，百工不必其地有之，如粵之鎛、燕之函也。柔，亦懷也。遠人者，諸侯之臣銜命來使者，如《春秋》稱微者謂之人也，鄭玄以蕃國之諸侯，非也。吕大臨曰："天下國家之本在身，故脩身爲九經之本。然必親師取友，然後脩身之道進，故尊賢次之。道之所進，莫先其家，故親親次之。由家以及朝廷，故敬大臣、體群臣次之。由朝廷以及其國，故子庶民、來百工次之。由其國以及天下，故柔遠人、懷諸侯次之。此九經之序也。"先遠人後諸侯者，其臣歸之，則其君莫不服也。

脩身則道立，尊賢則不惑，親親則諸父昆弟不怨，敬大臣則不眩，體群臣則士之報禮重，子庶民則百姓勸，來百工則財用足，柔遠人則四方歸之，懷諸侯則天下畏之。

朱注："此言九經之效也。"道立，謂古聖人之道藉是以立也。不惑，鄭玄曰"謀者良也"，謂賢者出謀發慮，則己無所惑也。不眩，鄭玄曰"所任明也"，謂親任專則人不能眩之也。朱熹曰："來百工則通功易事，農末相資，故財用足。"四方，以中國言，故曰"歸"。天下，達諸四夷，故曰"畏"。

齊明盛服，非禮不動。所以脩身也；去讒遠色，賤貨而貴德，所以勸賢也；尊其位，重其祿，同其好惡，所以勸親親也；官盛任使，所以勸大臣也；忠信重祿，所以勸士也；時使薄斂，所以勸百姓也；日省月試，既廩稱事，所以勸百工也；送往迎來，嘉善而矜不能，所以柔遠人也；繼絕世，舉廢國，治亂持危。朝聘以時，厚往而薄來，所以懷諸侯也。

朱熹曰："此言九經之事也。""齊明盛服，非禮不動"，以行大禮言之，舉重詞，下皆爲爾，然亦可以見古脩身必以禮樂矣。讒、色、貨，皆所以害賢也。古之道，鼓舞天下之人，俾其樂爲道，故皆以勸言之，措辭之間，可以見古之道也。親親，必衍一字，蓋魏晉間俗語謂親爲親親，故誤爾。鄭玄曰："尊重其祿位，所以貴之，不必授以官守，天官不可私也。"同其好惡，謂不施吾所惡，親親之道，待如家人也。官盛任使，盛，多也，鄭玄曰："大臣皆有屬官所任使，不親小事也。"忠信重祿，鄭說"有忠信者，重其祿也"是矣。朱熹以忠信爲待之之誠，豈啬士而已乎？時使，鄭玄曰"使之以時"。日省月試，鄭玄曰"考校其成功也"。既，讀爲餼。餼廩，稍食也。《槁人》職曰"乘其事，考其弓弩，以下上其食"。送往迎來，朱注："往則爲之授節以送之，來則豐其委積以迎之。"嘉善而矜不能，蓋諸侯之臣銜命來使者，才能之選也，故有是言。繼絕世，如周公封微子也；舉廢國，如齊桓城楚丘也。亂者，爲治之俾不危；危者，爲持之俾不亡。朝聘以時，朱注："朝，謂諸侯見於天子。聘，謂諸侯使大夫來獻。《王制》：'比年一小聘，三年一大聘，五年一朝。'"厚往而薄來，朱注："燕賜厚而納貢薄"。

凡爲天下國家有九經，所以行之者一也。

言以德也。

右第十九章。承上章知人知天，以言必務德也。

凡事豫則立，不豫則廢。言前定則不跲，事前定則不困，行前定則不疚，道前定則不窮。

言凡者，泛言之辭，此泛言一切以爲喻也，朱熹謂"凡事，指達道、達德、九經之屬"，泥矣。豫，即前定也。廢，謂中廢也。欲言則先思所欲言，而不卒然言之，所以其言不踬也。欲行一事，則先思所以行之，而不遽舉之，所以其事之不困也。困者，謂有所窒碍而窘迫也。行者，德行也，德行素習乎己，則莫有瑕累也。疚，瑕累也，如内省不疚之疚也。道者，道藝也，道藝素習乎己，則應變不窮也。皆以起下節意。

在下位不獲乎上，民不可得而治矣；獲乎上有道，不信乎朋友，不獲乎上矣；信乎朋友有道，不順乎親，不信乎朋友矣；順乎親有道，反諸身不誠，不順乎親矣；誠身有道，不明乎善，不誠乎身矣。

古聖人之道，治民之道也，是以士之學焉者，必志於治民，故《大學》以"明明德於天下"，此以"民不可得而治"發言，可見矣。道孚乎朋友，而後譽聞乎上，故不信乎朋友，不獲乎上矣。孝乎父母，而鄉黨信之，故不順乎親，不信乎朋友矣。孝弟之德，不可襲取，故反諸身不誠，不順乎親矣。士之學先王之道，猶之在外矣，習以成性，而後反求諸躬，莫不誠焉，是謂反諸身而誠也。明乎善者，措諸行事，粲然可見之謂也。力行之久，乃誠得乎身，故不明乎善，不誠乎身矣。鄭玄以下，以知善爲明善，大失古言，不可從矣。按此以在下位言，非孔子告哀公之言者章章哉！

誠者，天之道也；誠之者，人之道也。誠者不勉而中，不思而得，從容中道，聖人也。誠之者，擇善而固執之者也。

鄭玄曰：「言誠者，天性也。誠之者，學而誠之者也。因誠身說有大至誠。」此漢儒古來相傳受之說也。蓋凡人行先王之道，而能有誠心者，得之天性，故曰「誠者，天之道也」。力行之久，習以成性，則其初無誠心者，今皆有誠心，是人力之所爲，教之所至也，故曰「誠之者，人之道也」。中者，譬諸射乎此而中乎彼，謂其不知而暗合乎先王之道也。人之得乎性質者，雖不勉強，而暗合乎先王之道，雖不思慮，而能得先王之道弗謬，是其發乎誠心者也，故曰「誠者，不勉而中，不思而得」，即上章所謂夫婦之愚與知能行者也。從容中道者，言聖人之於先王之道，莫不誠矣，以明誠之者可以至於聖人也。堯舜性之，湯武反之，皆然。即鄭玄所謂「大至誠」是也。擇善而固執之，即上文「明善」，第七章所謂「擇乎中庸，得一善，則拳拳服膺而弗失之矣」者，由此而可以誠身也。朱熹以分屬明善、誠身，非矣。當其固執，烏能有誠心乎？可謂強矣。至於以天道爲聖人，則大失子思立言之意。蓋子思言本諸性者之有誠心，以抗老氏，故篇首至此，皆不出一意。

博學之，審問之，慎思之，明辨之，篤行之。有弗學，學之弗能，弗措也；有弗問，問之弗知，弗措也；有弗思，思之弗得，弗措也；有弗辨，辨之弗明，弗措也；有弗行，行之弗篤，弗措也。人一能之己百之，人十能之己千之。果能此道矣，雖愚必明，雖柔必強。

博學之者，謂順《詩》《書》《禮》《樂》之教，以學先王之道也。審問之者，謂學而有疑，則問諸師以審之也。慎思之者，謂思所以措諸行事也，思之必切諸己，故曰慎。明辨之者，謂辨其所思者也。欲措諸行事，故必著明之，故曰明。至於行之，則必敦篤之，故曰篤。此五者知、仁之事，所謂明善也；"有弗學"以下，言勇也，以應上章"所以行之者三"矣。雖愚必明，明亦謂施諸行事，合知、仁言之；雖柔必强，言勇也。朱熹以明、强分屬擇善、固執，非矣。按後儒據此文，而有變化氣質之說。蓋子思之言，以三達德言之，而後儒必欲陰陽合德、中正不偏，天下豈有此事哉？

自誠明，謂之性。自明誠，謂之教。誠則明矣，明則誠矣。

此言性、教之歸乎一也。明，謂施諸行事粲然可見也。發乎中心而施諸行事者，得乎性者也，故曰"自誠明，謂之性"。施諸行事，習以成性者，得乎教者也，故曰"自明誠，謂之教"。發於中心者，自然可施諸行事，故曰"誠則明矣"。習於行事者，自然可以成性，故曰"明則誠矣"。皆所以深明不可恃性以廢學也。老氏之說，廢學絕聖，故子思之言如此。朱熹分屬聖人、賢人，大謬矣。近歲有主張王柏之說，而謂此下非《中庸》也，當別爲一篇，謂之《誠明書》者，是不知讀書者，不可從矣。

右第二十章，言學問之道，以應篇首性、道、教。

唯天下至誠，爲能盡其性；能盡其性，則能盡人之性；能盡人之性，則能盡物之性；能盡物之性，則可以贊天地之化育；可以贊天地之化育，則可以與天地參矣。

天下至誠者，謂聖人也。盡其性者，謂擴充其所得於天者而極廣大也。盡人之性者，謂聖人立教，以俾天下之人各順其性質成其德也。盡物之性者，謂舉天下之物，皆有以順其性質，而各極其用：如盡木之性，以造宮室；盡金之性，以鑄刀劍；盡牛馬之性，以羈靮穿鼻之類是也。贊，助也，天地生物而不能盡其用，必待聖人以盡之，是助天地之化育也。與天地參者，朱注："與天地并立爲三也"。

右第二十一章，申第二章之意，言聖人之能率性以建道也。

其次致曲，曲能有誠，誠則形，形則著，著則明，明則動，動則變，變則化。唯天下至誠爲能化。

其次者，謂順聖人之教而學之者也。致曲，猶格物，《禮器》曰："物曲有利也"，是物曲一類，蓋《曲禮》之曲也。《曲禮》者，聖人所建以教人也。順其教，以學之力，習之久，則自然有之於身，是《曲禮》來爲吾有，故曰"致曲"。是能行曲禮而習以成性，故曰"曲能有誠"。形，謂形見於行事也。著，謂著於家也。明，謂明於國也。動，謂民心有感動以興起也。變，謂小人革面也。化，謂民化爲善也。唯聖人爲能化民，而致曲者亦然，蓋謂習以成性，則聖人之化亦可致也。

右第二十二章，言人順聖人之教，則亦與聖人同其化也。祇聖人盡性，其次致曲，子思時距孔子不遠，故其議論尚爾，至於孟子，則使學者擴充其四端，是責凡人以聖人之事也，道之與時污隆者如此夫。

至誠之道，可以前知。國家將興，必有禎祥；國家將亡，必有妖孽。見乎蓍龜，動乎四體。禍福將至，善，必先知之；不善，必先知之。故至誠如神。

"至誠之道，可以前知"者，謂感通之理如神也。國家將興，必以善化民，民習善以成性，故必感禎祥，善召之也。國家將亡，必以不善化民，民習不善以成性，故必感妖孽，不善召之也。何者？至於其習以成性，則善、不善皆至誠故也。動乎四體，朱注："謂動作威儀之間，如執玉高卑，其容俯仰之類"，言"見乎蓍龜，動乎四體"者，皆至誠所感也。"善，必先知之；不善，必先知之"，如鵲知風，蟻知雨之"知"。至誠所感，不待思慮而知也，言禍之將至，不善人必興，福之將至，善人必興，皆得其時而興者也。得其時而興者，如飢而食，如渴而飲，亦自不知其然矣，是至誠之知也，故末斷之曰"至誠如神"。後儒所以爲"知"者，皆在是非思慮之間，故不能解此章之義，烏能知子思三"知"之義乎？

右第二十三章，申明上章能化之義。

誠者自成也，而道自道也。誠者物之終始，不誠無物。是故君子誠之爲貴。

鄭玄解道爲"道藝"，古來傳授之言，可據已。蓋人學而至於成德，則必有誠矣，故曰"誠者自成也"。下道字去聲，與導同，言既成其德而有誠，則道藝亦自然導達也。誠下有者，道下無者，可見主誠而言。朱熹昧乎辭，乃以誠爲本、道爲用，分解說之，非矣。此所以道爲道藝者，先王之道，禮樂也。"誠者物之終始，不誠無物"，此二句申上"自道"意。物者，先王之教之物也，六藝皆有之，如射之五物。先王之教，建此以爲得力之處，蓋能順先王之教，學之力，習之熟，則自然有以得之。學至於得之則有誠焉，習以成性故也，得之而又失之者，誠不足故也，故曰"誠者物之終始，不誠無物"，是君子所以貴誠之也。朱熹、鄭玄不識"物"字之義，乃以"萬物"爲解，此其實理之說所以起也，前後文辭不相蒙，其謬可知已。

誠者非自成己而已也，所以成物也。成己，仁也；成物，知也。性之德也，合外内之道也，故時措之宜也。

成己，即上文"自成"也。道自導而後成物焉。成己者成德，故曰"仁"也；成物屬道藝，故曰"知"也。《大學》"物格而后知至，知至而后意誠"，與此文義同。性質之所有，皆不知不覺而能之，是所謂誠也，故曰"性之德也"。唯誠可以內成己，可以外成物，至其既成，則習以成性，而內外一焉，故曰"合外內之道也"。成己成物，則莫不備焉，故曰"時措之宜也"。蓋有所不備，則有時乎窮，烏得時措之宜乎？

右第二十四章，言誠者能備也。

故至誠無息。不息則久，久則徵，徵則悠遠，悠遠則博厚，博厚則高明。

博厚,所以載物也;高明,所以覆物也;悠久,所以成物也。博厚配地,高明配天,悠久無疆。如此者,不見而章,不動而變,無爲而成。

至誠無息,以理言之。不息,以學者言之,爲學而不息,以至於久,則有徵。徵者,謂爲學之效也,學至於有徵,則已成物,是習成性者也,故益可以悠遠,悠遠則積而博厚以高明焉。博厚,仁也;高明,知也:即上章成己、成物之積大者也。在己則仁以成德,在道則知以成物,所以謂之博厚高明者,以配天地也,故曰載、覆。載物者,載萬物焉;覆物者,覆萬物焉;萬物者,成物之積而多也,如孟子所謂:"萬物皆備於我矣",與此同矣,或以爲天地之萬物者,非矣。成仁則道藝倚我而立焉,如地之載物然;成知則道藝皆爲我有焉,如天之覆物然。悠久者,即久與悠遠也,非悠久則不足成物以致博厚高明焉。序在後者,古辭不拘也。無疆者,天地之無疆也,至於配天地,則學以至於聖人也。見,猶示也。動者,動民也。"不見而章,不動而變,無爲而成",即上章形、著、明、動、變、化,及末章"不動而敬,不言而信"也,以其及民者言之。朱熹實不得其解,故其說皆空言,不可從矣。

天地之道,可一言而盡也:其爲物不貳,則其生物不測。

因上文配天地,而言天地之道也,中庸之言天地者,只此焉耳。爲物者,假指天地爲物,言語之道爾。不貳者,誠也,謂其莫有思慮作爲也。生物者,生萬物也,即天地間萬物也。不測者,謂其眾也。

天地之道:博也,厚也,高也,明也,悠也,久也。今夫天,斯昭昭之多,及其無窮也,日月星辰繫焉,萬物覆焉。今夫地,一撮土之多,及其廣厚,載華嶽而不重,振河海而不洩,萬物載焉。今夫山,一卷石之多,及其廣大,草木生之,禽獸居之,寶藏興焉。今夫水,一勺之多,及其不測,黿鼉、蛟龍、魚鱉生焉,貨財殖焉。

因上文博厚、高明、悠久、配天地、無疆,而言天地本如此也。昭昭之多及其無窮,一撮土之多及其廣厚,一拳石之多及其廣大,一勺之多及其不測,皆申言博厚、高明之義。而言其積小以成大,以喻爲學之道焉。其實天地山川非积小以成大者，朱熹曰"讀者不以辭害意可也"。日月星辰繫焉，萬物覆焉，萬物載焉，草木生之，禽獸居之，寶藏興焉，黿鼉蛟龙鱼鳖生焉，貨財殖焉，皆言生物不測也。昭昭，朱注"猶耿耿，小明也"。繫，謂日月之麗乎天，如繫結以著其處也。振，朱注"收也"。卷、拳同。寶藏者，謂寶玉之可以珍藏者也。

《詩》曰："維天之命，於穆不已！"蓋曰天之所以爲天也。"於乎不顯，文王之德之純！"蓋曰文王之所以爲文也。純亦不已。

"維天之命，於穆不已"者，《詩》意謂天之降福，雖深遠不可見乎，其來集結者莫有窮已也，此引以明天之爲物不二，故其生物不測之義矣。不顯者，顯也，古來相傳其解如此，後儒釋所以訓"顯"之義，而或曰"猶言豈不顯乎"，或曰"不、丕古字通用"，二說未詳孰是。祗前說強解其義者，不可從矣，後說近是，然亦必欲明其訓詁者已。蓋不顯，古之成言，莫知其所從來焉，如今俗語有好不大熱，好不二字無意義，但以爲甚辭耳。意不顯之義亦然，故讀者止以"顯"訓之可矣，不必求解所以訓顯之義爲是。《詩》意謂天之降福無已，是可以顯然見夫文王之德之純也，此引以言所以諡文王而爲文者，以其純也。純者，純一之義，言其誠也。文者，謂其莫不備也，其所以能備者，以至誠無息致之，即上所謂博厚、高明是也。純亦不已，古注家言，誤入正文，蓋上文其義明盡，故知其爲注家言也。朱熹分純與不已，爲豎橫解，古豈有此伎倆哉？

右第二十五章，言誠者不息故能備也，皆所以申明上章之義也。自第二十一章至此，專言誠，以發第二十章之意。

大哉聖人之道！洋洋乎！發育萬物，峻極於天。優優大哉！禮儀三百，威儀三千。待其人然後行。故曰苟不至德，至道不凝焉。

聖人之道，流動充滿於兩間，而發育萬物，與天同其高大，故曰"大哉"。發育者，發生也。發生者，謂萬物得其養而茂盛也。峻，高大也，此即第二章"致中和，位天地，育萬物"意，舉道之大，以贊嘆之也。優優，朱注"充足有餘之意"。禮儀，經禮也，經禮亦有儀，故曰"禮儀"；威儀，曲禮也，身之所有，故曰"威儀"。《禮器》曰："經禮三百，曲禮三千"，與此同也。聖人之道，即禮樂也，上以古聖人之世言之，故止言聖人之道，下以古聖人之道存乎今者言之，故言禮。古聖人之道，雖峻極發育之大乎，亦皆充足乎禮樂之中，故曰"優優大哉"。祗無其人則道爲虛文，有其人而後可以見夫洋洋之大已。朱注以"大哉聖人之道"爲包洋洋、優優，以待其人而後行爲結之，非矣。至德，謂孔子。至道，即古聖人之道。凝，聚也。孔子不出，則文武之道散，賢者識其大者，不賢者識其小者，孰能統一之？孔子出，而後古聖人之道聚在六經，可傳諸後世，以證孔子若得位必能行之，蓋此以下專言孔子之爲聖也。

故君子尊德性而道問學，致廣大而盡精微，極高明而道中庸。溫故而知新，敦厚以崇禮。

此言君子學問之方，以明孔子學以至聖人也。德性，鄭玄曰"謂性至誠者"是矣，即其所生知安行者，人人而有之，是之謂德性。德性而曰尊，天所命也。天之所命，故養以成之，是謂之尊也。養之道在問學，問學即學《詩》《書》《禮》《樂》之教，應上文禮儀、威儀之言。問學而曰道，道、導同，問學者，所以導達德性，成其廣大高明也，即上章道自道意。致，來也。廣大，即上章博厚也。問學以導德性，而廣大者自然來至，而精微者亦盡焉。何者？禮至精微也。道中庸者，能造於高明之極，而其所以導之者，中庸之德也。溫者，鄭玄曰"讀如'燖溫'之'溫'，謂故學之孰矣，後時習之謂之溫"，禮其所故學也。"溫故而知新"者，謂由學而德益進矣。敦厚者，廣大也，德既廣大而不廢其學矣，皆言德性問學交相助，以應上章無疆之意，即誠之之道也。朱熹以存心、致知分釋，其義近似，實失子思之意，不可從矣。

是故居上不驕，爲下不倍。國有道，其言足以興；國無道，其默足以容。《詩》曰："既明且哲，以保其身。"其此之謂與！

此言學問之效也，即上章"在上位不陵下，在下位不援上"意，亦以應"時措之宜也"，若索隱行怪則反於此者也。蓋學問之效，不過若是，此所謂中庸之德也。言，即邦有道則危言也；默，即邦無道則言遜也。興，鄭玄曰"謂起在位也"。引《詩》止以證"其默足以容"之義，而起下章之義，主意所在也。"明哲"以有容言之，無深義焉。

　　右第二十六章。上章言誠者，至於文王，既極其盛，故此更端以欲言孔子之事。先以聖人之道起，而承之以學至聖人之方也，一書皆以君子之道言之，而此獨以聖人之道言之者，其意蓋謂孔子學古聖人之道以至聖人者也。老氏之徒，以孔子好學，故有以爲非聖人者，故子思云爾。後世遂謂可以學至聖人者，本乎此焉。古者無學可以至聖人之說，亦不言聖人不可學，何則？生質若顏子者，可學以至，而不可强之於凡人也，子思亦以謂孔子而已，後人弗察，其弊有不可勝道者，讀者審諸。

　　子曰："愚而好自用，賤而好自專，生乎今之世，反古之道，如此者，烖及其身者也。"

　　反，倍也。今者，謂當世也。古者，謂文武也。朱注失"反"字之義，不可從矣，此上章"明哲保身"之反。

　　非天子，不議禮，不制度，不考文。今天下車同軌，書同文，行同倫。

　　三代之禮異尚，不議者，謂不敢非議之。子夏曰《檀弓》"先王制禮，而弗敢過也"，謂尊崇奉行而不敢違之，是不議也，不議則不改作者不待言，甚重之辭也。度者，鄭玄曰"國家、宮室、及車輿也"，蓋度，即律、度、量、衡之度，謂其丈尺也。文者，鄭玄曰"書名也"。名謂字音，文謂字形，文而曰考，《周禮·外史》"達書名於四方"，蓋外史之官考核諸侯國所用文字，俾遵時王之制也。三代革命，制作禮樂，而制度、考文二者，乃禮中大者，所以"大一統"也，故非天子不得改作也。軌，車轍也，兩輪相距之度同，則車轍同。國都、道涂、宮室、門庭，皆以容車多少爲廣狹之度，故曰"車同軌"，則國都、宮室自在其中也。行同倫，倫、論通，謂禮所尚同，則人所行得失，天下之論同也。禮其總，而度文其目，故下文"行同倫"在后後，鄭玄注"禮，所服行也",可以見已。朱熹誤以此三句爲"三重",故解禮爲"貴賤親疏相接之體",解倫爲"次序之體",殊不知非天子不議禮,豈特此乎?且此果爲三事,則何以"不議禮"在上,而"行同倫"在下乎?

雖有其位,苟無其德,不敢作禮樂焉;雖有其德,苟無其位,亦不敢作禮樂焉。

鄭玄曰:"言作禮樂者,必聖人在天子之位。"

子曰:"吾說夏禮,杞不足徵也;吾學殷禮,有宋存焉;吾學周禮,今用之,吾從周。"

徵,朱注"證也"。言說,則夏禮既亡,孔子止言其意耳;言學,則殷周之禮現存也。杞,夏後;宋,殷後。此與《論語》文大同小異,且徵字,在《論語》爲文獻備而可以爲據意,此則謂徵於庶民也。故不足徵者,謂時世既移,民俗大變,而其禮施諸民,無教化之驗也。觀於下文"上焉者雖善無徵",則"有宋存焉"亦互文言之,宋亦不足徵也,則與《論語》其旨實同。

王天下有三重焉,其寡過矣乎!上焉者雖善無徵,無徵不信,不信民弗從;下焉者雖善不尊,不尊不信,不信民弗從。

重,慎重也。善,謂德。徵,謂施於民有益。尊,謂位。言王天下、制禮樂,以此三者慎重之,而不敢輕制作,則寡過失也。鄭玄以"三重"爲三王之禮,呂大臨以爲議禮、制度、考文,皆迂回弗通矣。藤原佐特以爲德、位、時三者,爲得焉。上焉者,朱注:"謂時王以前",如夏、商也。下焉者,指孔子也。

右第二十七章。申上章爲下不倍意,以明孔子雖不作禮樂,不害亦爲聖人也。

故君子之道:本諸身,徵諸庶民,考諸三王而不繆,建諸天地而不悖,質諸鬼神而無疑,百世以俟聖人而不惑。

君子之道,即先王之道也,聖人之道也。先王之道,以一代言;聖人之道,泛指聖王制作禮樂者以言之。君子者,士大夫通稱,而孔子不得位,故子思稱其所傳孔子之道,爲君子之道也。本諸身,德也。徵諸庶民,謂施諸民有教化之驗也。朱注以上"雖善無徵"爲無所考驗,以此"徵諸庶民"爲驗其所信從,二義不同,非矣。考者,稽古也。建者,如建竿、建鼓之建,謂高揭此於天地之間也。三王,往時也,故曰"考";天地,見在也,故曰"建"。繆,如刺繆之繆,謂不正合也。三王,聖人也,故欲其正合。悖,不順也。天地非人也,故聖人之於天地,奉順而不敢違已,不敢以天地之道爲人之道焉。專以天地之道爲人之道者,老氏之徒也。古人措辭之間,有所斟酌,可以見已。質者,質問也。質諸鬼神,謂卜筮也。古人欲興一事、出一謀,必卜筮以問諸鬼神而質其疑,所以奉天道而不敢違悖也。鬼神者,天地之心也,故"質諸鬼神而無疑"者,則必"建諸天地而不悖"。先聖、後聖其揆一也,故"考諸三王而不繆"者,則必"百世以俟聖人而不惑"。然此分言之者,考諸三王、建諸天地,以其全言之;不繆、不悖,皆其道不繆不悖也。質諸鬼神、百世以俟聖人,以興一事、出一謀言之,是古所無者,故不可得而考諸三王,是以俟後世聖人也;無疑、不惑,皆以其心言之,知鬼神之必允,知後世聖人之必從也。其實鬼神即天地之心,而先聖、後聖其揆一也,故下文止舉質鬼神、俟聖人,可以見已。又按此言三王,而并《論語》諸書,鮮及湯者矣,豈湯者孔子之先世,而又勝國之祖,故諱言之耶?蓋亦禮焉耳。

質諸鬼神而無疑,知天也;百世以俟聖人而不惑,知人也。

知人、知天,見前十八章也。《中庸》一篇,以天命之性發言,貫之以誠與誠之,而歸乎純亦不已、至德凝至道,終之以上天之載,其立言之旨可味也夫。

是故君子動而世爲天下道,行而世爲天下法,言而世爲天下則。遠之則有望,近之則不厭。

本諸身、徵諸庶民、知人、知天,此求諸宇宙之間,無適不合,故其效如此。動,包其全言之,故曰"道";言、行可得而見之,故曰"法""則"。有望，含下章"聲名洋溢"意；不厭，含下章"衣錦尚絅"意。

《詩》曰："在彼無惡，在此無射。庶幾夙夜，以永終譽！"君子未有不如此而蚤有譽於天下者也。

射音亦，《詩》作斁。夙夜，黽勉詞。引《詩》以明有望、不厭意。終譽，即有望也；無射，即不厭也。如此者，朱熹曰"指本諸身六事也"。蚤有譽，暗指孔子。

右第二十八章。承上章徵字意，因以總結一篇之義，邐迤歸諸孔子也。蓋前諸章自篇首，皆無非本諸身、知天、知人之事矣，至於第二十六章，乃始言徵諸庶民之義，而至此總結焉。

仲尼祖述堯舜，憲章文武；上律天時，下襲水土。

子思以孫而稱其祖之字，蓋古者人死而止諱其名，有謚則稱其謚，無謚則稱其字，如諸侯薨而復曰某甫復矣。此時始薨而未有謚，故雖諸侯亦止稱其字，可見稱字者尊之至也。古昔三皇所制作，不過於厚生、利用之事，至於堯舜，而後正德之道立焉。觀於《舜典》："詩言志，歌永言"，則禮樂之教亦昉於堯舜矣。故孔子動稱堯舜，遠祖其道也。述，謂增益之使光明也。堯舜之時，世樸民淳，其教有不備，故孔子祖堯舜而增益之，故曰"祖述"。文武者，周先王也，故孔子憲章之也。憲，法也，謂遵其制度也；章，明也，謂明其義以傳之也。律，法也。鄭玄曰："襲，因也。"上法天時，下因水土，鄭玄謂"孔子著《春秋》，編年、四時具，律天時也；記諸夏之事、山川之異，因水土也"，朱熹曰"法其自然之運，因其一定之理"，此皆不得其解，強爲之說者也。蓋"國有道，其言足以興；國無道，其默足以容"，是上法天時也；"居上不驕，爲下不倍"，是下因水土也。天有陰陽，以喻其所逢之時；水土異宜，以喻其所處之位。不爾，與前後諸章殊無照應矣。此蓋古言而子思引之，故與前後文不甚相似焉耳。

辟如天地之無不持載，無不覆幬，辟如四時之錯行，如日月之代明。萬

物並育而不相害，道並行而不相悖，小德川流，大德敦化，此天地之所以爲大也。

辟、譬同。幬，亦覆也，或作燾。持載以地言，覆幬以天言，謂廣大無所不包也，應上"祖述堯舜，憲章文武"、含下"溥博淵泉"之義，即孟子所謂"集大成"也。錯，迭也。"辟如四時之錯行"二句，喻以天也；"萬物並育"四句，喻以地也；"萬物並育而不相害"，以地言；"道並行而不相悖"，以孔子言；"大德""小德"，以孔子言；"川流""敦化"，以地言；合六句，應"上律天時，下襲水土"、含下"時出之"之義，即孟子所謂"聖之時"也。大德，仁也。小德，孝悌忠信、禮義勇智之屬。敦化，謂地之敦厚、化生萬物也。"此天地之所以爲大也"者，猶言孔子之德即天地所以爲大也。

右第二十九章，始言孔子之德，以證上"至德"凝"至道"以下之義矣。

唯天下至聖爲能聰明睿知，足以有臨也；寬裕溫柔，足以有容也；發强剛毅，足以有執也；齊莊中正，足以有敬也；文理密察，足以有別也。溥博淵泉，而時出之。

此亦謂孔子也。朱熹以容、執、敬、別四者，爲仁、義、禮、智之德，然仁義禮智始見於孟子，而孔子時莫有之，則未必子思之言，且義者，所以應變也，則不容以有執言之矣。《論語》以利仁爲知者之事，則文理密察不足以語智矣。藤原佐以聰明睿智爲智，寬裕溫柔爲仁，發强剛毅爲勇，齊莊中正爲禮，文理密察爲義，甚爲允當。一篇之内，專言三達德，而禮義者人之大端，子思時議論當如此焉。祇聰明睿知爲知，似與《論語》"知者利仁"不合也，蓋子思以"達德"立言，自與孔子以"成德"言者不同矣。古以禮教中，以樂教和，此以"中正"語禮者，不失古義，大非孟子以恭敬辭讓者比矣。至於文理密察爲義，則古謂《詩》《書》爲義之府，《易說卦》曰："理於義"，禮皆有義，此古來言義者皆若此焉，亦非孟子以羞惡爲義者比矣。溥博，言其廣大也。淵泉，言其深不窮盡也。謂備五者之德而時措之宜也，亦與上章同旨。

溥博如天，淵泉如淵。見而民莫不敬，言而民莫不信，行而民莫不說。

朱熹曰"言其充積極其盛，而發見當其可也"，蓋發見當其可也，故民莫不敬之、信之、說之也。"見而民莫不敬"者，即"爲天下道"也；"言而民莫不信"，即"爲天下則"也；"行而民莫不說"，即"爲天下法"也。

是以聲名洋溢乎中國，施及蠻貊。舟車所至，人力所通；天之所覆，地之所載；日月所照，霜露所隊；凡有血氣者，莫不尊親，故曰配天。

隊、墜同。古者祀聖人配天，禮也。子思乃贊孔子之德所及廣大如天，而謂其德如此，故古者以聖人之德爲配天矣，以言配天之實也。蓋子思之時，天下之人尊親孔子既已若此，觀於《莊》《列》諸書可見也。

唯天下至誠，爲能經綸天下之大經，立天下之大本，知天地之化育。

此謂堯舜也。孔子學以成聖人之德，故以稱天下至聖；堯舜性之，故以稱天下至誠也。經綸，朱注："皆治絲之事。經者，理其緒而分之；綸者，比其類而合之也。"大經者，謂禮之大者也，先王所以經綸天下者禮而已，或以爲五倫，或以爲九經，二者皆禮盡之矣。外禮樂而語道，皆後世理學者流之說，不可從矣。禮者，所以合人倫而理之，其制度文爲，詳密具至，故以治絲比之也。天下之大本者，中庸之德也。謂之立者，言立以爲教也。知天地之化育者，即上章"致中和，天地位焉，萬物育焉"，及"贊天地之化育"同意。聖人能通之爲一，是之謂知，豈在知覺見聞之間也？蓋《中庸》一書主誠，故夫婦之愚可與知焉，及生知、學知、困知，及"至誠之道，可以前知"，"善必先知之，不善必先知之"之類，皆以不知而默契者爲知，讀者能識是意，則知之爲贊，不待辨說而明矣。

夫焉有所倚？肫肫其仁！淵淵其淵！浩浩其天！

聖人之道，至堯舜而始立焉，故孔子刪《書》，始自唐虞，而上章曰："祖述堯舜"，是堯舜"經綸天下之大經，立天下之大本，知天地之化育"，其於前也，無所倚賴；其於後也，爲吾道之祖，故曰"夫焉有所倚"。說者以爲無所偏倚者，非矣。肫肫者，鄭注曰"讀如'誨爾忳忳'之'忳'。忳忳，懇誠貌"，蓋形容其仁之至也。浩浩，廣大貌。朱熹曰"'肫肫'以經綸言，'淵淵'以立本言，'浩浩'以知化言"。"其淵""其天"，與上章"如天""如淵"同意，朱注"非特如之而已"，不知古文辭之失也。其字，疑辭，如《易否卦》"其亡其亡"之"其"，故其、如義無深淺也。

苟不固聰明聖知達天德者，其孰能知之？

固者，固有也。天德者，誠也，謂堯舜之德也。達天德者，所謂下學而上達也，德與堯舜爲一，故曰達。孔子固有聰明聖知之德，而又學以達堯舜之德，故能知而祖述之也。上曰"唯天下至聖"，又曰"唯天下至誠"，二"唯"字相應，故鄭玄曰："唯聖人能知聖人"，可謂善識古文辭矣。上曰"憲章文武"，而此不言文武者，第二十六章言文王，第二十七章以"禮儀三百，威儀三千"承之，而以至德凝至道言孔子，則其義既明矣，故不須言已。

右第三十章，言唯聖人知聖人，以申祖述憲章之義矣。孔子無位，無位者止稱其德，故"天下至聖"語其德者詳焉。堯舜爲人君，爲人君止於仁，故止言仁而不及其它焉；經綸、立本、知化，亦以其事業言之。皆言各有當者可見已。

《詩》曰："衣錦尚絅"，惡其文之著也。故君子之道，闇然而日章；小人之道，的然而日亡。君子之道：淡而不厭，簡而文，溫而理，知遠之近，知風之自，知微之顯，可與入德矣。

上諸章，於孔子極揄揚之盛，而嫌於華辯，故此又引《詩》，言其恭謙之德，以示學焉者之方也。衣錦尚絅，《衛·碩人》、《鄭》之《丰》，皆作"衣錦褧衣"。褧、絅同，襌衣也；尚，加也。"惡其文之著也"者，古人釋《詩》之言，言君子務自謙恭，不欲暴其德，即孔子溫、良、恭、儉、讓是也。然其德之盛自然益彰，天下之人莫不尊親，如上章所謂是也。小人務暴其德者，如索隱行怪之類，而無實以繼之，則雖"的然而日亡"也。"淡而不厭"者，君子之交如水也，以其接人者言之；"簡而文"者，易簡而天下之理得也，以其發於言者言之；"溫而理"者，君子之德如美玉也，以其存乎己者言之：皆中庸之德行，尚絅闇然者也。朱熹以此章爲下學立心之始，殊不知聖人之德即擴充中庸之德，外此而豈別有聖人之德哉？原佐解爲得是矣。"知遠"以下，乃學焉者之方也。遠之近者，謂行遠必自邇也；風之自者，謂風化所本自也；微之顯者，謂誠之不可揜也，習以成性，則可以成德，故知誠之不可揜，則可與入德也。

《詩》云："潛雖伏矣，亦孔之昭！"故君子内省不疚，無惡於志。

承上文，引《詩》明"微之顯"也。不疚者，無瑕累也。無惡於志者，鄭玄曰"無損害於己志"，蓋君子志在安天下，苟能成德於己，内無瑕累，則天下之大亦可得而安焉，是"無損害於己志"也。

君子之所不可及者，其唯人之所不見乎！《詩》云："相在爾室，尚不愧於屋漏。"

承上"微之顯"，言君子之愼獨也。相，視也。爾室者，非他人之室也，堂前而室後，爲最深奧，而人不到之處。尚，近辭。屋漏者，西北隅，蓋以祭中霤之神於此焉。謂不愧於中霤之神，則其無人可知也，深明其容德無所愧怍也。

故君子不動而敬，不言而信。《詩》曰："奏假無言，時靡有爭。"

亦謂"微之顯"也。引《詩》，明"不言而信"意。奏，《詩》作鬷，進也。假、格同，言感格於無言之中，則民化之，莫有爭亂之事也。

是故君子不賞而民勸，不怒而民威於鈇鉞。《詩》曰："不顯惟德！百辟其刑之。"

言勸威，則進於敬信也。鈇、斧同。鉞，亦刑具。辟，君也；百辟，諸侯也。刑，法也。言爲諸侯所法者，在天子之德，而不在賞罰也。天子居崇高之位，而爲天下具瞻，故稱君德爲顯德，古之言也，非有深義。

是故君子篤恭而天下平。《詩》云："予懷明德，不大聲以色。"子曰："聲色之於以化民，末也。"《詩》曰："德輶如毛。"毛猶有倫，"上天之載，無聲無臭",至矣!

　　篤恭者,至德之容,猶云舜"恭己正南面"也。言天下平,則又進於勸、威也。自"不動而敬"至於此,皆言至誠之化也。明德,亦顯德也。不大,猶言不貴也。以,與也。引《皇矣》詩,以明"篤恭而天下平"意。聲者,言也;色者,顏色也:言所以懷文王之德而不忘者,其德之至,不貴以言色化民故也。輶,輕也,《烝民》詩意,本言德至輕而易可舉行也,此借用以言至德之被民,民不知覺,猶如毛之至輕而人不覺其集於躬也。引此詩,而又言毛雖至輕,猶有物之可比倫矣,乃又引《文王》之詩。載,事也。詩意本上天之事無聲臭之可言,則人不能法之,故人儀刑文王矣。此借用而言至德之化民,民不知覺,猶如天道之無聲臭,不可得而識矣,皆上章"至誠如神"之意,子思言此以務德耳。

　　右第三十一章。上章贊美孔子之德,以極其盛。至此章,乃言中庸之德"微之顯"之意,而以至誠之化終焉。

（點校:林雅琴/北京大學哲學系）

学术书评

本原的存在论化及其问题
——评柏若望的《费希特的存在学说》

周小龙（中山大学哲学系）

作为康德批判哲学的后裔，费希特知识学通常被视作对传统形而上学的批判与超越。从这个角度来说，柏若望（Johannes Brachtendorf，以下简称作者）教授的《费希特的存在学说——对 1794、1798/1799 年和 1812 年知识学的批判性诠释》①（下文引此书只注出页码）非常特别，甚至有些另类，因为它正是以形而上学的框架来定位费希特的知识学，进而揭露三个版本的知识学的内在困境。在熟悉"自我意识理论""自由哲学""伦理的人类学""理智直观"等研究路径的读者看来，这部书的思路是比较陌生和难以进入的。为此，笔者希望在较短的篇幅内介绍这部书的基本内容和逻辑结构，并在合适的地方给出批判性的鉴定报告。

一、作者简介以及文本结构

我们先熟悉作者的身份。在翻译《费希特的存在学说》时，作者的几

---

① Johannes Brachtendorf, *Fichtes Lehre vom Sein: Eine Kritische Darstellung der Wissenschaftslehren von 1795, 1798/99 und 1812*, Paderborn/München/Wien/Zürich: Verlag Schöningh, 1995. 感谢这部书的其他三位中文译者阿思汗、施林青、徐逸飞，是他们让我提前看到了这部书的中译本。接下来的引文以他们各自的翻译为基础，偶尔会有所调整。

位中国学生商量特意为其德国导师取一个中国名字。由于作者本人对中国文化十分青睐，甚至略通中文，便欣然同意。又由于"柏若望"这个名字是"柏拉图"（作者的姓 Brachtendorf 变成中国姓，则为"柏"）与"若望"（Johannes 的天主教译法）的合体，作者欣然接受了这个中国名字。它与作者的出身背景和学术路向暗合。柏若望教授是德国图宾根大学天主教神学院"神学的哲学基本问题"（philosophische Grundfragen der Theologie）教席的教授，与此同时，他还在图宾根大学哲学系兼职，指导哲学专业的学生。作者的学问如同这个中国名字，是兼通神学与哲学的。这种特质分明地体现在他的博士论文和教师资格论文中：《费希特的存在学说》这部著作是作者在黑格尔研究专家哈特曼（Klaus Hartmann, 1925—1991）的指导下，于图宾根大学哲学系完成的博士论文（1992 年）改写而成；数年后的 1998 年，作者又在同一院系完成《奥古斯丁论人类心灵的结构——〈论三一〉中的自我反思与上帝认识》[1]，作为其教师资格论文。此后，他的学术工作主要围绕以奥古斯丁为中心的中世纪哲学和以费希特为中心的德国古典哲学。尤其在奥古斯丁研究方面，作者还是奥古斯丁拉德对照版全集的主编（Hauptherausgeber der lateinisch-deutschen Gesamtausgabe der Werke Augustins）之一，成就斐然。在研究主题上，作者的主要关注点是形而上学、精神哲学和宗教哲学。在形而上学方面，除了上帝论（Gotteslehre）方面有众多学术论文外，作者还在"无限性""形而上学批判""一与多"[2] 等主题上

---

[1] Johannes Brachtendorf, *Die Struktur des menschlichen Geistes nach Augustinus. Selbstreflexion und Erkenntnis Gottes in De Trinitate*, Hamburg: Felix Meiner, 2000.

[2] 比如 Johannes Brachtendorf, „Der Begriff der Unendlichkeit und die Metaphysik der All-Einheit", in *Unendlichkeit – Philosophische, Theologische und mathematisch-naturwissenschaftliche Perspektiven*, J. Brachtendorf, G. Nickel, S. Schaede und Th. Möllenbeck hg., Tübingen: Mohr Siebeck, 2008, S. 23-46; Ders., „Heideggers Metaphysikkritik in der Abhandlung: ‚Nietzsches Wort, Gott ist tot'", in *Die Gottesfrage im Denken Martin Heideggers*, N. Fischer und F.-W. von Herrmann hg., Hamburg: Felix Meiner, 2011, S. 105-128; Ders., *Einheit und Vielheit als metaphysisches Problem*, hg. gemeinsam mit S. Herzberg, Tübingen: Mohr Siebeck, 2011; Ders., „Der Andere als metaphysisches Prinzip in Levinas' ‚Totalität und Unendlichkeit'", in *Die Gottesfrage in der Philosophie von Emmanuel Levinas*, N. Fischer hg., Hamburg: Felix Meiner, 2013, S. 133-157. 作者曾告诉笔者，《海德格尔的形而上学批判》这篇文章是自己最重视的几篇文章之一。

用力甚勤。结合作者的学术背景,我们似乎不难理解,为什么这部著作具有如此与众不同的视角和格调。作者是在形而上学的语境下关照知识学的基本架构的。

这部著作除了四个主要章节外,还有一个提纲挈领的导论。导论部分回顾了自亚里士多德至费希特为止哲学家在第一哲学(prima philosophia)性质问题上的争论,从而在广阔的哲学史背景下定位知识学。第一哲学究竟应当是存在论还是形而上学,自古以来,争论不休。在这里,作者暗示了知识学的结局:"知识学的困境是与'发展一种同时是存在论的形而上学'这一努力相关联的。费希特要求,借助先验哲学的思维方式,不仅仅要去阐明其自身并不'存在'的存在者根据,而且要去推导出存在者的实存和规定。"(14)作者认为,费希特给自己提出的要求过高,知识学体系的失败与此密切相关。如果不懂作者的写作意图,期待阅读费希特哲学的读者很有可能会迷失在导论章。为此,笔者建议读者不妨从第一章开始读起,在那里,作者对知识学何以是形而上学进行了详细的界定。知识学作为形而上学,既是费希特自己对知识学的定位,也是知识学的内在逻辑所蕴含的结果。接下来的三章,作者分别从1794、1798/1799、1812年三个版本的知识学出发,论述它们在通过最高原则为存在者整体奠基过程中所遇到的问题。在笔者看来,贯穿后三章内容的线索有二:其一,费希特如何将某个存在论区域(比如自我、绝对者)提升至形而上学之原则的位置,从而窄化了存在论的范围;其二,费希特从这个原则中演绎经验世界和偶然性的过程中遭遇了什么样的困难。尽管费希特的思路经历了从早期到晚期、从耶拿到柏林的巨大变化,但其遇到的基本困难并没有减少。值得注意的是,作者在这三章的开头分别陈述了三个版本知识学的内在结构和逻辑进展,对我们理解费希特纷繁复杂的论证颇有助益。

然而,在文本结构上,这部著作表现出了一定的缺憾。按照正常的逻辑,在叙述了1794、1798/1799年两个版本的知识学之后,接下来的章节应该围绕 1801/1802 年的《知识学阐述》(Darstellung der Wissenschaftlehre)或者 1804 年的知识学,而作者却直接转向了 1812 年的知识学。这样做难免有武断的嫌疑。在作者看来,1812 年的知识学体现了费希特最成熟的思考。而在学界通常看来,1804 年的第二轮知识学演讲才是最佳版本的知识学。也许是意识到了这样做的风险所在,作者在第四章插入了比较长篇幅的对这两个版本的知识学的探讨。(265—272)[1] 尽管如此,缺少对它们的细致研究并将之整合进作者的叙事框架,这部著作的说服力很容易遭到质疑。如果同情性地理解的话,这算是费希特诠释的普遍困境:费希特一生写过十几个版本的知识学,任何一位研究者都很难面面俱到,系统性和全面性往往不可得兼。

二、知识学为什么是形而上学?

现在,作者率先要做的是告诉读者,知识学在什么意义上以及多大程度上是形而上学。因此,第一章的标题就是"作为形而上学的知识学"。如果这个命题不成立的话,接下来的论述将毫无意义。如上所述,将知识学理解为形而上学,这符合费希特的自我定位。比如在 1794 年的《全部知识学的基础》中,费希特就将知识学定义为一门研究"原初的实在性"的形而上学。(I, 2, 416)[2] 在 1798 年的《第二导论》中,费希特将知识学描述为形而上学,"就其探究一种为我们而言的存在的根据而言。"(I, 4, 212) 1812 年的《知识学》提出:"一存在,除了这个一以外,绝对地无物存在。"(II, 13, 56) 在作者看来,这个命题隐含了"非凡的形而上学工作"(53)。但是,即便如此,我

---

[1] 作者对这两个版本的知识学只发表过一篇文章:Johannes Brachtendorf, „Gott und das absolute Wissen in Fichtes Wissenschaftslehre von 1801/02", in *Gott und Denken. Zeitgenössische und klassische Positionen zu zentralen Fragen ihrer Verhältnisbestimmung* (Festschrift für Friedrich Hermanni zum 60. Geburtstag), Chr. König und B. Nonnenmacher hg., Tübingen, 2020, S. 261-284。

[2] 此种标注引用源自 *J. G. Fichte - Gesamtausgabe der Bayerischen Akademie der Wissenschaften*, Reinhard Lauth, Hans Jacob und Hans Gliwitzky hg., Stuttgart-Bad Cannstadt: Frommann-holzboog, 1962, ff.

们仍然不知道，费希特所说的形而上学与传统的形而上学有何关联和差别。

这里的突破口在《论知识学与所谓哲学的概念》第二版（1798年）的一段话：知识学作为形而上学，"不仅仅是一种讨论所谓物自体的学说，而且也对出现在我们意识中的东西进行生成性的推导。"（I, 2, 159）作者认为，这"暗示了一种新式的形而上学"，它确立的最高本原是"主体性"。（69—70）因此，费希特的形而上学指向的是为表象世界奠基的主体活动。与传统形而上学相同的是，费希特寻找的最高原则（早期是自我、晚期是绝对者）必须是明证的、自足的，它不能从其他的原则中引申出来。但不同的是，在传统形而上学中，与原则相对的物（ens）是自在存在的，而费希特的新式形而上学所面对物只是"表象"，这表明知识学的原则（Prinzip，即主体）与从原则衍生出来的东西（Prinzipiat，即表象）之间更为紧密和严格的联系。不过，即便知识学可以被称作"主体性的形而上学"，那也只是符合早期费希特的思路，作者在这里没有论述晚期费希特形而上学的具体形态。即便到了第四章，作者也没有对柏林知识学在何种意义上是形而上学做出界定。这不得不说是作者的疏忽。按照作者的思路，晚期费希特从事的形而上学并非以主体性为原则，而是以绝对者为原则。

与传统形而上学更为重要的差别是，由于受到莱茵霍尔德的"基础哲学"（Elementarphilosophie）的影响，费希特要求建立一种演绎的体系，即其他的命题必须能够从第一原理中推导出来："知识学的每个命题通过一个别的被规定的命题而获得其规定的位置，而它自己又规定了第三个被规定的命题。知识学因此通过它自身而规定了它整体的形式。"（I, 2, 123）这样一种严格演绎的科学是费希特所宣称的知识学的非常重要的特征。这种严格演绎的科学是典型的一元论，为此，费希特批判了与表象理论相关的"物自体"与刺激理论。《评〈艾奈西德穆〉》说道："设想一种不依赖于人格表象能力而本身就有现实存在和某些性状的事物，是奇怪想法、白日做梦和痴心妄想。"（I, 2, 57）作者据此认为费希特针对的是康德。的确，费希特批判了康德的体系不是演绎的，批判其范畴演绎的不充分性。但是作者似乎误解了费希特在《第二导论》(1798年)中的意思：对物自体的批判指向的是斯宾诺莎和康德主义者(如舒尔茨、莱茵霍尔德等)，而非康德本人。不过，这是无伤大雅的细节。总而言之，费希特的形而上学是唯心论的，主体性和物性存在者不能共存，必须将物性存在者从主体性之中演绎出来："由于拒绝外在于主体的知识根据，唯心论者让自己承受如下重担：必须从自我中推导表象，直至表象质料上的具体内容及其事实性。"(90)作者认为，这是一种典型的先天主义。

从这里可以看出，知识学与第一哲学的建基功能是一致的。不过，知识学追求对存在本身进行推导，或者说，要寻求"存在之根据"。这种搭建形而上学的方式也完全有别于沃尔夫的理论。后者将探究"存在者之为存在者"(ens inquantum ens)学说的存在论(而非卓越形而上学)视作第一哲学。在沃尔夫的体系中，包括主体和上帝在内的所有存在者都可以称作ens。费希特则与此不同，他坚决要追问"存在之根据"，这一根据就是主体性的自我(后期则是绝对者)。而这个"存在之根据"本身不再落入存在的范围，它毋宁是"超存在"(Übersein)。因此，自司各脱以降至沃尔夫的"普遍形而上学"被费希特的卓越形而上学取代。作者指出，由费希特开启的唯心论线索引发了谢林和黑格尔对沃尔夫的批判。(103—107)因此，作者将费希特的新式形而上学界定为以主体性原则的、唯心论的、演绎的体系。在接下来的叙述中，作者借助三个版本知识学的具体论述，对这一形而上学的架构方式进行了批判。笔者将其总结为：形而上学与意识理论的张力，演绎科学的限度，窄化了的存在论。

三、形而上学与意识理论的张力

卓越形而上学探讨本原或"存在之根据"，而本原本身必须具有绝对的优先地位。不可能有任何本原之外的事物与之对立。费希特"主体性形而上学"的独特性在于，本原既要保持为超绝的、不可规定的，又要建立它（作为主体）与其产物（作为表象世界）的关系。从传统形而上学看来，这体现为一与多的辩证关系。而知识学的特殊之处在于，本原必须同时是一与多。从黑格尔哲学看来，这是本原之直接性与间接性的辩证关系。但费希特却未能像黑格尔那样发展出有效的辩护方式。具体而言，费希特的形而上学将本原确立为直接的、未被规定的，进而通过规定性理论将从本原派生的东西视作"否定"（Negation），但是由于其本原带有强烈的意识哲学色彩，因此本原如果要被意识到，那其对立面就必须被设定，从而破除了本原的直接性。笔者将这一矛盾描述为"形而上学与意识哲学的张力"。作者对这一张力进行了很多的发挥，对费希特的这一批判也贯穿在作者对三个版本的知识学的分析中：

（1）首先，我们看看作者对1794年知识学的论述。众所周知，费希特在其中确立了三大原理：自我设定自我，自我设定非我，自我在自身中设定可分割的非我与可分割的自我相对立。作者指出，既然自我是不可规定的，而非我则是对自我的否定，那么第三原理为什么能够将这种否定关系确立为对立呢？非我如何可能同时是自我的否定和产物呢？"这里根本就没有什么矛盾。自我的同一性也从来没有因为非我成为问题。意识和对象的关系根本就不是逻辑式的。"（140）为了能够解释这里的对立，费希特需要借助意识理论。这就是说，自我除了要设定自我，还要设定自我在自身之内，设定一个作为意向对象的自我；对设的非我也不仅仅是简单的设定，它必须与自我设定在同一个自我意识之中。因此，第三原理建立在意识理论之上。但是，前三个原理预设所隐含的自我的反身性要到第五节得出"自我设定自身为设定着自身的"后才能得到说明，这就导致了这个版本的知识学的结构紊乱。

（2）在第三章对《知识学新方法》的批判性分析中，作者将矛头指向了理智直观的内在矛盾。在这个版本的知识学中，最高原理的确立不再从逻辑 A=A 出发,而是继承了《全部知识学的基础》第五节发展出来的"回到自身的活动",绝对自我的自反性从一开始就得到了确立。理智直观这个概念指向了一种直接的自身意识,以避免意识的无穷后退所造成的困境。但是,当费希特将理智直观视作"设定自身为设定着自身的"时,作者对这里的合法性提出了质疑。因为,如果没有对立面,这一"作为"(als)的结构是不可能呈现出来的。因此,最高原则的直接性(无前提性)与它的中介性之间产生了矛盾。作者总结说,"自我同时必须是无限的(即无规定的)和有规定的。这个矛盾还会再次在《新方法》的重要位置浮出水面,也会笼罩在费希特的晚期作品上。"(208)这是作者对接下来内容的预告。

(3)到了晚期知识学,费希特在自我之上确立了绝对者这个本原,这就使得整个局面变得更加复杂。费希特一方面断定:"一存在,除去这个一之外,绝对地无物存在。"(Ⅱ, 13, 56)另一方面,他又必须说:"除了上帝外,它的显象存在。"(Ⅱ, 13, 59)这里的显象指代的是此前的知识学所说的"自我"。为了解释事实性存在或幻相的起源,费希特引入了反身性(Reflexivität)的概念。"自我设定了自己,但不再是直截了当地,而是为了使绝对者之为绝对者能够显现。为了绝对者的显现,自我才是反身性的。"(261)但是,在作者看来,费希特的推论显然是有问题的。费希特拒绝了传统的一即全(ἓν καὶ πᾶν)和分有两种理论:"费希特认为第一种想法是不充分的,因为它放弃了绝对者的统一性,第二种想法也是不充分的,因为它意味着在绝对者的内部有一个'转变',从而承认一个在绝对者之中的'创造'"。(252)这给费希特的论证增加了难题。费希特通过显象的自由反思对现实性做出说明。但是,从规定性理论出发,反身性是绝对者显现的可能性条件,它使"反思的显象能够澄清作为出于自身的存在(esse a se)的上帝之本质和关于作为出于他物的存在(esse ab alio)的它自身"(278),所以这种"澄清性的反思"就不可能是"产生现实性的反思",因为后者意味着现实性遗忘了自身的幻相特征。此外,费希特还试图以"图像的概念"取代"理智直观",这一概念将显象的存在视作某种对应于康德"先验统觉"的东西，既将它作为上帝的摹本，也让它整合经验性的杂多。但是与《知识学新方法》中理智直观的直接性和间接性的矛盾类似，作为上帝的摹本，"图像的概念"要求主客同一体意义上的直接性，然而为了承担统觉功能，图像必须作为图像而具有中介性。对此，作者得出的结论是："费希特在形而上学的存在学说之中为统觉的综合统一性奠基的行为似乎并不成功。"（291）

我们在赞叹作者的分析能力的同时，也对他犀利的批评不免产生疑问。作者虽然强调，不要像理查德·克罗纳（Richard Kroner）那样，以黑格尔的哲学模式理解费希特，但在他分析的过程之中，却隐约见到了黑格尔的"同一与差异的同一"、"直接性与间接性的不可分割性"的哲学模式，并以此衡量知识学在本原问题上的成败。形而上学偏向同一，意识理论强调差异，当它们在同一个本原上相遇时，矛盾就产生了。但是在笔者看来，由于费希特所确立的原则是活生生的先验主体，而不是僵死的实体，它的直接性与间接性之间的张力是否如作者所说的那样不可调和，这很值得继续深入思考。在1794年的知识学中，费希特开篇即指出："我们必须找出人类一切知识的绝对第一的、全然无条件的原理。如果它真的是第一原理，它就是不可能证明的，或者是不可规定的。"（I, 2, 255）由于通过第一原理，费希特确立了绝对自我的不可规定性，因此它似乎不受任何外在影响，但是在后面的叙述中，自我和非我处于对立关系之中。这种矛盾确实给后来的解释者以口实：费希特自我的绝对性及其与非我的交互性之间存在着巨大的矛盾。这是作者的分析遵循传统费希特解释的地方。[1] 但是，这一模式是否可以毫无障碍地移至耶拿后期的"理智直观"概念呢？理智直观是从耶拿早期"返回自

---

[1] 由于三大原理部分与实践部分并非同一时间出版的，因此对自我活动的结构的理解确有所差异。参见Philip Schwab, "Difference within Identity? Fichte's Reevaluation of the First Principle of Philosophy in §5 of the Foundation of the Entire Wissenschaftslehre", *Fichte-Studien* 49, 2020, pp. 94-118。

身的活动"发展而来的,它是未被规定的(unbestimmt),而不是不可规定的(unbestimmbar)。它表明,纯粹自我的未被规定性同时就是它的一种规定。[①]按照作者的说法,费希特把未被规定性视作超出规定性之上的东西,具体而言,把理智直观的直接性视作其间接性之外的东西,这恐怕不符合费希特的初衷。换而言之,我们应该反思,作者是否有把费希特的主体性本原过于实体化或者存在论化(Ontologiesierung)了。作者的分析模式或许更适合晚期知识学的构想。我们看到,当费希特提出"只有一存在"时,最高本原的存在论化才真正地、典型性地确立起来。但笔者并非完全同意作者对晚期知识学的判断,因为1812年的知识学以光和可见性为论说策略,理解绝对者、显象和现实性之间的关系,很明显地可以看出新柏拉图主义的痕迹。但作者除了一笔带过外(233),并没有细致展开费希特晚期知识学架构方式与新柏拉图主义的关联。这不能不说是一种遗憾。

四、演绎科学的限度

作者十分在意费希特新式形而上学的演绎性。据作者所言,费希特的演绎科学是从最高本原一层一层往下推演,直至经验的偶然性。因此,这种推导活动的最终结局,是哲学原理与经验观察之间的差别被泯灭:"先天(a priori)和后天(a posteriori)对于十足的唯心论者而言并不是两件事,而是一件事;它们只是从两个方面来考察,只是因为人们的进入方式不同而导致了区别。哲学预知了整个经验。"(I, 4, 206)作者认为,这给费希特的新式形而上学带来沉重负担:费希特虽然认为哲学演绎可以替代经验观察,但却极少从原理演绎到经验世界,尤其在偶然事物方面,从原理而来的演

[①] 参见Ulrich Schwabe, *Individuelles und Transindividuelles Ich. Die Selbstindividuation reiner Subjektivität und Fichtes Wissenschaftslehre. Mit einem durchlaufenden Kommentar zur Wissenschaftslehre nova methodo*, Paderborn /München: Schöningh, 2007, S. 414。

绎更是难上加难。这一演绎科学并不能真正得到贯彻。这表现在以下几个方面：

（1）否定性并不能实现从本原到经验观察的推演。在对1794年知识学的分析中，作者从规定性理论出发，分析了费希特的形而上学如何从无规定者通向具体内容。这是在与沃尔夫的比较中进行的。在费希特这里，绝对自我是无规定的，而有限自我和非我则是"某物"，"费希特从绝对自我的无规定性开始，借助第三原理，抵达了它的第一个具体化结果。"（114）某物几乎等同于沃尔夫的"存在者"（ens）这一概念，只不过沃尔夫将存在者扩展到可能性之上。在沃尔夫这里，本质规定性是存在者的充足理由。而费希特写道："A部分地=-A，反之亦然。每个被对立设定的东西都在一个标志=X之中与和它对立的东西相同。"（I, 2, 272）这就改写了沃尔夫的模型，将目光放在了"波菲利树（arbor porphyriana）的先验之根"。费希特希望从一个无规定的原则出发，通过否定性而演绎出整个知识的大厦。但是，这种做法无法得出属之下任意数量的种，而只得到自我的否定。而且，作者指出，最高的类也不能是无规定的。

（2）从本原出发的范畴演绎无法涉及感性材料。费希特在1794年的知识学中演绎了实在性、否定性、规定性、因果性、实体性、交互性六个范畴。但是，这导致了"诸范畴只能用于诸原则之上，而不能运用于作为认识对象的派生物之上"（112）。费希特的范畴只是两个特殊存在者（自我与非我）的特征，因此知识学不是普遍的存在论，它"完全服务于自我和非我的形而上学"（163）。

（3）作者将1794年的非我称作"个别的实体"，而不是普遍的存在论。相反，到了《知识学新方法》，"我们才看到一个具有基础哲学诉求的形而上学：从作为原则的自我出发，存在（被把握为概念的普遍性）被推演出来，其主要特征被规定为静止的持存。"（217）但是，作者指出，费希特的论证仅仅局限于哲学家的反思活动，而没有扩展到真正的自我本身，"存在只是联结着外部对自我的审视，而不是联结在自我的自身关系上。"（218）此外，否定性的东西只是一个概念，而不是真正的对立面，即不是真正意义上的存在。费希特仅仅在逻辑意义上来思考存在，而不是事实性的存在者。因此，费希特无法真正演绎出经验性的存在者。

（4）感觉材料的偶然性无法还原。费希特将感觉视作原初的、不可还原的，也无法从自我中演绎出来，比如，费希特在《第二导论》中说："所有先验的解释（也就是从自我出发给出的解释）都止于直接的感觉。"（I, 4, 242）作者还注意到，费希特直到晚年也无法解决偶然性的问题。尽管他还是要求一切都是先天的，没有任何后天的东西，但在具体的论述中，规定性的偶然性还是得到了保留，偶然性的东西不在观看（Sehen）本身之中。因此，"知识学将不再是一个先天的普遍科学，而是一种原则理论。"（300）

作者在很大程度上把握到了知识学作为演绎科学的限度。不过，我们或许应该追问，作为演绎科学的知识学，它是否有义务或者追求演绎知识的材料，甚至演绎感觉的偶然性？知识学（Wissenschafts-lehre）作为知识的学说，要求的是从本原出发，将所有的"知识"（Wissen）结合成整体。至少笔者无法从中读出，费希特希望将"非知识"的偶然性也演绎出来。他在1812年的知识学中就矢口否认偶然性事物的可演绎性："无法精确的事情、偶然的事情（无规则的事情）怎么形成的，人们并不知道。愚蠢的人要求，人们应该向他们演绎他们的羽毛笔以及这根羽毛笔写就的愚蠢。他们自己甚至不应该存在。"（II, 13, 43）这里针对的是威尔海姆·克鲁格（Willheilm Traugott Krug）在1801年写成的《关于新近唯心论者的通信》（*Briefe über den neuen Idealisten*）中的无理要求。作者本人也引用了这个段落，却把它放在注脚中，将之视作费希特思想复杂性的体现。（76）作者没有想过，费希特也许根本就没有打算从本原中演绎出偶然性。作者进而认为，费希特这样的做法是一种过强的理性主义："将存在把握为对思想的否定，存在只是在纯粹逻辑的意义上能够与思想区分开，这不就是一种难以忍受的理性主义吗？就与思想的关系而言，存在不需要被规定为逻辑上不可把握的他者吗？"（220—221）此外，费希特从自我与非我的同一性来理解自我与非我的关系，"如果说存在概念仍然可以被理解为对某种超越性东西的指向，而这种指向是根植于自我之中的；那么同一性命题就再次彻底走向了形而上的唯心论，因为同一性命题说的无非是，存在概念的所指就是自我自身。"（222）费希特的理论最终指向了自我作为唯一的存在者。因此，作者认为，存在的概念再次被归结为自我，自我之外的独立存在者的可能性被排除。然而，作者这样解读费希特是有失公允的。费希特在《论逻辑学与哲学或先验逻辑学的关系》（1812年）中说："他们[＝实在论者]相信，我们否认或者怀疑确定无疑的存在（Ist），比如炉子存在。但我们并不否认这点，而是能够比他们更加稳固地为之奠基。"（IX, 364）[1] 显然，费希特不是要否定外在独立的实存，而是要为之奠基。[2] 而作者将存在/非我视作作为本原的自我的"不可把握的他者"，这显然也不符合费希特唯心论的基本设想：主客的同一性，它并不蕴含主体消灭客体，而是意味着主体与客体共享的逻辑结构。此外，费希特认为先天（a priori）和后天（a posteriori）没有区别，并不是要泯灭理论和经验观察的界限。在《第二导论》中，他以化学家为例，普通人通过经验观察和化学家从元素组成得出的物体结构是一致的。他们采取了不同的进路，但费希特并不是要让其中一个取代另一个。同理，知识学是对人类知识基本构成的把握，而不是要取代经验观察，更不是要取消外在实存。以上这些都是常见的对费希特思想的误解。我们应该重新反思，知识学所谓的演绎科学到底应该如何定位。不过，作者对费希特范畴演绎的局限性、对在自我活动中设定的作为否定的存在之性质等论述，可谓深有洞察。

---

[1] 笔者没有找到这条原文在考证版全集中的出处，因此注出它在小费希特版本中的位置。待考。
[2] 参见 Ulrich Schwabe, *Individuelles und Transindividuelles Ich*, S. 87, Anm. 36。

五、窄化了的存在论

如上所述,作者将费希特知识学视作卓越形而上学的一个范例,它不是将"存在"视作最普泛的概念,而是追问"存在之根据"。换而言之,费希特将"存在者之为存在者"(ens inquantum ens)等同于具有典范意义的实体。费希特的这一做法被称为对存在论"相对化"或"窄化"(108)。在亚里士多德的传统中,存在是最普遍的概念,因此无法被更高阶的种属定义(参见 Met. B 1001 a21)。无独有偶,在司各脱以降至沃尔夫的脉络中,存在者的概念都不仅仅指某个存在论区域,而是涵盖了所有的存在者,无论是实体还是偶性,无论是"本真的存在者"还是"派生的存在者"。

在这个问题上,费希特早期和晚期的表现有所不同。就早期费希特的主体性形而上学而言,作为本原的主体性是超存在的。对此,作者指出,"存在者之为存在者"的领域应当包含作为存在之根据的主体性。主体与物的区分不是"存在"与"超存在"的区分,而应该是存在论之不同区域的划分。作者总结道:"费希特从存在中进行的抽离活动仅仅涉及一个特定的存在类型,但不涉及存在整体,因此不允许向一个本身并不存在的存在之根据攀升。"(109)作者注意到,在晚期知识学中,存在具有多义性。在《意识的事实》(1813年)中,费希特指责实在论哲学(即当时的经院哲学)将存在与现实性等同起来,相反,他将存在仅仅赋予绝对者或一。作者对此提出批评:"正如存在与(感性上可知觉的)实体的等同,被强加给学院哲学的存在与现实性的等同也揭示了,费希特一生中对存在论的提问方式是多么陌生。"(245)因为从司各脱到沃尔夫的存在论并不是将存在概念限制在实体之上,对"存在者之为存在者"的追问指向了可能的而非现实的存在者。[①]

[①] 就沃尔夫存在者论形而上学的情况,读者可以参考谢裕伟:《第一哲学何以成为存在论——对"存在论"学科的近代源起的概念史考察》,《现代哲学》2023年第2期。

因此，存在概念可以扩展到实体性的存在者之外，这是费希特所不知道的。因此，无论是早期将存在限制在表象世界，还是晚期将其等同于绝对者，费希特都没有把存在视作普遍的概念。而费希特的目的是为了建立一元论的唯心论体系。

在第四章的论述中，作者的一个结论很能代表他对上述问题的总看法："对存在者之为存在者的追问不能通过求助于一个'本真的存在者'来回答。"（247）通过对几个版本的知识学的细致分析，作者担心，费希特由于把某个存在论区域凸显出来，并从中演绎出其他存在论区域的实存和性质，从而导致最高本原承受过多的任务，进而使得知识学的架构方式失败。这是整部著作的内在逻辑。从这里我们可以看出，作者站在了从司各脱到沃尔夫的"单义"的存在论传统，反对在存在者整体之外添加更高原则，更反对从这个原则出发演绎出存在者的世界，正如费希特所做的那样。因此，"在《知识学》的任何版本中，唯心论都无法真正得到贯彻。"（304）这是作者对知识学的整体判断。不过，作者的批判建立在一个隐而不彰的前提之上：费希特为了其唯心论的事业，试图从本原中演绎出原则之衍生物的"实存"（Existenz）。就笔者有限的阅读所见，费希特仅仅想要从前者中演绎出后者的"规定性"（Bestimmtheit）。正如上述炉子的例子所示，费希特并不否认炉子的实存，而是试图通过作为原则的光而使之变得可见，即获得炉子的规定性。这涉及对费希特整个知识学的基本理解。笔者看到不少学者理所当然地认为费希特要"从绝对自我中演绎万物的存在"，并且跟费希特在多处宣称要废除物自体的主张结合起来，从而认为费希特否定了现实世界的实在性，甚至认为知识学是"唯我论"（Solipsismus）。然而，这些理解都不是知识学真正的意思。限于篇幅关系，笔者无法在此展开相关论述，而是仅仅指出，作者的错误在于误解了费希特哲学的意图，将（尤其是早期的）知识学确立的本原存在论化。

此外，作者认为费希特知识学的失败之原因在于他借助"主体性""理智直观""本真的存在者"等概念来回答存在之为存在的问题,而非建构一个普泛意义上的存在概念或普遍的存在论,这在逻辑上是有问题的。因为作者并没有证明,为什么普遍的存在论就能够回应存在之为存在的基本问题。在笔者看来,这并不是不言自明的。最后,以费希特的知识学的困境来证明卓越形而上学是行不通的,这也是以偏概全的逻辑错误。即便费希特这种类型的卓越形而上学失败,也不能得出"我们至少有理由去努力把存在论从形而上学中划分出去,我们似乎必须主张存在论要自立门户"(14)这样的结论。

小结

《费希特的存在学说》给我们提供了一个范例和契机,以便探究费希特知识学的基本性质。作者给我们细致地解析了三个版本知识学的结构和思路,这对我们研究费希特提供了极大的便利。他指出的费希特论证过程的困境和矛盾也有助于我们在纷繁复杂、云里雾里的论述中找到一些抓手,切入知识学的内在理路。不过作者似乎对唯心论以及建立其上的形而上学颇有微词,甚至有些偏见,这提醒我们要回到费希特的初衷,深入辨析知识学的理论旨归。最后,笔者困惑的是,能否用同一种形而上学的架构去框定耶拿和柏林两个时期的知识学形态,这有待今后研究的进一步挖掘。

征稿启事

《中道:中大哲学评论》是由中山大学哲学系主办的专业学术辑刊。"中道",意指"大中至正"之道,亦为"中和可常行之道";既为中外经义之精髓,亦为吾侪治学之圭臬。不惟中国先贤推重"中道",泰西大哲亦崇尚"中道",同归而殊途,一致而百虑。为及时推送海内外同道之硕果,亦为发现和培养学术新锐,我系特创办学术辑刊。本刊刊文之原则,如刊名所示,不偏不倚,无过不及,唯道是从,以一流之学术质量为标准,欢迎有志于哲思的同仁不吝赐稿!

文稿大致范围如下:

1. 原创的哲学思想作品。
2. 哲学及哲学史的研究作品。
3. 哲学文献研究、点校、翻译及简注作品。
4. 名家专访文章。
5. 哲学专题讲座的讲义。
6. 重要哲思论著、新著的书评。
7. 哲学前沿问题的研究综述。
8. 哲学教育的研究作品。

本刊原则上只接受电子投稿,投稿者请将稿件电子版(Word 格式)发至《中道》编辑部(zhongdao2022@126.com)。特殊字体、符号、图表等请另附文件或纸本。译文请同时提供原文。字数以不超过 15 000 字为宜。请附上内容摘要(200—300字左右),关键词(3—5个)。

来稿请附上文章英文标题,以及作者简介(真实姓名、出生年、性别、籍贯、工作单位、职称职务、研究方向)、联系地址、邮编、电话、电子邮箱。

投稿后若三个月内没有收到回复,作者可改投他刊。请勿一稿多投。录用文章一经发表,即奉稿酬,并送样刊。

《中道:中大哲学评论》编委会

参考文献格式规范

一、注释格式

在论文正文中引用的参考文献,注释采用夹注和脚注两种形式。外文文献注释请不要译成中文。

夹注:直接在正文中标出,主要适用于征引常用古籍,如:(《论语·学而》)、(《史记·孔子世家》)。

脚注:包括完全格式和简略格式。同一文献首次标注时,注释须用完全格式;其后重复出现时,可用简略格式。

二、脚注的完全格式(按中文、外文文献的顺序予以举例说明)

1. 原著

(1)一般著作

作者/编者:著作名,出版地:出版者,出版年,页码。

陈少明:《做中国哲学:一些方法论的思考》,北京:生活·读书·新知三联书店,2015年,第20页。

刘培育编:《道、自然与人:金岳霖英文论著全译》,北京:生活·读书·新知三联书店,2005年,第105页。

Surname Name, *Title*, Town: Publisher, Year, Page.

W. V. Quine, *Philosophy of Logic*, Cambridge, Mass.: Harvard University Press, 1986, p. 13.

（2）古籍及点校著作：

胡炳文:《周易本义通释》卷一,《文渊阁四库全书》第 24 册,第 345 页。

竹添光鸿:《左氏会笺》卷九,井井书屋印行本。

郑玄注,孔颖达正义:《礼记正义》,吕友仁整理,上海:上海古籍出版社,2008 年,第 22 页。

程颢、程颐:《河南程氏遗书》卷十三,《二程集》,王孝鱼点校,北京:中华书局,1981 年,第 138 页。

2. 译著

作者:著作名,译者,出版地:出版者,出版年,页码。

柏拉图:《理想国》,王扬译,北京:华夏出版社,2017 年,第 21 页。

马塞尔·莫斯:《礼物:古式社会中交换的形式与理由》,汲喆译,北京:商务印书馆,2019 年,第 99—100 页。

Surname Name, *Title*, Surname Name of the translator trans., Town: Publisher, Year, Page.

Martin Heidegger, *Being and Time*, John Macquarrie & Edward Robinson trans., New York: Harper and Row, 1962, pp. 1-2.

3. 期刊论文

作者:文章名,《期刊名》出版年第几期,页码。

赵汀阳:《历史、山水及渔樵》,《哲学研究》2018 年第 1 期,第 50 页。

陈立胜:《王阳明龙场悟道新诠》,《中山大学学报》(社会科学版) 2015 年第 4 期,第 94—95 页。

Surname Name, "Title of the Article", *Title of the Journal* Volume(Issue), Year, Page.

Thomson Iain, "Can I Die? Derrida on Heidegger on Death", *Philosophy Today* 43(1), 1999, pp. 33-42.

4. 析出文献

作者：文章名，载编者：《论文集名》，出版地：出版者，出版年，页码。

严复：《与熊纯如书》，载王栻主编：《严复集》第3册，北京：中华书局，1986年，第692页。

Surname Name, "Title of the Article", in *Title of the edited book*, Surname Name of the editor ed., Town: Publisher, Year, Page.

Pöggeler Otto, "Destruction and Moment", in *Reading Heidegger from the Start. Essays in His Earliest Thought*, Theodore Kisiel & John van Buren eds., Albany: SUNY Press, 1994, p. 141.

5. 网络资源

作者：文献名称，文献在网时间［如果网页上未显示，略去］，网址，检索于×年×月×日。

倪梁康：《无事生非——2014年弗莱堡大学"海德格尔教椅之争"的媒体现象学与去蔽存在论》，2015年5月10日，http://philosophy.sysu.edu.cn/phaenomenologie/wk/wk03/4943.htm，检索于2019年3月2日。

Surname Name, "Title of the Article", Year, Month Date of Publication. Retrieved Month Date, Year from URL.

Thomas Vongehr, "Theodor Conrad – founder of the 'Göttinger Philosophische Gesellschaft' (1907)", 2016, February 20. Retrieved March 6, 2019 from http://hua.ophen.org/category/members-of-the-phenomenological-movement-and-students-of-husserl/.

三、脚注的简略格式（期刊文章无此项）

孙星衍:《尚书今古文注疏》,第 53—54 页。

严复:《与熊纯如书》,载王栻主编:《严复集》第 3 册,第 692 页。

Martin Heidegger, *Being and Time*, pp. 1-2.

四、独立引文格式

如引文须独立出来,请以仿宋体标出,外文字体则仍按通例用外文字体。引文整体左缩进 2 个字符,与上下文均空一行。如果引文开头在原文中是一个自然段的开头,则独立出来的引文需再首行缩进 2 个字符。注意:独立出来的引文不需要整体再加上双引号。

图书在版编目（CIP）数据

中道：中大哲学评论. 第 2 辑，理性与善 / 张伟主编.
—北京：商务印书馆，2023
ISBN 978-7-100-23274-6

Ⅰ.①中… Ⅱ.①张… Ⅲ.①哲学－文集 Ⅳ.
①B-53

中国国家版本馆 CIP 数据核字（2023）第 246372 号

权利保留，侵权必究。

中道：中大哲学评论
（第 2 辑）
理性与善
主编　张伟
本辑执行主编　谢裕伟

商　务　印　书　馆　出　版
（北京王府井大街 36 号　邮政编码 100710）
商　务　印　书　馆　发　行
北京虎彩文化传播有限公司印刷
ISBN 978-7-100-23274-6

2023 年 12 月第 1 版　　开本 710×1000　1/16
2023 年 12 月北京第 1 次印刷　　印张 21½
定价：108.00 元